哈尔滨工程大学 70周年校庆
The 70th Anniversary of Harbin Engineering University
1953 – 2023

工学微言

哈尔滨工程大学微信公众号作品集萃（2013—2022）

哈尔滨工程大学党委宣传部　编

哈尔滨工程大学出版社
Harbin Engineering University Press

图书在版编目（CIP）数据

工学微言 ：哈尔滨工程大学微信公众号作品集萃 ：2013—2022 / 哈尔滨工程大学党委宣传部编 . -- 哈尔滨 ：哈尔滨工程大学出版社， 2023. 8

ISBN 978-7-5661-3983-2

Ⅰ . ①工… Ⅱ . ①哈… Ⅲ . ①哈尔滨工程大学－校史－文集 Ⅳ . ① G649. 283. 51-53

中国国家版本馆 CIP 数据核字（2023）第 147887 号

工学微言——哈尔滨工程大学微信公众号作品集萃（2013—2022）

GONGXUE WEIYAN——HA'ERBIN GONGCHENG DAXUE WEIXIN GONGZHONGHAO ZUOPIN JICUI（2013—2022）

选题策划 王春晖
责任编辑 邹德萍
封面设计 李海波

出版发行 哈尔滨工程大学出版社
社　　址 哈尔滨市南岗区南通大街 145 号
邮政编码 150001
发行电话 0451-82519328
传　　真 0451-82519699
经　　销 新华书店
印　　刷 哈尔滨午阳印刷有限公司
开　　本 787 mm×1 092 mm　1/16
印　　张 20.25
字　　数 315 千字
版　　次 2023 年 8 月第 1 版
印　　次 2023 年 8 月第 1 次印刷
定　　价 128. 00 元

http://www.hrbeupress.com
E-mail:heupress@hrbeu.edu.cn

编 委 会

序　言

党的十八大以来，党中央做出“让主流媒体占据传播制高点”的战略部署。习近平总书记强调：“要坚持移动优先策略，让主流媒体借助移动传播，牢牢占据舆论引导、思想引领、文化传承、服务人民的传播制高点。”

哈尔滨工程大学因事而化、因时而进、因势而新，抢占先机加强媒体融合发展，建设“两微一抖”等移动新媒体宣传平台，让“为党育人、为国育才”的主旋律唱得更响，让建设船海核特色鲜明世界一流大学的“好声音”传得更远。

筚路蓝缕、以启山林。2023 年，是哈尔滨工程大学建校 70 周年的里程碑之年。哈尔滨工程大学前身是新中国第一所综合性高等军事工程技术院校——中国人民解放军军事工程学院（又称“哈军工”）。自哈军工时期起，学校就深刻认识到“宣传工作是党的一项极端重要的工作，是治国理政、定国安邦的大事”。新中国第一代领导人、亲授开国元勋陈赓大将创建哈军工的毛泽东同志为哈军工的院刊欣然提名“工学”二字。《工学》于 1953 年 9 月 1 日哈军工开学典礼当日创刊。其后，陈赓多次嘱咐其负责人：“一定要把《工学》办好！”《工学》院刊作为哈军工党委机关报，及时传达学院党政决策部署、积极报道教员教书育人的好教风与学员刻苦学习的好学风，成为当时哈军工人人必读、开卷有益的精神食粮。

不忘初心、工学鼎新。2023 年，哈尔滨工程大学官方微信公众号开通建设十年了。十年来，哈工程官微以习近平新时代中国特色社会主义思想为指引，赓续哈军工红色精神血脉，秉承“工学”优良传统和作风，成为学校官方权威的新闻宣传平台之一，用回应时代、贴近师生的新媒体形式，兢兢业业记录、见证着党的十八大以来，学校立德树人、“聚天下英才而育之”的不凡历程与突出业绩，用心讲述哈工程师生勇担时代重任、创建船海核特色鲜明世界一流大学的奋斗故事，奋力唱响师生、校友矢志报国、科技强国“好声音”，努力构建师生校友精神之家、文化之家、心灵之家、情感之家，获得师生、校友、家长和社会的广泛欢迎与认可。2017 年，哈尔滨工程大学官方微信公众号入选腾讯微校北部明星榜，2019 年至 2022 年，连续四年入选全国高校官微百强。

七秩辉煌、矢志一流。为庆祝建校 70 周年、同贺哈尔滨工程大学官方微信公众号开通 10 周年，本书编委从哈尔滨工程大学官方微信公众号发布的 2400 余篇文章中遴选、汇编 2013 年至 2022 年发布的作品，着重展示党的十八大以来学校发展建设的重要成果，师生奋进“双一流”建设的典型榜样报道，展示学校铸国之重器、培养杰出人才所做的突出贡献。作品集共分为“奋进足迹”“丹心铸剑”“精英摇篮”“栋梁参天”四个篇章，以发布时间先后为序，辑录哈尔滨工程大学官方微信公众号刊发的学校办学历程的重要成果和进展，一线教师“为党育人、为国育才”、倾心教学与科研的榜样事迹，哈工程学子刻苦学习、努力成才的典型故事，以及杰出校友发扬“三个第一”价值追求、传承发扬哈军工精神、勇担强国使命的先进事迹。每篇文章均附有二维码，以方便移动端阅读，并将因本书篇幅所限而不能一一全文展示的部分优秀报道也以二维码形式辑录在册，使用信息化手段，有效扩充了纸质书籍的容量。

由于时间仓促、编者精力所限，本书难免存在疏漏，请广大读者不吝赐教。

本书编委

2023 年 5 月

目 录
CONTENTS

奋进足迹

哈尔滨工程大学入选“双一流”建设高校　船舶与海洋工程学科入选“双一流”建设学科　/ 3
哈工程这项技术入选年度“中国高等学校十大科技进展”！助“深海勇士”号“大海捞针”！　/ 5
中英首个！哈尔滨工程大学南安普顿海洋工程联合学院成立　/ 7
逐梦扬帆！哈工程烟台研究（生）院正式启用　/ 9
共贺哈工程获评“全国文明校园”！明日邀你见证雪舰编队诞生！　/ 16
筑梦深蓝！哈工程南海创新发展基地揭牌　/ 24
迈出服务龙江振兴战略性步伐，哈工程大手笔打造龙江工程师学院！　/ 27
打造服务国家战略新特区！哈工程水下智能研究院成立！　/ 35
全国首批 33 所！哈工程入选！打造国产化船舶工业软件孵化基地！　/ 39
重磅！哈工程获批建设教育部“前沿科学中心”　/ 42

丹心铸剑

孙大军：让中国“智”造实现“大海捞针”　/ 47
杨德森：水声的力量　/ 54
王芝秋：一生奉献中国舰船动力　/ 65

邓三瑞的初心与潜心 / 72
全球第一台！“揭秘”哈工程人如何擦亮“国家名片” / 78
李殿璞：为哈工程控制理论与控制工程学科铺路掌灯 / 84
“π 型”国家级教学名师，为学生打开眺望宇宙之窗！ / 91
姚熊亮：与气泡“共舞”，做硬核科研 / 98
徐玉如院士，这御海盛世，如您所愿 / 104
40 年铸国之重器！哈工程这支团队三项“绝技”全国领先！ / 112
世界第一！他们让“中国心”动力澎湃 / 120
“驭海飞天”！揭秘哈工程这支屡让行业“惊喜”的团队！ / 128
聚焦前沿基础！哈工程这支团队为顶尖青年人才成长导航！ / 135
全国教书育人楷模杨士莪：打开水声世界大门 / 143
动力传奇！哈工程这支团队四代接力练就行业先锋 / 148

精英摇篮

“豪门”盛宴！哈工程这个“梦之班”全员晋级 / 161
从哈工程到斯坦福，学霸的世界，了解一下？ / 166
这位 HEUer“论文等身”，助导航打开重启“任意门” / 169
哈工程博士生为肿瘤诊疗“减副增效” / 174
哈工程硬核“扫地僧”成就“亚洲之光” / 180
云南大山里走出的 HEUer，为家乡“带货”，向世界讲述“扶贫经” / 186
全国唯一！“闪亮的名字”哈工程师生双双入选“最美” / 192
21 天发表 SCI 一区文章，曾经的“差学生”逆袭有门道！ / 204

登上 *JMCA* 封面，成果发表在 *Nature* 子刊上！哈工程，成就他的无悔选择！ / 212

专业第一直博！不同凡“响”的哈工程学子，他是特别的 1% / 218

消氢能力提升约 16 倍！哈工程学子守护中国核电安全！ / 225

攻克飞机新材料难题！哈工程“热血爱国小青年”达成 800 万订单意向！ / 232

栋梁参天

东海舰队副参谋长黄新建少将的荣光之旅 / 241

哈工程深潜英雄助“蛟龙”探海圆满收官！ / 250

“世界奇迹”的诞生，有这位哈工程校友的八年 / 254

“改革先锋”叶聪：从“深海的哥”到全海深载人潜水器总师 / 261

2019 最美科技工作者邢继：创华龙一号，铸国之重器 / 269

这位哈工程校友埋名半生，竟干过一件惊天动地的大事 / 274

从“嫦娥飞月”到“天问探火”，哈工程成就这位“双料”副总师逐梦深空！ / 279

四次逆行建方舱，这位哈工程人让不可能成为可能 / 287

守护“嫦娥”回家！哈工程校友荣伟为这一刻深耕 30 年 / 294

“国家需要，我就一定在！”致敬每个时代拼搏的哈军工传人！ / 300

更多推送内容速览 / 307

奋进足迹

哈尔滨工程大学入选“双一流”建设高校
船舶与海洋工程学科入选“双一流”建设学科

推送日期：2017 年 9 月 21 日

日前，教育部、财政部、国家发展改革委印发《关于公布世界一流大学和一流学科建设高校及建设学科名单的通知》，公布世界一流大学和一流学科（简称“双一流”）建设高校及建设学科名单。哈工程以鲜明的“三海一核”特色优势入选一流学科建设高校，进一步提升了服务国家战略、国防建设和“三海一核”领域发展的核心能力，向建设特色鲜明的高水平研究型大学目标迈出了坚实步伐。

哈工程高度重视“双一流”建设工作，注重基于国家战略需求和自身办学特色梳理“双一流”建设思路，确定了以一流学科群建设作为做大做强“三海一核”特色载体、作为推动实施“双一流”建设引擎的总体思路。

哈工程《一流学科建设高校建设方案》坚定社会主义办学方向，坚持立德树人根本任务，坚持“中国特色、世界一流”，根据国家“双一流”建设总体部署，按照《统筹推进世界一流大学和一流学科建设总体方案》要求和《统筹推进世界一流大学和一流学科建设实施办法（暂行）》“扶优扶需扶特扶新”的原则编制，统筹考虑了学校《综合改革方案》和《教育事业改革和发展“十三五”规划》，确立了在 2053 年建校 100 周年时，全面建成船海核特色世界一流大学的目标。围绕打造船舶与海洋一流学科群，布局船舶与海洋装备、海洋信息、船舶动力、核动力与核燃料循环四大领域，支撑船海核领域国家战略和国防建设需求，进而引领学术前沿。以一流学科群为牵引，构建“三海一核”特色学科体系，健全学科生态结构，统筹推进五大建设任务和五大改革任务，带动学校整体办学水平提升。

建设世界一流大学和一流学科，是党中央、国务院做出的重大战略决策，关乎“两个一百年”战略目标的实现。随着国家“三海一核”领域一系列战略的实施，哈尔滨工程大学必将在国家战略和国防建设中发挥更为重要的作用，也必将走出一条船海核特色世界一流大学建设之路。

（万　建）

扫码阅读推送原文

哈工程这项技术入选年度“中国高等学校十大科技进展”！助“深海勇士”号“大海捞针”！

推送日期：2017 年 12 月 26 日

2017 年 9 月 29 日，在哈尔滨工程大学研发的深海高精度水声综合定位系统引导下，我国自主研发的“深海勇士”号载人潜水器在南海 3500m 深处仅十分钟就快速找到预定的海底目标，实现了“大海捞针”。这一标志着我国在深海高精度水声定位领域达到国际领先水平的技术入选 2017 年度“中国高等学校十大科技进展”，该技术由水声学院孙大军教授主持完成，这是学校首次入选该评选。

“深海勇士”号载人潜水器结束南海的海试后，孙大军教授在接受央视新闻频道采访时指出，海试中系统地进行了检验综合定位的试验，达到 0.3 米的定位精度，且实现了定位的连续性、可靠性，定位有效率超过 90%。

声波是迄今为止水下唯一有效的信息载体，深海高精度水声定位是人类依赖众多水下潜水器进入深海、探测深海和开发深海的关键。但要在水下实现与卫星同量级的定位性能，必须克服水声信道环境复杂、水声平台干扰严重和自主知识产权系统实现困难等挑战。

经过 8 年努力，孙大军教授带领团队先后攻克了深海高精度超短基线定位（获 2016 年国家技术发明二等奖）、融合水面超短基线阵列和海底分布长基线阵列的综合定位等关键技术，解决了海洋声速慢、平台运动带来的大时延异步高精度定位难题，研制的具有自主知识产权的水声综合定位系统（2017 年授权发明专利 6 项），深海定位精度达到 0.3 米、定位有效率超过 90%，综合技术水平进入世界领先行列。该成果成功支撑了我国“深海勇士”号载人深潜首航试验和我国最先进科考船“科学”号南海综合调查科学考察两次任务，为我国开展万米深渊“马里亚纳海沟”科学探索等深海实践，奠定了坚实的技术与装备基础。

“深海勇士”号开展首航试验

“中国高等学校十大科技进展”由教育部科学技术委员会组织评选，经过高校申报和公示、形式审查、学部初评、项目终审等评审流程后揭晓。评选自 1998 年开展以来，至今已举办了 20 届，这项评选活动对提升高校科技的整体水平、增强高校的科技创新能力发挥了积极作用，并产生了较大的社会影响，赢得了较高的声誉。

（王嘉男）

扫码阅读推送原文

中英首个！哈尔滨工程大学南安普顿海洋工程联合学院成立

推送日期：2020 年 5 月 5 日

近日，教育部批准中英首个船海特色合作办学机构——哈尔滨工程大学南安普顿海洋工程联合学院（以下简称“联合学院”）成立。

联合学院成立的意义

联合学院是学校推进“双一流”建设、开展高水平实质性国际合作交流、助力学校相关学科进入世界一流学科行列、带动学校人才培养和科学研究水平整体提升的重要举措。

联合学院的成立是面向国家对海洋领域和船舶行业人才的迫切需求，坚持开放办学理念，汇聚优质育人资源，带动学校国际合作、人才培养模式和管理方式的创新，全面提升人才培养能力的重大突破。

联合学院的发展目标

联合学院将发挥哈尔滨工程大学和南安普顿大学在海洋装备及科技领域强强联合优势，互鉴先进教育理念，建设一流师资队伍，创新人才培养模式和管理机制，以培养具有国际视野、家国情怀、德智体美劳全面发展的复合型拔尖创新人才为目标，在“智慧海洋”全面战略合作伙伴关系下，开启中英高校在船海领域教育科技合作的新篇章。

联合学院的学历教育

联合学院开展本科学历教育，开设船舶与海洋工程、轮机工程、自动化和水声工程等四个本科专业，计划于 2020 年 9 月开始招生。联合学院采用“4+0”双学位培养模式，学生同时在两校注册，拥有双学籍，可同时获得哈尔滨工程大学本科毕业证书、学士学位证书和英国南安普顿大学学士学位证书。

双方合作基础

哈尔滨工程大学和南安普顿大学具有相似的学科方向和研究型大学定位，自 20 世纪 90 年代起，两校在科学研究和人才培养方面就开展了合作。2013 年，两校签署全面合作的谅解备忘录，后续两校的合作教育项目被国家留学基金委列为“国家优秀本科生项目”“创新型人才国际合作培养项目”。2017 年，两校共同承办了中英人文交流机制第五次会议的重要活动——“中英绿色海洋科技创新论坛”，达成在“智慧海洋合作构想”下建立全面战略合作伙伴关系的意向，为合作办学奠定了良好的基础。

英国南安普顿大学成立于 1862 年，是英国“罗素大学集团”成员。2020 年，该校 QS 世界大学排名第 97 位，被公认为世界顶尖工科研究型大学之一，在船舶海洋领域的研究达到国际领先水平，其船舶海洋、声学和光学学科位于世界顶尖水平，是世界五大海洋研究中心之一。

（迟　森）

扫码阅读推送原文

逐梦扬帆！哈工程烟台研究（生）院正式启用

推送日期：2020 年 9 月 12 日

哈尔滨工程大学烟台研究（生）院 2020 级新生开学典礼暨院区启动仪式

2020 年 9 月 11 日上午，“哈尔滨工程大学烟台研究（生）院 2020 级新生开学典礼暨院区启动仪式”在海工楼举行，烟台市人大常委会党组书记、主任王晓敏，山东省海洋局副局长燕东，山东省海洋局海洋科技与对外合作处副处长齐士林，烟台市副市长李波，以及烟台市相关部门负责人、在烟兄弟高校代表、合作企业代表、校友代表 100 余人参会。校长、校党委副书记姚郁，校党委常委、副校长高晚欣，校长助理严汝建，以及学校相关部门和院系负责人出席活动，高晚欣主持活动。

王晓敏代表烟台市委、市政府对哈尔滨工程大学烟台研究（生）院的成立表示祝贺，他指出，作为烟台首个“双一流”高校研究生院，哈尔滨工程大学研究（生）院开设的“三海一核”相关专业，与烟台重点发展的海洋产业、蓝色经济高度契合，合作空间广阔、发展潜力巨大，在双方共同努力下，必将开启校地合作共建新篇章，也必将为烟台八角湾中央创新区加速崛起插上腾飞的翅膀。他表示，烟台市委、市政府将坚定不移把科创和人才摆在优先发展的战略位置，倍加珍惜合作机遇，认真履行各项承诺，高质高效抓好院区建设管理和服务，早日把哈尔滨工程大学研究（生）院打造成烟台市乃至山东省的人才摇篮、科创高地。

姚郁对首批入驻烟台研究（生）院的302位新生表示欢迎。他指出，烟台研究（生）院正式投入使用，并获批“山东省产教融合研究生联合培养基地”，标志着学校向船海核特色世界一流大学目标实现又迈出了坚实的一步。学校将烟台研究（生）院定位为专业学位人才培养改革的突破口，全力探索校企合作的新机制和人才培养的新模式，着力培养深度融入行业和适应社会发展的高层次人才，为地方产业升级注入新动能，为学校学科建设探索新增量，并努力为同学们提供优良的师资、企业资源和学习生活条件。

他对同学们提出四点希望：一要信念坚定，爱国奋斗；二要志存高远，脚踏实地；三要登高望远，勇于创新；四要明德修身，严于律己。他希望同学们在研究生的学习阶段，认真扣好每一颗扣子，不仅要努力学习专业文化知识，更要严于律己、恪守学术道德、端正治学态度，特别是要养成勤俭节约的习惯，主动融入“厉行节约、反对浪费”的社会风尚中来。他希望新生们积极参与到烟台研究（生）院的建设中来，用真诚与勤奋，书写灿烂、无悔的青春诗篇。

他向烟台市对烟台研究（生）院发展建设的大力支持表示衷心的感谢，并表示，在烟台市委市政府、烟台经济技术开发区管委的全面支持下，在社会各界朋友的大力帮助下，学校将高起点、高标准、高质量地建设好烟台院区，“继续做高做新”“继续做优做美”“继续做大做强”，把烟台研究（生）院打造成我国专业学位研究生培养的典范和标杆。

在随后的院区启动仪式上，王晓敏、燕东、李波、刘建民、姚郁共同按下启动按钮。

举行八个重点科研平台入驻揭牌仪式

仪式上，国家工程实验室、山东省智慧海洋产业技术研究院、大海工类山东省产教融合研究生联合培养基地、智慧能源联合实验室、国家核电核岛装备产业计量测试中心、产学研合作基地、海空光纤感测技术联合研发中心、烟威校友会创新工作室等八个重点科研平台同步入驻揭牌。

在签约仪式上，烟台国丰投资控股有限公司与学校签订“战略合作框架协议”。双方将围绕“经略海洋”服务领域，布局“大海工”发展方向，聚合政、产、学、研、金、服、用七要素，创新合作机制、搭建合作平台，正式成立海工产业创投基金，致力于打造科研技术成果转化平台、产业投资服务平台，实现科技、产业、资本的深度融合，共同服务烟台市经济转型升级和可持续发展。

合作企业代表、烟台艾睿光电科技有限公司董事长赵芳彦在讲话中表示，作为民营企业代表，哈工程烟台研究（生）院入驻八角湾中央创新区，是烟台教育事业发展的又一壮举，是对开发区、烟台市区域经济高质量发展的赋能。

哈工程的物理光电学院、信通学院等，与公司的产业发展方向完美契合。前期，双方已在研究生联合培养、实验室共建、科研项目合作研发及科技成果转化等方面积极对接。下一步，双方将依托领域优势，进一步深化校企合作，推动校企共同发展，实现学校、企业、社会三方共赢，为推动烟台教育事业发展、振兴地区经济做出应有的贡献。

教师代表曲先强教授在发言中表示，作为首批入烟教师，备感荣幸和自豪，他从三个方面寄语研究生：一要厚植家国情怀，坚守服务国家的初心；二要秉持求真务实、知行合一的求学精神，发扬“严谨、求实、勤奋、创新”的学风，将实事求是的精神和科学严谨的态度融入科研学习的各个方面，并在其中探索出一条适合自己的发展道路；三要坚持实践出真知的理念，把握住学习机会，从企业实习中凝练科学问题，解决企业实际需求，践行习近平总书记要求，把论文写在祖国大地上，把科技成果应用在实现现代化的伟大事业中。

2020 级硕士新生李响代表新生发言，他表示，站在全新的起点上，要坚持求学问是、以德为先；要坚定理想，强化信念；按照学校“以祖国需要为第一需要，以国防需求为第一使命，以人民满意为第一标准”的价值追求，时刻牢记“严谨、求实、勤奋、创新”的优良学风，不负嘱托、不辱使命、勇敢追梦。

校长姚郁开讲新生第一课　勇立于创新型国家建设的潮头

下午，在海工楼，姚郁从学校辉煌的历史、学校概况与办学特色、烟台研究（生）院概况、我们所处的时代、对研究生生活的认识五个方面，为 2020 级新生上了一堂别开生面的“开学第一课”。

校长姚郁为烟台研究（生）院 2020 级新生上“开学第一课”

姚郁指出，作为学校首批入驻烟台研究（生）院的学生，意义重大，既是机遇也是挑战。烟台研究（生）院作为学校专业学位研究生培养改革的突破口，希望同学们抢抓产教融合发展机遇，把“小我”融入国家这个“大我”中去，深入企业学习实践，围绕企业发展面临的现实难题，提炼真问题、做真学问，集中精力专注于每一篇文献、每一次调研，认真对待每一次实验、每一次推演，脚踏实地、砥砺前行，要勤于思考，“我思故我在”，不断扩宽思维的广度和深度，不断解锁新技能，勇立于创新型国家建设的潮头。

哈尔滨工程大学烟台研究（生）院院区大门

烟台研究（生）院由哈尔滨工程大学与烟台市政府共建，其院区位于烟台市开发区八角湾中央创新区，是烟台市经济技术开发区、山东省自贸区和中韩自贸区三区叠加的核心区域，是集人才培养、科学研究、技术创新、成果转化等功能于一体的示范性产教融合研究生联合培养基地。

毛泽东同志训词墙

作为烟台八角湾中央创新区首个落地项目，也是烟台市引进的首个“双一流”名校研究（生）院项目，院区以“大海工”为主要方向，实施校企合作、产教融合。2017 年，学校先后与烟台市政府、烟台开发区管委签订哈尔滨工程大学烟台研究（生）院《全面战略合作框架协议》和《实施协议》。2018 年 10 月，烟台研究（生）院破土动工，院区规划占地 630 亩，设有教学楼、实验楼、图书馆、科创中心、宿舍及食堂等配套设施，可满足 300 名教师、1500 名研究生的学习生活需要。2020 年获批“山东省产教融合研究生联合培养基地”。

围绕“产教融合”核心任务，院区创新建立的“双师指导 + 课程学习 + 企业和校企联合实验室专业实践 + 学位成果”企校双师联合培养研究生新模式，已作为山东省自贸试验区首批创新案例向全省复制推广。哈尔滨工程大学开设的“三海一核”相关专业，与烟台重点发展的海洋产业、蓝色经济高度契合，现与万华化学、中集来福士等 46 家知名烟企建立合作关系，其中与 18 家骨干企业签订校企合作协议，开展研究生联合培养、技术攻关、试验平台共建等方面合作，参与省、市重点科研项目 10 余项。

哈尔滨工程大学烟台研究（生）院俯瞰图

烟台研究（生）院实施“四位一体”全员育人的学生培养管理模式。实行导师负责制、“双导师”制、书院制、学员队制“四位一体”全员育人的学生培养管理模式，为每名学生配备学院导师、企业导师、特聘导师、辅导员四位导师，全面负责学生的思想政治教育、课堂教育、专业教育、实践指导和日常生活等各个方面；加强专业课程教育，拓展学术及文化互动，促进学生相互学习、专业互补；全体学生组成学员大队，按专业设学员中队，组织开展学生各项日常管理活动。

（侯万龙　霍　萍）

扫码阅读推送原文

共贺哈工程获评“全国文明校园”！明日邀你见证雪舰编队诞生！

推送日期：2020 年 11 月 21 日

2020 年 11 月 20 日，全国精神文明建设表彰大会在北京召开。中共中央总书记、国家主席、中央军委主席习近平亲切会见了参会代表，向他们表示诚挚问候和热烈祝贺。大会表彰了新一届全国文明城市、文明村镇、文明单位、文明校园，哈尔滨工程大学荣膺第二届“全国文明校园”。

哈工程获得“全国文明校园”称号

“全国文明校园”是继文明城市、文明村镇、文明单位、文明家庭后，中央文明办和教育部开展的第五大文明创建工程，是衡量一所学校整体水平的重要标志，是目前我国精神文明建设评比（学校领域）中的最高荣誉。

学校党委始终把精神文明建设工作摆在重要位置，坚持“项目牵引、创新推动、中心跨越、全面升级”文明创建方针，坚持围绕立德树人根本任务，聚焦打造国之重器、培养杰出人才，坚持六好标准，突出特色重点，形成了讲学习、讲政治、讲正气，有传承、有特色、有典型的“三讲三有”特色文明校园格局。

学校精神文明创建工作一直走在各高校前列。2005 年，学校获“省级文明单位标兵”；2009 年，晋升为“全国精神文明建设工作先进单位”。自 2011 年起，学校连续三次荣获文明创建工作国家最高级别奖励“全国文明单位”称号。

抓好重点环节　做到思想道德建设好

坚持实施“315”超常规举措，推动思政课高质量发展，学校出台《马克思主义学院建设方案暨马克思主义理论一级学科建设三年行动计划》，实行 10 条特区政策和“两分两专”教学综合改革等 5 项计划（简称“315”），为全省高校思政课建设树立了标杆。

坚持政策推动、项目牵引，推进课程思政建设，发挥各门课程育人功能。教育部高教司司长吴岩接受《中国青年报》专访时，把哈工程“注重发挥课程育人功能”作为案例，佐证高校形成的特色鲜明课程思政建设格局。

坚持职称评聘“三单”政策，建强思政工作主力军。学校出台《思政工作队伍建设计划》，思政课教师和辅导员职称评聘实行单独标准、单独指标、单独评审，辅导员中产生 3 名正教授、17 名副教授，近三年，3 人入选全国和省高校辅导员年度人物。

坚持巩固特色做法，强化思政育人成效。学校发挥黑龙江省大学生心理健康教育基地作用，“大学生心理健康教育”获省级精品课程达 10 余年，学校获“全国高校大学生心理健康教育工作先进单位”等多项荣誉，学校心理育人、资助育人两个项目入选教育部高校思政工作精品项目。

坚持加强疫情期间思政工作，汇聚统筹推进疫情防控和各项工作向心力。

学校出台《关于加强新冠肺炎疫情防控期间思政工作的通知》，各级党组织和广大教工志愿服务学校社区防控，为无法返校的毕业生打包行李，向武汉等地捐赠自主研制的防疫设备，上好升国旗开学第一课，开展毕业“云典礼”、校长授权“云拨穗”等活动，受到央视、新华社、《人民日报》、《光明日报》等媒体广泛关注。

抓好关键少数和党支部　做到领导班子建设好

坚持强化领导班子建设，提升引领高质量发展的能力水平。学校加强中心组学习，学校党委形成了“个人自主学习 + 专题报告引领 + 集中学习感悟 + 集中研讨交流”循序渐进的学习模式，努力学深悟透习近平新时代中国特色社会主义思想。“不忘初心、牢记使命”主题教育实施“挂图作战”，绘制“施工图、任务图、推进图”，做到按图推进、环环相扣、无缝衔接，受到工信部巡回指导组的充分肯定并向其他高校推荐。

《光明日报》（2020 年 1 月 2 日）的《红船初心》特刊头题刊发了校党委书记高岩的文章《传承红色基因 铸就国家栋梁》。学校贯彻党委领导下的校长负责制，把准政治方向、用好方法论、抓好程序保障，完善议事规则，健全系列制度。注重发展顶层设计，形成完善人才培养体系、提升办学治校能力的“工程 100 条”。注重师生切身利益，解决了青年教工住房、子女入学等长期想解决而没解决的问题，稳定了人才队伍，凝聚了人心力量。

坚持抓住“关键人”，项目化推进党支部建设，发挥战斗堡垒作用。抓好学习教育，深入学习党的十九大精神，推广党支部发起的“脱口而出 100 句，人人可为宣讲员”活动，被《人民日报》等多家媒体报道。学校抓好主题党日活动，实施“项目牵引、示范带动、规范指导”“不忘初心、牢记使命”主题教育，133 个教工党支部志愿服务 400 余小时，受益学生数千人，被《光明日报》、学习强国等媒体广泛关注。抓好支部书记，坚持“书记教，教书记”理念，出台《教师党支部书记能力提升行动计划》，在 2019 年全省高校党支部书记素质能力大赛中，我校教师获第一名。

疫情面前，开展“‘疫’线党旗红 战‘疫’当先锋”线上主题党日活动，广大教工党支部和党员身先士卒，以“我恨不能穿过屏幕去给你们当面讲课”的精神状态抓好在线教育教学。学校 3 个教工支部入选全国党建工作样板支部。

抓好师德师风建设　做到教师队伍好

坚持把师德师风作为第一标准贯穿教师评价全过程，完善教师考评机制。严把教师入口关，增加思政面试环节，建立两谈三审一承诺制度。强化教师思政表现考核，实行师德师风考评一票否决制。

坚持发挥老教师作用，弘扬“三严”教风。2001 年，学校成立教学督导委，发挥老教授“传”“帮”“带”“督”“导”重要作用。近 20 年来，坚守在教学第一线的老教授们，平均每人每年深入课堂 100 学时，把几十年教学经验精华传给青年教师，持续举办“促教学传帮带、练育人硬功夫”主题青年教师教学竞赛，邀请国家教学名师等逐一点评，引导青年教师弘扬“治学严谨、组织严密、要求严格”教风，做学生的“四个引路人”。

坚持选树师德典型，发挥示范作用，办好“榜样力量”等专栏。近 3 年来，学校涌现了全国工人先锋号、全国教育系统先进集体、全国高校黄大年式教师团队、全国模范教师、全国优秀教师、黑龙江省 70 年 70 人模范、龙江最美科技工作者、龙江楷模等一批典型。

杨士莪院士在个人传记发布会上致辞

抓好特色活动载体　做到校园文化建设好

坚持传承哈军工红色基因，弘扬“三个第一”价值追求。加强忠诚文化教育和校史教育，强化国家AAA级旅游景区哈军工文化园育人功能，办好“军工往事”等专栏，弘扬哈军工前辈扎根东北、爱国奉献、艰苦创业、服务国防的忠诚报国情怀。

哈军工纪念馆面向社会，全年开放时间近300天、接待10余万人次，作为全国唯一高校博物馆入选全国红色旅游经典景区名录，被人民网、新华网等媒体广泛关注。

坚持建设“三海一核”特色文化，强化“为船为海为国防”情怀。开展学、讲、传、唱、树特色文化建设行动，办好“三海一核故事绘”“船院故事”等特色专栏。

开展“我和我的祖国”主题教育，策划的“雪舰强国梦”主题快闪三上央视（两次上《新闻联播》），“两微一端”等阅读量超1000万；《航母“脱单”！这个高校的祝福很特别》被央视、新华社、《人民日报》等国家级媒体报道，阅读量过亿。学校践行学生体质健康促进工作，向“哈军工”前辈学习理念，实现学生体质健康参测率、测试总及格率、毕业年级总及格率均超95%。

坚持加强创新文化教育，培育哈工程创新文化特质。引导师生树立敢为的自信、必成的劲头、开放的眼界、合作的气度，学生积极参加国家级以上科技赛事。

E唯协会蝉联国际水下机器人大赛冠军

学校E唯协会代表队连续两届捧得水下机器人“世界杯”，被国家级媒体“两微一端”报道，阅读量超1000万。《光明日报》（2020年5月26日）刊发校党委书记高岩的文章《大学的精神和文化对学生影响至深》。

抓好和谐校园建设　做到校园环境好

建成我国首座高校海洋文化馆，哈军工文化园整体布局更加完善，由“三区一馆”扩展为“三区三馆”（历史景观区、文化景观区、船海特色区、哈军工纪念馆、船舶博物馆、海洋文化馆）。

哈工程海洋文化馆

坚持建设平安美丽校园，构建和谐育人环境。抗击疫情期间，学校借鉴哈军工时期管理经验，设立“二道门”，建立学生学习生活区，校园四周加装“电子围栏”，让校园更加安全。塑造了春有杏花夏有荷、秋染红枫冬雕雪的美丽校园风光，被哈尔滨市民誉为“最美校园”。

抓好阵地建设管理　做到活动阵地好

坚持加强讲座等阵地建设，突出育人功能。邀请知名学者、道德模范等来校讲座，办好阳光论坛、启航讲坛等品牌活动。发挥优秀学生社团育人作用，E唯机器人创新团队、自动化技术创新学生社团获评全国高校大学生科技创新团队最高荣誉奖——“小平科技创新团队”。

“潮平两岸阔，风正一帆悬。”全国文明校园的荣誉是对学校坚持“三海一核”特色办学的充分肯定，是对学校坚守“三个第一”价值追求的充分肯定。

哈尔滨工程大学将在习近平新时代中国特色社会主义思想指引下，深入学习贯彻习近平总书记关于教育的重要论述和全国精神文明建设表彰大会精神，不忘立德树人初心，牢记为党育人、为国育才使命，坚持以社会主义核心价值观引领培养时代新人，以敢为的自信、必成的劲头、开放的眼界、合作的气度，奋进建设特色鲜明世界一流大学新征程，努力为建设制造强国、网络强国和海洋强国，为全面建设社会主义现代化国家做出新的更大贡献。

雪舰来了！哈工程首场慢直播明日启幕军工操场

作为哈工程冬天的重头戏，“雪舰”已经成为 HEUers 的冰雪狂欢节，在万众期待中，明天，它来了！为了让师生、家长、校友们一同见证 2020 年“雪舰”诞生的过程，学校启动首场慢直播，从明天 8 点开始，跟小程一起来军工操场看航空“雪”舰，在白茫茫的雪地上精雕细琢的每一步。还记得去年我们“雪地航母”身后的省略号吗？明天，就是悬念揭晓的日子。

2020 年，哈工程学子在军工操场上打造“辽宁舰”“山东舰”双舰合璧的震撼场景

（胡莹洁）

扫码阅读推送原文

筑梦深蓝！哈工程南海创新发展基地揭牌

推送日期：2020 年 12 月 28 日

2020 年 12 月 24 日，教育部与海南省政府在陵水黎族自治县举行“部省会商暨海南国际教育创新岛建设工作推进会”，围绕进一步深化教育改革、推动国际教育创新岛建设进行研究部署。教育部部长陈宝生，海南省委副书记、代省长冯飞出席会议并讲话，教育部党组成员、副部长孙尧主持会议。哈工程校党委书记高岩出席会议。

陈宝生在会上指出，海南国际教育创新岛的设立是教育部与海南省解放思想、谋划创新的共同成果。在建设过程中，要坚持以习近平新时代中国特色社会主义思想为统领，进一步解放思想，准确认识海南国际教育创新岛建设的新使命，放开手脚，努力将其打造成为中国教育新高地、新标杆、新窗口。要把人才建设放在关键位置，培养自己的、引进外来的，紧盯国家重大战略、“卡脖子”问题，千方百计培养人才。要努力探索全新办学机制，培育海南国际教育创新岛“孵化器”功能，探索教育发展新模式，积极为全球教育治理提供中国方案。要做好建设长远规划，发展优质基础教育，在全面开启“十四五”和加快推进海南自由贸易港建设历史进程中，推动海南教育发展再上新台阶、做出新贡献。

会前，陈宝生、孙尧走访了三亚市崖州湾科技城，调研各高校在海南的发展建设情况。在我校展区，陈宝生部长详细听取了学校在服务国家重大战略和在科研攻关、解决核心关键技术“卡脖子”问题方面的汇报，对学校近年来取得的一系列办学成就、做出的一系列重要贡献表示了充分肯定。

教育部发展规划司、高等教育司、科学技术司、高校学生司、学位管理与研究生教育司等相关司局负责同志，三亚市崖州湾科技城管理局相关负责人实地调研了学校南海创新发展基地。

校党委书记高岩（右）与三亚市崖州湾科技城管理局党委副书记、常务副局长林海共同为哈工程南海研究院揭牌

12 月 24 日上午，校党委书记高岩，三亚市崖州湾科技城管理局党委副书记、常务副局长林海共同为学校南海创新发展基地揭牌，学校南海创新发展基地发展建设迈入了新阶段，下一步将加速推进校地、校企、校校合作，人才联合培养，研究生入学筹备等各项工作。

12 月 25 日，校党委书记高岩，党委常委、副校长韩端锋到中电科海洋信息技术研究院走访调研，双方围绕智慧海洋建设、科技创新、人才联合培养等方面进行了深入交流，中电科海洋信息技术研究院总经理王多涛陪同调研。

哈工程南海创新发展基地简介

为贯彻落实习近平总书记重要讲话精神，助推海南自由贸易试验区和中国特色自由贸易港建设，2020年7月24日，哈尔滨工程大学、海南省政府发挥各自优势资源共建的哈尔滨工程大学南海创新发展基地注册成立。

基地位于海南省三亚市崖州湾科技城内，以服务海南省自贸港建设、支撑三亚崖州湾深海科技城建设需求为导向，充分利用海南自贸港区位、政策优势和哈尔滨工程大学人才、科研、学科优势，聚焦海洋维权与装备技术、海洋大数据与智慧海洋、海洋能源和资源开发装备技术、海洋生态保护与海洋旅游装备等研究方向，重点建设三亚研究院、三亚研究生院、深远海海上试验场、国际科学家工作站，打造深海科学技术人才引培基地、深海科学技术与装备创新实验基地、涉海学科研究生培养实践创新基地。

（李志超）

扫码阅读推送原文

迈出服务龙江振兴战略性步伐，哈工程大手笔打造龙江工程师学院！

推送日期：2021 年 9 月 6 日

2021 年 9 月 5 日，在教育部、工信部的大力支持下，黑龙江省委省政府的指导下，由哈工程牵头建设的东北地区首家工程师学院揭牌成立，迈出服务龙江振兴的战略性步伐。揭牌仪式暨高端智能装备产教融合育人联盟启动仪式在哈工程启航活动中心阳光大厅举行，新华社客户端、央视新闻网、学习强国、科技日报网、中新网、凤凰网等媒体聚焦。

高端智能装备产教融合育人联盟成立

黑龙江省副省长孙东生，哈尔滨电气集团有限公司董事长、党委书记斯泽夫，教育部学位管理与研究生教育司二级巡视员唐继卫，工业和信息化部人事教育司副司长傅建奇，黑龙江省教育厅厅长赵国刚，黑龙江省委机构编制委员会办公室一级巡视员李东民，哈尔滨工业大学原副校长、联盟常务副理事长丁雪梅，以及哈尔滨工程大学校长、校党委副书记姚郁共同为联盟点亮徽标。

龙江工程师学院揭牌成立

在教育部、工信部、省发改委、省教育厅、省科技厅、省工业与信息化厅、省人社厅、省自贸区哈尔滨片区管委会、牡丹江市人民政府、鸡西市人民政府、13 家龙江优势工科高校和 38 家重点制造业企业代表的共同见证下，孙东生与斯泽夫共同为龙江工程师学院揭牌。

孙东生等与会领导分别为联盟理事长赵国刚，常务副理事长李长福、姚郁、丁雪梅，副理事长、常务理事代表颁发聘书。

孙东生为联盟理事长赵国刚颁发聘书

哈尔滨工程大学党委常委、副校长吴林志主持会议，全体在校校领导出席会议。

唐继卫为常务副理事长李长福、姚郁、丁雪梅颁发聘书

唐继卫在致辞中表示，学院与联盟的成立对研究生教育改革启发意义重大。

一是学院作为黑龙江省委省政府及高校落实习近平总书记关于研究生教育和东北经济发展重要指示的重大举措，是省委、高校、企业将习近平总书记教育思想转化为行动自觉的重要体现。

二是学院的成立是研究生教育在高水平工程师培养上，在机制体制、行政管理、组织形式等方面创新的体现。制造强国的实现离不开高层次工程师人才。龙江工程师学院以专业学位研究生培养的统一架构，从根本上解决了专业学位研究生与学术学位研究生培养同质化的问题，是推动研究生教育改革的重要举措和有益探索。

三是学院与联盟是新时代深化产教融合、推进研究生培养机制改革的创新探索。彰显了打破传统思维，有组织地开展校企合作、联合育人的新路径；创新人才培养机制，推出优秀专业学位硕士获得“2+X”证书（“2”为毕业证、学位证，“X”为工程师职称证、职业资格证）育人模式。希望学院的揭牌在人才培养和产教融合方面创造新的模式，根据企业实际需求设置培养项目，推动联盟真正动起来，使企业深度参与产学研全过程，实现解决实际问题和人才培养的双丰收，形成新的经验，在全国起到引领示范作用。

傅建奇在致辞中表示，龙江工程师学院适应时代发展、面向产业急需、服务国家战略，推进人才培养机制改革，主题好、模式新、内容实，是贯彻落实习近平总书记关于高等教育重要论述、服务构建新发展格局的具体体现，也是深化产教融合、推进校企协同的有力措施，是学校扎根龙江、服务龙江，向龙江培养输送更多创新型、复合型、应用型人才的应有之义和重要举措。他指出，我们支持学校一方面巩固强化行业特色优势，另一方面不断完善学科专业体系，以更大的力度和更实的举措服务、融入龙江经济社会发展，持续为新时代东北全面振兴体现使命担当。希望学校以龙江工程师学院为平台和抓手，深化人才培养模式改革，全面助力龙江创新驱动发展，加快培养产业急需高层次人才，有力支撑学校“双一流”建设，走出一条围绕产业急需、培养高层次人才的新路子。

赵国刚在致辞中表示，在教育部、工信部大力支持下，建设龙江工程师学院、打造产教融合育人联盟，是深化创新驱动、落实人才战略的有力举措，是推动教育链、人才链与产业链、创新链衔接的重要平台，在解决综合类、专业型工程师、一线工程科技人才缺乏难题，突破关键领域“卡脖子”技术难题等方面将发挥示范引领作用。特别感谢哈工程在推进联盟成立和学院建设中的担当作为，希望学院和联盟聚焦重大需求，紧扣龙江发展，着力打造高层次人才培养新高地，着力打造深化产教融合先行区，着力打造服务龙江振兴助推器。

黑龙江省教育厅督学、联盟常务副理事长李长福宣读服务东北、振兴高端智能装备产教融合育人联盟宣言。联盟宣言重点包括四个方面：一是坚持四为方针，推动研究生教育适应东北振兴发展需要；二是深化产教融合，打造研究生培养龙江品牌和高等教育标杆；三是推动区域融合，促进东北地区老工业基地重振雄风；四是探索开放融合，助力国家对俄罗斯等国全方位教育科技合作。

丁雪梅在致辞中表示，龙江工程师学院聚焦专业学位研究生培养，密切对接龙江制造行业技术需求和人才需求，树立了培养专业学位研究生的新标杆。高端智能装备产教融合育人联盟和龙江工程师学院的成立，对龙江各高校意义深远。一是有利于探索人才培养的新模式；二是有利于搭建校企合作的新平台；三是有利于培养服务龙江的青年一代。希望龙江各高校能够把握契机，通过积极参与，面向龙江企业需求，调节招生计划，科学设计与规划培养模式；深度合作，共建跨校跨学科的培养机制，共享学习和实践的基地，搭建稳定的校企协同的育人平台；发挥优势对接哈工大、哈工程等国防特色高校的优势，联合哈电集团、中国一重等企业科研院所，搭建政产学研用交流互动和技术对接的平台等三个方面加快培养龙江高层次应用型人才，为服务龙江的振兴发展贡献力量。

斯泽夫在讲话中指出，习近平总书记关于人才培养的重要论述为企业技术创新和人才的培养提供了根本遵循，为制造行业发展指明了方向。哈工程传承红色基因，为我国制造业输送大批优秀人才。学院和联盟的成立充分体现了哈尔滨工程大学的政治站位、责任担当，面向企业急需人才，在培养什么人、如何培养人上提供了新路径。

希望联盟各成员单位精诚合作、优势互补、资源共享、成果互惠，以龙江工程师学院为产教融合重要载体，为龙江经济振兴提供更多的人才和智力支持。哈电集团作为龙江高端制造业龙头企业，为国家高端制造实现重大突破做出卓越贡献。

集团将借助学院平台，将国家级重点实验室、国家级技术试验中心等优势平台主动对接学校需求，向联盟单位开放，使其成为产教融合、校企合作的重要载体和桥梁。

其后，哈电集团将与哈工程共同建立海洋智能装备联合实验室，采取“2+X”方式打造专业学位研究生培养产学研用一体化平台，积极对接院校需求，为高校提供实习基地、科研场所、实验室资源、实训平台等，共同探索校企结合新模式。哈电集团将发挥高端制造业企业的研发和人才优势，大力推进优秀专家走进校园、走向讲台，为学生讲授生产实践的案例，展现大国重器的风采，将学校科研成果推向产业化。

姚郁代表学校在讲话中指出，习近平总书记关于东北工业经济发展和研究生教育发表系列重要讲话，作出重要指示，要求加快培养国家急需的高层次人才，加强产学研深度融合。黑龙江省委省政府依托龙江科教实力、军工制造业基础坚持创新驱动发展，加快构建现代产业体系，不断激发教育服务发展能力，指导高校在产学研用协同创新、培养东北振兴适用人才上发挥积极作用。

学校作为扎根龙江的“双一流”建设高校，服务国家需求和龙江振兴责无旁贷。龙江工程师学院作为教育服务区域经济社会发展新模式、新路径的积极探索，旨在通过深化产教融合、校企合作，贯通人才链、填补创新链、服务产业链，推动专业学位研究生培养模式改革，培养高素质实用型人才，打造区域高层次人才培养高地。今后，学院将紧扣制造强国和网络强国建设，紧密对接龙江“十四五”发展规划，聚焦产教融合专业学位研究生培养，在创新产教融合育人模式培养高层次应用型人才、搭建校企合作产教平台、助力龙江全面全方位振兴三方面重点发力。

龙江工程师学院揭牌仪式暨高端智能装备产教融合育人联盟启动仪式
在哈工程启航活动中心阳光大厅举行

哈尔滨工程大学为全面落实习近平总书记关于一流大学群建设、研究生教育的重要指示精神，借鉴浙江工程师学院成熟经验，设立龙江工程师学院。龙江工程师学院立足于落实习近平总书记关于东北振兴及对研究生教育重要指示精神，瞄准制造强国和龙江振兴战略需求，聚焦龙江重点企业优势产业人才和技术急需，聚焦专业学位研究生培养模式改革创新，以新思维、新模式、新机制推动校企产教深度融合、校地区域深度融合、专教职教深度融合、对俄罗斯等国引智引技新模式，着力培养专注服务龙江先进制造业的高层次应用型人才，产出推动龙江新旧动能转换和新兴战略行业发展的创新性科研成果，探索教育服务国家区域经济社会发展，力求为龙江经济社会发展留人、为龙江企业转型升级赋能、为哈尔滨新区注入新活力、为龙江地市科技转化助力、为龙江高校校企合作搭台。

高端智能装备产教融合育人联盟由省委省政府组织发起，在省教育厅的指导下，哈尔滨工程大学联合哈工大、哈理工等省内高校，以及中国一重、哈电集团、中航工业哈飞、七〇三研究所、航弹院、东北轻合金、哈焊院、新光光电等省内高端智能装备企业共同落实成立。联盟秘书处设在龙江工程师学院。联盟将加强校企深度合作、促进产教深度融合、服务龙江工程师学院发展、解决阻碍校企深度协同的“堵点”和“痛点”，以“开放协作、合作共赢、资源共享、协同发展”为原则，紧紧围绕国家战略需要和龙江经济社会发展急需，密切聚焦制造企业的技术与人才需求，通过体系构建、标准制定、机制建设、资源共享，充分发挥各方优势，在高层次应用型人才培养、龙江重点企业转型升级、重大军民成果双向转化、对俄罗斯等国全方位合作等方面发挥组合效应和规模效应，创新专业学位培养模式、落实国家重大创新任务、完善校企成果转化机制、促进区域创新体系互动发展，树立一流的专业学位研究生产教融合育人运行模式，加快培养龙江急需的高层次应用型人才，大力推动高端智能装备产业发展。

学校 2020 年初启动龙江工程师学院调研工作，围绕龙江改造提升装备制造等传统优势产业急需，校长姚郁带队，历经 10 天，全面深入调研鸡西、牡丹江等地市级政府，以及中国一重、哈电集团、中航工业哈飞等龙江重点制造业企业。在黑龙江省教育厅的指导下，形成《龙江工程师学院建设方案》。2021 年 5 月 9 日，黑龙江省教育厅组织完成了龙江工程师学院建设方案评审。2021 年 5 月 24 日，黑龙江省委组织了龙江工程师学院建设协调会，并批准设立哈尔滨工程大学龙江工程师学院，组织招生办学。

根据黑龙江省委要求，学校积极推动龙江工程师学院的建设工作，并编制了龙江工程师学院“十四五”发展规划，完成省级公共实训基地论证，建设数字化智能制造产教融合创新中心，并积极投入资金支持；与鸡西市政府签订了“共建新型研发机构——哈工程鸡西碳材料创新研究院项目合作协议”，与哈电集团等企业签署校企人才培养合作备忘录；对接哈、齐、牡、绥等地市 30 余家企业近百条项目需求，包括高端装备、新材料、新能源、新一代信息技术、节能环境等五大黑龙江省经济发展战略性、先导性产业，投入专项经费实质性推动科技协同创新和研究生培养；协同中国一重、哈电集团、中航工业哈飞、兵器工业航弹院等 8 家龙江重要制造业企业，哈工大、东北林大、东北农业、东北石油、哈理工等 13 所龙江优势工科高校，通过政产学用一体化，推动产教融合、区域融合、开放融合的专业学位研究生创新办学新模式，成立高端智能装备产教融合育人联盟。

（赵琳琳）

扫码阅读推送原文

打造服务国家战略新特区！哈工程水下智能研究院成立！

推送日期：2021 年 12 月 16 日

2021年12月15日，学校党委常委会会议通过了成立水下智能研究院的报告。当日下午，水下智能研究院成立大会暨水下智能研究院管理委员会第一次会议在主楼八楼大会议室召开。

水下智能研究院成立大会

水下智能研究院是隶属于学校的独立科研机构，实行管委会领导下的院长负责制。校长、校党委副书记姚郁任水下智能研究院管理委员会主任，党委常委、副校长殷敬伟任水下智能研究院管理委员会副主任，校长助理严汝建任水下智能研究院管理委员会副主任，杨德森院士任水下智能研究院战略咨询委员会主任，孙大军教授任水下智能研究院院长。

校党委书记高岩在党委常委会会议讲话中指出，成立水下智能研究院是学校贯彻落实习近平总书记关于科技创新重要论述、适应科研转型的迫切需求，也是发挥学校各方面增量优势和科研先行示范区作用的迫切需求，全校上下要进一步提高政治站位，将其作为服务国家重大战略需求，落实“十四五”规划方案、新一轮“双一流”建设方案、一流学科培优及一系列重大战略平台建设的切入点和突破口，坚定不移、全力推进，努力打造“十四五”学校科研工作亮点。

高岩强调，水下智能研究院建设要坚持五方面特色：

一是科研先行，水下智能研究院是学校贯彻科研先行理念的重中之重，必须坚持和把握好科研先行这个突出特点，使其成为学校创新发展的先行军。

二是做有组织的科研，要利用好水下智能研究院这一关键载体，整合优势资源，坚持服务国家重大战略需求，提升解决“卡脖子”关键技术问题的能力。

三是推动融合创新，以重点任务为抓手，协同各方力量组建若干跨学院、跨单位的项目制团队，开展联合攻关，推进学科交叉融合。

四是坚持开放合作，既要充分用好学校各方面的增量资源，也要充分调动各学院建设积极性，甚至协同全国优势力量开展大联合、大合作。

五是聚焦解决重大问题，催生重大科技创新成果，使其成为瞄准国之重器“谋大事、干大事、成大事”的排头兵，在贡献国家中体现价值。

高岩要求，水下智能研究院管理委员会要在项目制管理基础上，按照“小核心、大融合”原则，充分听取各方面意见、调动各方面积极性，探索更加有效的管理运行机制。对于拟制定和实施的特区政策，授权水下智能研究院管理委员会研究决定。要以做实工作站、创新中心、前沿中心三个平台为底线，将水下智能研究院建好建强，着力产出“十四五”时期学校科技创新的标志性成果。在前期建设阶段，相关党委常委、校长助理要积极参与、精心谋划，带领相关部门集中精力干大事，保证研究院各项工作开好头、起好步。

姚郁在水下智能研究院管理委员会第一次会议上指出：一要深刻理解和认识到成立水下智能研究院是推进学校重大战略平台落地落实的重要举措。紧密围绕国防重大需求，充分发挥学校国防特色优势，依托水下智能研究院积极谋划和承担国防重大任务，推动学校重大战略平台实质性运行。二要深刻理解和认识到成立水下智能研究院是贯彻学校科研先行理念的重要体现。充分利用各方面资源优势，以水下智能研究院为试点，积极探索和开展具有前瞻性、系统性的科研机制体制改革，带动学校整体办学水平提升。三要深刻理解和认识到成立水下智能研究院是学校解决国防重大需求的重要抓手和载体。围绕国家级重大任务，充分发挥水下智能研究院的科研特区作用，协同校内外力量组建若干跨学院、跨单位项目制团队，开展联合攻关，催生重大科技创新成果，实现服务国家重大战略取得新突破。

姚郁就水下智能研究院建设提出三点要求：

一要深刻理解研究院的功能定位。要瞄准国防战略需求和“卡脖子”关键技术，坚持有所为有所不为，汇集学校特色优势力量办大事、办实事，做有组织的科研。要不断探索体制机制创新，狠抓责任落实，为想干事、能干事的人才做好服务和保障，帮助他们把事干成。要集中精力谋划好国家级重大任务，协同好校内校外联合攻关，推动新质能力快速生成。

二要处理好研究院与学科、学院和国家级平台关系。各学院负责人要站在服务国家战略需求的大格局中谋大事、干大事，以开放合作的大气度，推动学院与学院、学科与学科之间的交叉融合，推动研究院高质量建设发展，同时带动相关学科建设发展。研究院与工作站、创新中心、前沿中心等学校各个平台相辅相成，要以开放合作的心态，凝心聚力、共同聚焦国防重大任务，用辩证思维统筹好各平台建设。

三要尽快做好重大任务凝练谋划工作。学校相关职能部门要做好科研组织、队伍建设、人才培养、资源配置等服务保障工作。水下智能研究院战略咨询委员会要对研究重大方向、重要事项、重点工作的决策提供有效建议。

孙大军教授从任务先行、能力牵引、学科交叉、做强学术等方面就研究院建设进行汇报。研究院管委会成员及相关学院院长逐一发言，深入交流讨论。

（刘　涛）

扫码阅读推送原文

全国首批 33 所！哈工程入选！打造国产化船舶工业软件孵化基地！

推送日期：2021 年 12 月 17 日

近日，教育部发布关于首批特色化示范性软件学院名单的公示，33 所“双一流”高校入选。首批特色化示范性软件学院覆盖关键基础软件、大型工业软件、行业应用软件、嵌入式软件、新型平台软件等五个重点领域。聚焦大型工业软件领域的哈尔滨工程大学软件学院榜上有名。

2020 年，教育部、工业和信息化部联合启动了特色化示范性软件学院建设工作，旨在聚焦国家软件产业发展重点，培养满足产业发展需求的特色化软件人才。哈尔滨工程大学积极按照建设指南的具体要求，结合学校在船海领域行业人才培养特色优势，汇聚相关学院优势资源，聚焦船海领域大型工业软件人才培养，扎实开展特色化示范性软件学院的建设工作。

打造国产化船舶工业软件孵化基地

哈尔滨工程大学软件学院依靠学校“船海”特色与优势学科方向，以大型船舶工业软件为切入点，以特色化软件人才培养为目标，以深度校企合作为软件人才质量提升突破口，形成了“船舶领域导向、理论实践并举、校企深度合作、多维协同育人”的办学特色。

学院将依托软件工程学科和计算机科学与技术学科，面向船舶大型工业软件领域，与学校“船海”特色学科专业深度融合，致力于使学院成为国产化船舶工业软件孵化基地，软件工程与“船海”学科交叉领域国内领先、国际知名的科技创新高地，具有全球国际视野、国家使命担当的高水平、高层次人才培养基地，持续为国产船舶工业软件培育高水平创新型人才。

一流的办学资源和条件保障

哈尔滨工程大学软件学院在学科建设、科学研究、人才培养等方面居全国高校前列。目前学院拥有计算机科学与技术和软件工程两个一级学科博士点，计算机科学与技术博士后流动站，一个网络安全技术与工程目录外二级学科和一个电子信息领域工程硕士点。在 2017 年教育部第四轮学科评估中，计算机科学与技术一级学科被评为 B+，位于全国前 20%；软件工程一级学科被评为 B，位于全国前 30%；计算机科学进入全球前 1% 行列。学院设有计算机科学与技术、信息安全、软件工程三个本科专业，全部通过工程教育专业认证并入选“双万计划”一流专业建设行列，其中计算机科学与技术专业、软件工程专业获批“国家级一流专业”建设点，信息安全获批省级一流专业建设点。

电子政务建模仿真国家工程实验室

学院具备一流的办学资源和条件保障，拥有电子政务建模仿真国家工程实验室、信息内容分析技术国家工程实验室（哈尔滨分中心）、哈工程－东软国家级工程实践教育中心、教育部互联网应用创新开放平台示范基地、国家保密教育培训基地等一批国家级、省部级优势特色学科平台，为人才培养提供了坚实的条件保障。

（刘　涛　李宇婷）

扫码阅读推送原文

重磅！哈工程获批建设教育部“前沿科学中心”

推送日期：2021 年 12 月 30 日

2021 年 12 月 24 日，教育部发布《关于 2021 年度前沿科学中心立项建设的通知》，哈尔滨工程大学“极端海洋环境波动场前沿科学中心”获批立项建设，这是黑龙江省首个获批的教育部前沿科学中心，标志着学校在国家重大基础研究平台建设上取得新突破，迈出了加快建设世界一流学科和特色鲜明世界一流大学的新步伐。

前沿科学中心作为世界一流大学和一流学科建设的重要抓手，是我国高等学校基础研究珠峰计划的核心内容，是教育部推动高等学校加强基础研究、实现创新引领的重要举措。

极端海洋环境波动场前沿科学中心聚焦海洋波动场非线性耦合机制、高海况畸形波和内波的发生机制与演变、海洋气液固跨介质波动机制与载荷特性等三大前沿科学问题，通过多学科交叉融合，着力提升我国在极端海洋环境波动场领域的原始创新能力，全力打造全球极端海洋环境科技创新和顶尖人才培养的摇篮，奋力构建世界一流的船海领域基础前沿研究高地，引领服务支撑国家深远海战略和“一带一路”倡议的科技创新。

学校紧紧抓住国家建设前沿科学中心这一重大机遇，依托船舶与海洋工程学科，积极谋划、科学组织、统筹兼顾、突出特色，按照物理空间实、研究队伍实、目标任务实、投入保障实的建设要求，凝聚学校“三海一核”的优势资源和力量，打造人才培养、科学研究、学科建设创新平台，着力提升学校基础研究的水平和能力，加快推进学校“双一流”建设。

面向未来，学校将进一步整合创新资源，发挥“三海一核”特色学科体系优势，面向世界汇聚一流人才团队，推动多学科深度交叉融合，大力推进科教深度融合，努力将前沿科学中心建设成为我国在相关基础前沿领域最具代表性的创新中心和人才摇篮，力争在前瞻性基础研究和原创性成果产出方面取得新的突破。

（方　超）

扫码阅读推送原文

丹心铸剑

孙大军：让中国“智”造实现“大海捞针”

推送日期：2018 年 6 月 8 日

“深海勇士”号在海底作业

万米深海，浩瀚无边。在茫茫深海中确定一个位置，甚至在无光无信号的漆黑复杂海底找到一个目标，这几乎不可能完成。但人类要挺进深海，这可是一项不可或缺的关键技术。

“深海勇士”号上的考题

2017年10月，在标志着中国载人潜水器又一里程碑的4500米载人潜水器“深海勇士”号的海试中，海试验收专家组组长、中国科学院深海科学与工程研究所所长丁抗对潜水器的定位提出了一道“大海捞针”的真实考题：在第 19 次下潜任务中，他在 3500 米以下的深海布放一个直径不到 20 厘米的标志物，要求潜水器利用所装配的综合定位系统，仅靠布放坐标信息找到这个标志物。

“深海勇士”号完成作业正在出水

深海高精度水声综合定位系统研发团队、哈工程深海水下信息技术研究团队的领队孙大军备感兴奋与压力。一方面，从技术原理和水池联调的结果来看，他深信自己的“宝贝”能大显身手；另一方面，这是我国第一次单独依靠国产设备完成定位任务，这是“深海勇士”号对“国字号”科研设备的巨大信任，更是国家对自主知识产权科研项目的巨大支持，圆满完成任务意义重大。

从标志物布放开始，孙大军每天最重要的事就是在母船“探索一号”通信的时间段，与随船出海的团队成员沟通，分析排查可能出现的状况。在第 22 个潜次，在综合定位系统的引导下，“深海勇士”号经过十几分钟，成功找到了第 19 次投放的标志物，实现了“大海捞针”。深海中可见光的传播距离仅为 3~5 米，这次试验任务的成功就相当于在漆黑的夜晚打着手电筒，于草丛中找到了丢失的“珍宝”，整个过程的难度和成功后的喜悦可想而知。此时验收专家组组长丁抗再出“难题”，要求再做两个潜次验证试验，以确保设备稳定可靠。于是“深海勇士”号在第 25 个潜次中，潜水器几乎开过去就找到了标志物。

发回的“成绩单”一个比一个好，孙大军团队如释重负、一片欢呼。这份优异的“成绩单”向世界宣告：中国向深海挺进的又一大国重器——“深海勇士”号具备了自主知识产权，具备了稳健可靠的深海亚米级定位能力。

2017 年 12 月 1 日召开的“深海勇士”号载人潜水器研制和海试总结会议上，验收专家组组长丁抗称潜水器的定位能力稳定精准。潜水器的总设计师胡震总结潜水器的十大关键技术，定位系统是其中之一。

从“学步”到“跟跑”的同船比较

一项创新技术的从无到有，是要经历无数次试错、纠错的复杂过程的。而水声定位又是一个实践性很强的技术，一定要下到海里，在实践中改进、完善。但是每条出海的船都有自己的使命和任务，谁敢把一份如此重要的工作交给一个正处在原始创新阶段的设备呢？回溯 14 年的科研历程，团队最艰难也是最有价值的事就是得到机会，在已经安装国外定位设备的船上加装自己的定位设备，与“进口货”进行同船比较。

2006 年，孙大军团队终于得到了第一次做深海试验的机会，这是一次具有里程碑意义的海试。“我们不知道自己的设备在深海到底如何，这次能把设备放到真实的水声信道的复杂环境下抓取声信号，无论结果如何，都是迈向成功的第一步。”团队非常珍惜这个机会，经历了七个昼夜的煎熬与奋战，团队终于拿到了国内第一套宝贵的深水超短基线定位数据，这为团队的定位系统研发树立了信心、积累了经验。

有了第一次下海，科研的道路渐渐明朗起来。2010 年，在国家海洋局的支持下，中国大洋协会第一次决定在“大洋一号”科考船上安装国外定位设备的同时，以科研方式采购一套国产超短基线设备。孙大军团队拥有了与国外先进设备同船比较的机会。这也成为团队第一套装船使用的超短基线定位设备，至今仍在使用。这套国产定位设备的装船使用，改变了中国科考船在定位系统维护、升级和出口许可限制等方面的被动局面，标志着中国船舶上终于有了国产的定位设备。

同年，在科技部的支持下，当时国内最先进的科考船“科学”号建造设计的时候，就预留了两个位置，一个安装了当时世界最先进的英国水下定位设备，另一个留给哈工程的超短基线定位设备。经过漫长的历程，国产超短基线定位设备终于有了一席之位。2015 年，这套国产定位系统升级的长基线定位功能，辅助“科学”号在中国南海拿到了中国首个水下亚米级的冷泉热液的地形地貌图。

2014 年，“向阳红 09”母船找到孙大军，安装了超短基线定位系统，调试后，“蛟龙”号在完成当年试验性应用航次第一航段的科考任务时，这套国产高精度超短基线定位系统，在保障“蛟龙”畅游海底并顺利返回中大展身手，打破国外技术垄断格局。

“能与国外先进设备在同一时间、同一环境进行数据比对，是我们寻找差距、自我发展的重要机会。”短短几年时间里，国产定位设备在与作为国际水声定位系统标杆的英国、法国、挪威的设备进行同船比较的过程中，完成了从高精度超短基线定位技术到深海高精度水声综合定位技术的几个技术飞越，完成了国产水声定位技术从“学步”到“跟跑”，再到今天“并跑”的几次蜕变。作为中央军委科技委深远海战略首席科学家的孙大军对科研创新有了更深刻的认识：“习近平总书记在全国科技创新大会上指出，‘必须在深海进入、深海探测和深海开发方面掌握关键技术’。党的十九大提出颠覆性创新的概念，体现了国家对水声学科技创新的迫切需求。这些年深海高精度水声综合定位设备一次次同船比较的背后，是国家对原始创新的信任和期待，是海洋强国战略的大背景下，科技部、海洋局等若干部门的长期支持。没有国家创新的大背景和大环境，创新就失去了成长壮大的土壤，就不会有水声定位技术的产生。”

成功是成功之母

“成功是成功之母”是孙大军的名言，更是团队做水声定位的科研经验。2008年，在高精度测向实验中，团队连续几个月在水池实验，天天加班到深夜，就是无法得到理想的数据。成员们一筹莫展，感觉像是触到了技术的天花板，甚至怀疑研究的出发点就错了。但孙大军带着大家从头查找问题。他的导师田坦是国内著名的水声工程专家，他从老一辈科学家身上不仅学到了扎实的专业知识，更传承了不屈不挠、顽强拼搏的科研精神。孙大军说：“到最后支撑团队继续干下去的，就是那么一种信念。”在一年的时间里，他带领团队针对基阵的声特性、通道一致性等问题一个个往回查找原因，终于找到了问题的症结：基阵不理想的隔声、隔振、吸声特性使常规信号处理失效。通过对症下药，团队终于准确地接收到水下的信号，这次成功也成了后续“成功”之母。

杨士莪教授有一条科研原则在水声学院深入人心：再好的技术成果，如果只停留在论文和实验室阶段，甚至束之高阁，都是没有意义的。孙大军也常对团队老师说：“从技术到应用有一段漫长的路要走，就像西天取经，你已经身怀绝技，但还要经历九九八十一难，才能在过关斩将中逐渐完善。”团队骨干郑翠娥对此深有体会。那年孙大军出海实验，明明在实验室里已经经过了无数次的原理计算、水池实验都没有问题的定位设备，到了复杂多变的深海环境，放下水后就是抓不到信号，无法稳定跟踪。大家连续调整了几天的参数，依然拿不到很好的信号。眼看着来之不易的深海“首秀”就要失败，整个团队精神上都快撑不住了。“孙大军老师的意志力真的是极强，”郑翠娥感叹道，“那次我们真是深刻体会到了从技术完美到能够应用有多漫长的路要走。在那一周的时间里，当几乎所有人都要放弃的时候，我们却看到孙老师一直在调整参数，他始终没有放弃。他也因晕船不停地吐，一连几天几乎没睡觉、没吃东西，但是他始终坚信系统一定可用，问题是能解决的，只是我们没有找到方法。如果当时不是他一直坚持并最终把问题找到了，中国可能不会这么快就有深海高精度水声定位系统了。”在一次次从技术走向应用的磨砺中，团队不断完善，积累了创新的经验和勇气，更打磨出坚守信念、吃苦耐劳的科研风格，成长起一批像孙大军一样有着超强意志的水声人。

在“深海勇士”号的实验中，韩云峰就经历了深海复杂环境的实践考验。在前期十几个潜次的超短基线定位中一直发挥良好的综合定位系统，在最后使用长基线的时候竟掉了链子——满屏的电噪声，怎么也看不见信号。韩云峰按照孙大军的指导逐个排查可能产生的干扰。“深海勇士”号每天 8 点左右下潜，他就开始在工作舱内跟踪接收定位设备回传的数据，一待就是一天，晚上潜水器回收后，他开始拆卸设备、熬夜分析数据、排查原因，一干就到天明，第二天继续在工作舱跟踪收集信号数据。韩云峰心里不好受，但他始终坚信问题一定能够解决。经过了一个多星期，韩云峰终于在孙大军和其他老师的帮助下找到原因。经过修整，终于能看见信号了，但是他又发现，无论怎么校正参数，定位的有效率始终不足 30%。此时，验收专家组组长丁抗在下潜中也发现，由于综合定位设备安装在“深海勇士”号前部而不是顶部的位置，对信号接收产生了一定的阻挡，影响了信号接收的有效率。根据实验需要，他把定位设备探出潜水器一部分，定位有效率有所改善，但还远不能满足需求。听说船要靠岸补给一个晚上，孙大军与团队在实验室连续工作，讨论分析问题及可能的解决方案后，郑翠娥与团队研究生张毅男马上飞往三亚，与韩云峰一起连夜升级算法，工作了整整一夜。天明时，“探索一号”母船再次出征，经过调整的综合定位设备的信号有效率超过 90%。在这些尊重科学、注重实践、意志坚强的水声人的共同努力下，水下高精度综合定位系统终于接收到完美的定位信息，快速稳定地实现了“大海捞针”的使命。

后　记

孙大军曾经和团队老师说过一个笑话：他的孩子小的时候，因为他工作总是加班加点，经常半夜回家，一大早又匆匆赶回实验室。有一次他回家，看到门上贴了一张纸，孩子用稚嫩的字迹写着“客满无房”。这是孙大军团队的工作写照，也是这所学校的科研作风：个人问题为团队问题让路，私人情感服从科研需求，自家事情为国家事业让路。孙大军的团队一直是这样全年无休地赶着科研进度，五一、十一或者寒暑假是他们集中安排出海实验的“黄金时间”。与船舶与海洋打交道，出海做实验晕船是家常便饭，遇到风浪，常常是机器旁边放一个桶，吐一口，记一笔数据。因为出海任务，家里亲人去世不能赶回，孩子出生不能在场。他们能放得下这些儿女情长，正是因为他们的心中还有更崇高的哈军工情结。孙大军的身边有着一批像他一样的中国水声学最前沿的专家，以祖国需要为第一需要，以国防需求为第一使命，以人民满意为第一标准，为了水下国防事业不计名利得失、夙兴夜寐地奋战在科研最前沿，将“大海捞针”从传说变为现实。

（金　声）

扫码阅读推送原文

杨德森：水声的力量

推送日期：2018 年 11 月 27 日

在哈尔滨工程大学的水声楼里，你总能看到这样一位老师，他戴着近视镜，穿着一件朴素的夹克衫，与同事聊天时语言幽默、亲切随和。他就是杨德森院士，正是这样一位平易近人的中国学人用一个个创新性科研成果，为祖国的万里海疆保驾护航。

杨德森院士

2019 年 5 月 26 日，《光明日报》“光明学人”专版整版以“杨德森：水声的力量”为题报道杨德森院士。

人物名片

杨德森，1957 年生，中国工程院院士、教授、博导，1982 年 1 月毕业于哈尔滨船舶工程学院（1994 年更名为哈尔滨工程大学）水声系，1998 年获哈尔滨工程大学水声工程学科博士学位，我国水声工程领域知名专家、水下矢量声学理论与应用研究的先行者。他长期从事水声工程领域的科研和人才培养工作，在矢量声呐技术等方面取得了多项开创性的研究成果，为我国声呐技术的进步做出了重要贡献。曾获国家科技进步二等奖 2 项、三等奖 1 项和省部级科技进步奖 16 项，获国家发明授权专利 36 项，发表学术论文 152 篇，撰写专著 2 部。现兼任国务院学位委员会船舶与海洋学科评议组召集人、国家科学名词术语审定委员会声学分委员会副主任、国家重大科技专项“深海空间站”项目组副组长，获全国创新争先奖章、何梁何利科技进步奖、马大猷声学奖等荣誉。

弯道超车

几乎所有记者见到杨德森，采访的第一个问题都是：杨院士，您所从事的水声学科，到底是做什么的？

杨德森院士与团队集智攻关水下“千里眼”和“顺风耳”

杨德森会这样给大家“科普”：人类在陆地生活离不开信息交流，开发利用海洋也离不开水下信息的获取、交流、判断与识别。到目前为止，只有声波能在海水中远距离传播，无线电波、光波等都因海水强烈的吸收而无法远距离传播，水声工程学科应运而生。它是对水下声波的发生、传播和接收过程中声学特性及其应用的研究。简单说来，就是如何将人类“耳朵、眼睛和嘴巴”的功能延伸到水中。

祖国的万里海疆，肯定离不开水声这一大海中的“器官放置”，这个“器官放置”的声呐就是用于对水下目标进行探测、定位及识别。

最大限度地令水中航行器减振降噪，增强安全隐蔽性，同时更灵敏地捕捉对方的噪声声波，知己知彼，为祖国的万里海疆打造水下的“千里眼”和“顺风耳”，“听噪辨声”与“降噪隐声”如同一对“矛”与“盾”，成为杨德森毕生研究的核心内容。

传统的标量声呐为了“听得更远，找得更准”，基阵体积、重量不断加大，舰艇不得不为巨型声呐付出更大更多的代价。

1997 年，杨德森带领团队突破多项关键技术，研制成功了我国第一套矢量声呐，建立了水下声场的矢量探测模式，矢量声呐由此诞生。

矢量声呐的重量、体积和能耗远低于普通声呐，而目标侦测信噪比却高于普通声呐 10 分贝以上。它成为新型声呐技术的重要支撑，其诞生也使我国成为掌握这项技术的少数国家之一。矢量技术被称为“二十世纪中国水声界最具代表性的创新，使我国声呐技术产生了革命性进步”。

杨德森作为党的十九大代表在接受媒体采访时指出，“中国现在要想走科技强国和海洋强国的道路，就必须要在优势领域实现科技创新的‘弯道超车’”。矢量技术正是中国科学家在海洋强国征途中典型的“弯道超车”。

俄罗斯专家访问哈尔滨工程大学时，特别提出要与杨德森会见。参观后，俄罗斯专家颇为感慨地说：“世界上矢量传感器做得最好的是我们和你们，但是你们现在已经超过了我们。我在这里见到了世界上最好的矢量传感器。”那一刻，杨德森深深感受到一位知识分子对祖国和平繁荣的渴望与寄予的深情。

师生情谊

探索的路总是艰难的。

矢量探测技术提出之初，理论探索异常艰难，业界也有质疑。一个在工程上几乎可以被忽略的高阶小量为什么会产生如此大的作用？当时的人包括杨德森在内，其实也没真正悟透。

杨德森一直试图解释，矢量声呐技术是如何把各种影响测量的因素一点点找回来的，就像数学上把忽略的项重新加回来一样。但是，一向非常较真的他觉得这个认识还不全面。他也曾同自己的老师——水声界元老杨士莪院士讨论过这个问题。但听完学生的解释后，杨士莪只说了一句“好像有点道理”，就没再吱声。

2001 年，杨德森团队在青岛某码头的山顶灯塔处装起一个仅能容下几张桌子的板房，用来接收海上测量传回的无线电信号，除了做试验的几个人有凳子，其他人只能站在山坡上。团队每天清晨上山，晚上回来，几个月的时间如同钝刀割肉，在一段上不去的坡路上煎熬。

杨德森院士正在进行矢量声呐技术数学推演

杨德森说，那些年最苦的不是探索方向的煎熬，也不是试验中的辛苦，而是在各种压力与国家期盼之间，无法言说的孤独与迷茫。但这一切他又一个字也不能表达，因为团队的一干人马望着他的背影在坚持。身后支持他的母校，静静地等待着试验结果。

最后一天正式考核前，杨德森看着已经累得黑瘦的团队成员，忍不住说了一句：“这次试验不成功，我就从这里跳下去！”

当矢量声呐第一个信号出现在屏幕上时，团队一下子沸腾了，憋了几年透不过来的气一瞬间在海风之中吐了出来。收工回到哈尔滨时，正好是农历大年三十。这次试验的成功是中国水声由标量迈向矢量的里程碑。

16 年后的某一天，杨德森认真地从数学原理、物理原理等七个方面清楚地向杨士莪解释了当年提出的问题。他开玩笑地自嘲道：“老师提个问题，学生十几年没解出来，我算不得一个好学生啊。”

杨士莪这才告诉杨德森，其实提问的那天，自己口袋里的小本子上记录了专家提出的 100 多个问题，看到学生压力太大了，小本子就没掏出来。“你能用 16 年解释清楚这个问题，已经很好了。”说着杨士莪把存了十几年的小本子递给了杨德森。

随着理论的探索与推进，如今的杨德森回答这些问题显得从容轻松，但老师当年对学生科研探索的守护，依然深烙在他的心中：“如果老院士当时真把那些问题掏出来，我真不敢想象还会不会有今天的矢量声呐技术了。”

柳暗花明

张揽月是杨德森团队的一员。“杨老师最让人佩服的是，当科研一次次看似已经走投无路的时刻，他总能带着我们绝路逢生、柳暗花明。”

杨士莪评价杨德森：“杨德森就是有那么一种韧劲儿，能坚持到底。”

有一个经过理论推算感觉完全没有问题的项目，在实验室试验阶段就被困住了，而且一困就是 11 年。团队年年优化设计、调整试验数据，却始终测不出理想的数据。

最后，团队的其他成员都忍不住劝杨德森："杨老师，这不行啊，算了吧。"

2011 年初，杨德森一狠心，和大家商量："咱们最后再坚持一次，到松花湖做湖试，如果还不成功，我向你们保证这个项目至此结束，这个方向我们就不做了。"

又是一个谁也没有想到。

外场的最后一次试验竟然瞬间成功，面对着漂亮的试验结果跳动在屏幕上，在场的所有团队成员一时间目瞪口呆，11 年的漫长煎熬，此刻的幸福来得太突然了。

科学不相信神力，所有的成功必有依据。杨德森开始整理反思整个试验过程，最终分析查找出原因，当即决定趁热打铁，马上租船，安排海上试验。2012 年 1 月，试验在海水里拿到了更加稳定的数据。

在矢量水声技术的不断优化升级中，走向深海是其必然的方向。水密问题成为水听器走向深海的巨大障碍，在浅海试验从未失手的设备，一进入深海环境，就开始反复出现水密问题，大家想了很多办法，甚至请来化工专家，专门研制特殊的密封材料。

这个问题困扰了杨德森团队半年之久，无论怎么修改，试验仍然没有成功。一向生龙活虎的几个年轻老师甚至开始躲着杨德森了。

这一次，杨德森把大家找到一起开会，放了"狠"话："一个技术在理论上做得再完美，不能实际应用就等于零。工程问题就是要解决实际问题的。当年试验成功只是验证了这个技术在理论上的可行性，离实际应用还差得远呢！我们的研究道路还很漫长，为国家做事就要有使命感，绝不能让矢量水声技术卡在水密上。"

这就是杨德森的科研风格，也成为团队的科研精神。

会后没多久，有一天，杨德森从家里走路上班，路过学校操场，突然想到大家始终在思考异种材料之间的水密，为什么不干脆换个思路，从全系统的角度整体解决水密问题。结果，新方案仅用了一天时间，就解决了纠缠半年之久的水密问题。

时洁既是杨德森的学生，也是团队的青年骨干，她说："这就是我们院士的特点，你看他平时乐呵呵的，爱开玩笑，但做起科研、较起真来我们都怕他。同样都在做一个科研内容，但花的心血不同，所以出来的东西也就不一样。杨老师为这个技术的应用想得更多、看得更高，因此也走得更远。"

杨德森有三位"偶像"，他们分别是中国水声研究领域的三大巨匠——杨士莪院士、何祚镛教授、汤渭霖教授。杨士莪在没有依托、没有基础的情况下，零起点建起了新中国的第一个水声专业，称得上战略科学家；何祚镛的严谨与细致在水声界远近闻名；汤渭霖无论是做人做事还是做学问，都简洁、智慧、大气。

"三位教授一直是我做人做事做学问的偶像，但杨教授的睿智、何教授的严谨、汤教授的简洁，我还都没有学到位。"其实教授们有一个共同点，杨德森却是学到位了，那就是老一辈科研工作者吃苦耐劳的精神。

在西安试验现场，为了更好地接收声音信号，杨德森对"通宵连轴转"习以为常；南海水声考察时，杨德森是最年轻的考察队领导，甲板温度高达50℃，放个鸡蛋几乎瞬间凝固，长时间的海上试验，淡水告罄，他和同事就把压载水仓漂着油污的水烧开了喝，三个月的考察，他的体重下降四十多斤；大连出海时，团队经费紧张，租用的是一条集装箱船，船上的三个集装箱就是男寝、女寝和操作间。船上床位不够，杨德森就晚上睡在操作间，白天卷起被褥干活儿，身体有恙也坚持不下船，午饭时给操作的同事们递黄瓜解渴，那段岁月中，黄瓜的美味至今让他们津津乐道……

杨德森团队的每位成员都能讲出一段传奇。出海是一件辛苦的事，在海上颠簸几天后，人的身体机能会发生改变，出现各种不适应，晕船的程度各有轻重。可实验周期一旦排好，就必须风雨无阻，再难受也要记录试验数据。于是，每个人身边都放一个桶，吐一口，记录一个试验数据。

杨德森说，做科研没有什么神力和幸运，也没有上帝的门和窗子，能吃苦是前提，能坐住冷板凳、能坚持是王道，要坚信办法总比困难多一点，这条路走不通的时候，旁边的路也能走。能做成一点事的人，就是坚持到最后的那个。

一夜成名

杨德森是传说中的学霸。他出生在黑龙江省穆棱县，从小贪玩淘气，但学习成绩一直名列前茅。当年，县里来了一队北大荒知青，让幼小的他看到了一个完全不一样的世界。他们讲大学是什么样的，讲教授授课时的风采，讲校园的学习氛围。

一起爬山时，他们问杨德森："为什么爬山要哈着腰？"杨德森回答："因为身体重心要移动。"一起剥葱时，他们又问："为什么会流眼泪呢？"杨德森回答："因为大葱的分子进了眼睛。"他们总会笑道："你答得不全对，但已经很不错了。"

从那时起，杨德森对大学有了无限的向往。按照当时的政策，只有下乡成为知识青年，才有可能获得考大学的机会。于是，高中毕业的第四天，他就下乡了。

然而，成为知识青年没让杨德森获得大学的"入场券"。他因为会拉小提琴，被县文工团带出了小山村。1977 年，国家恢复高考，杨德森马上复习备考，但手里什么学习资料都没有。他赶紧托人在县城找了一套农村电工培训丛书。这套书的内容既多且杂，数学、物理、化学，什么知识都涉及。一看书，杨德森才发现自己不懂的东西太多了，心理压力陡增。

杨德森找到当年教过他的那位知青朋友辅导功课。白天排练，晚上演出。

1977 年的高考报名人数有 570 万人之众，而最终录取仅 27 万人左右，比例不足 5%。黑龙江也因为报考人数太多，在正式高考之前，进行了一轮筛选预考。

杨德森在筛选预考中排名全县第二。成绩一出来，他在当地“一夜成名”，周围人都在议论，“那个拉小提琴的考中了‘状元’”。文工团也悄悄开起了绿灯，给他留出了更多的复习时间。

沉浸在小提琴世界里的杨德森

“当周围环境把你高高举起时，你也就很难举重若轻了。”杨德森第一次感觉到一种巨大的压力。走进考场，在叔叔辈、阿姨辈的考生中间，他想起了父亲的话：“十年的考生都聚在一起，竞争之激烈，比考状元还难。”

那一年，黑龙江的作文题目是“每当我唱起东方红”。杨德森联想起冰心的一篇散文，于是化用了其中的一句话，写道：“每当我唱起东方红，纷至沓来的思潮，把我像一叶扁舟漂起在浩荡无边的感受大海之上……”

“我们学校的很多老师都参与了高考阅卷，他们都在议论这篇文字，有人说通，有人说不通，还有人读出了一些特别的意蕴。当然，他们都不知道这是我写的。我就想，既然考卷给老师留下了这么深刻的印象，没准儿我还真能考上。”

这一年春节，杨德森收到大学的录取通知书，从此踏上了水声领域的漫漫征途。

默默无闻

杨德森在我国水声研究领域算得上师出名门。

当年，杨德森考入的这所大学的前身是新中国第一所高等军事技术院校——中国人民解放军军事工程学院（哈军工）。哈军工是在新中国第一代领导集体的决策下诞生的，陈赓大将任首任校长。学校历史上共培养了200多位将军和院士，后来更名为哈尔滨工程大学，依然是国家船舶工业、海军装备、海洋开发、核能应用领域重要的育人和科研基地。

杨德森考入的是新中国的第一个水声专业。哈尔滨工程大学水声学院是中国水声界高水平人才的摇篮和水声技术新理论、新技术、新方法的源头，新中国七成以上的水声高层次人才毕业于此。

然而，杨德森和他所从事的水声专业却鲜为人知。杨德森的儿子在高考咨询会上填表时，对方问他父亲是做什么的，儿子说："水声。"对方不解，听成了"搞卫生"，他儿子再次解释，对方就在表格里写了"水生"两个字。杨德森听后开怀大笑。

杨德森的学生在黑龙江省内做科普，接待部门不知道水声专业为何物，看到有一个"水"字，就直接把学生分配到了养鱼场，让人啼笑皆非。

水声的默默无闻，如同电视剧《潜伏》中代号"深海"的特工，选择了这个职业就意味着从此要不为人知，放弃名利。杨德森则像水下声呐一样，为了祖国的万里海疆，默默地"潜伏"在深海之下。而能在一个领域不计名利地"潜伏"一生，正是他的信念使然。

杨士莪常对学生谈起自己的留苏经历，五个实验室，只对中国学生开放三个，另外两个其中之一就是"水声"实验室。"核心技术机密，靠化缘是要不来的，"杨士莪说，"我们中国人说什么也得搞出来。"所以，回国后他与一批老一代水声前辈开始在没有依托、没有参考的情况下零起点建起了新中国第一个水声专业。

“老一代水声人教会了我们，人的理想，要与祖国的需要紧密相连。”1994年，杨德森曾去美国洛杉矶参加第21届国际声图像大会，他因论文《菲涅尔积分在水下噪声源识别中的应用》引发关注。美国四大海军基地之一的圣地亚哥海军基地专门邀请杨德森作了“水下声成像技术”的学术报告，并参观基地。

20世纪80年代末，船舶工业遇冷，出国下海成为潮流，杨德森周围很多人都离开了水声领域。也有人来劝他离开：“水声专业难，面向又窄，既辛苦，又不挣钱，别搞了，转行吧。”杨德森委婉地说：“经商，我可能不太行。还是在高校里踏踏实实做点事吧。”

杨德森的血脉里已经融入了哈军工的精神基因：“人的理想，要与祖国的需要紧密相连。我们的事业，就是国家在相关领域的急需服务，国家需要我们在哪里，我们就要把自己钉在哪里。”

如今，每年新生开学，哈尔滨工程大学都会邀请杨德森为学生们做专业导论，他的开篇总是一张特别的地图：“在普通人眼里，中国的版图形状是一只雄鸡，但是当你考入哈尔滨工程大学这天起，请记住，我们的版图是一支熊熊燃烧的火炬。火炬的托盘和手柄，就是中国的海洋版图。我们的国家还有约三百万平方公里的海疆等待着我们守卫，这是每一个水声人必须有的责任担当，这是我们从前辈手中传承的自觉使命，这是每一个哈工程学子应有的信念情怀。”

（转引自《中国科学报》）

扫码阅读推送原文

王芝秋：一生奉献中国舰船动力

推送日期：2019 年 10 月 14 日

王芝秋教授

王芝秋简介

王芝秋为中国第二代舰船动力发展规划的主要参与者，引进机型消化、吸收和国产化工作的见证人，曾任中国内燃机学会理事、特种发动机学会副主任、黑龙江省内燃机学会副理事长等，以及哈尔滨船舶工程学院船舶动力系主任、动力装置工程技术研究所第一任所长，是哈尔滨工程大学舰船动力学科群的奠基人之一。2010 年被哈尔滨工程大学授予“终身荣誉教授”称号。

2019 年 10 月 12 日，《大公报》推出国庆献礼策划报道《王芝秋一生奉献中国舰船动力》，以整版篇幅报道了我国现代舰船动力的主要奠基人之一、我校终身荣誉教授王芝秋。

文章介绍了王芝秋教授深受父亲“文章报国”的影响，毅然走上“技术报国”之路，立志为祖国的国防事业做贡献，一生参与推动我国舰船动力发展，并言传身教、引领学生报效祖国的故事。

王芝秋和他的团队为“希望 6 号”提供了改进方案，让其能如期交付

解决“辽宁”号棘手问题 协助海上巨轮完工交付

当中国首艘国产航母“巨龙入海”时，电视机前年过八旬的哈尔滨工程大学教授王芝秋热泪盈眶。从“辽宁”号到首艘国产航母，凝聚了数以万计专家学者的努力。作为中国舰船动力发展从引进机型消化吸收到国产化的见证人和奠基人之一，王芝秋把一生的光和热都奉献给了中国舰船动力发展，甘洒热血、青丝变白发。

作为中国舰船动力学科奠基人之一，王芝秋严谨、谦虚又不失热情，这就是八旬老人给人的最初印象。在半个多世纪的舰船动力学习、教学与科研中，王芝秋为国家的航母建设和海军事业做出了重要贡献。当中国建造第一艘航空母舰“辽宁”号时，动力系统遇到了棘手的问题，王芝秋义无反顾地为国家担负起了这份责任。最终，他指挥科研团队承担了动力系统理论和基础技术分析工作，为动力系统的正常运转提供了可靠依据和有力支撑。

国产航母的建设一直牵动着王芝秋的心，他说，中国首艘国产航母在大连正式下水，标志着中国自主设计建造航空母舰取得重大成果。中国舰船动力已从过去的引入式转变到研发阶段，相信不久的将来，中国舰船动力的研发可以步入世界先进行列。

为国担当义无反顾

“哈尔滨工程大学必须义无反顾地为国家担当起来。”每当国家舰船动力方面遇到困难时，王芝秋都会这样坚定地回答。王芝秋的担当，不是临危受命，而是看到国家遇到难题时的主动承担。这种难能可贵的担当精神感染着哈尔滨工程大学每一代“动力人”。

中国某企业的一项价值 5 亿美元的 DANA 项目——“希望 6 号”在调试过程中，遇到西欧进口的货油泵振动超标的问题，此问题若不及时解决，将会影响整个工程的交付，5 亿美元可能付之一炬。外方供货商、船东、船厂等多方努力都没有找到问题根源，这时，振动与噪声研究所及时伸出了援手。

哈尔滨工程大学动力学院的担当与团队精神在“希望 6 号”问题的处理中表现得淋漓尽致。接到电话后，学校立即组织团队前往现场进行测试。与此同时，以王芝秋为主的多位老师在哈尔滨进行远程分析与诊断。整个团队加班加点、反复讨论，终于找到了问题根源，并指导改进方案，使“希望 6 号”得以及时交付。

骗过保安亲赴一线

2013 年 12 月底，哈尔滨工程大学接到广东船厂的电话，有四艘工程船动力系统出现问题，近半年的时间不能交付使用，延期一日要交付巨额违约金，在内地找了很多专家一直不能解决。当时 78 岁的王芝秋听说后，主动要求带他一块儿去。厂家听说王芝秋要来，只提出一个要求："欢迎王芝秋教授，但绝不能让他上船，原因是担心船上施工给他带来危险。"

到广东的第一天，王芝秋在招待所待了一天，听几位去现场的团队队员介绍了相关情况后，他坐不住了，要求第二天一定要到现场亲自去看。第二天，王芝秋穿上工作服，用安全帽盖住满头白发"骗过"保安进入现场。经过现场勘探，王芝秋提示队员用创新思维解决问题，经过 6 天 5 夜的奋战，团队在未动一颗螺丝的情况下，通过调整控制算法解决了故障，为船厂节省了 1.2 亿元人民币的开支。

心怀报国热情　投身舰船动力发展

使命呼唤担当，经过几代人的艰苦努力，中国舰船已在世界崛起，核心动力正在走向自主研发的阶段。1935 年 9 月出生于天津的王芝秋，于 1961 年在哈军工（哈尔滨工程大学前身）海军工程系内燃机专业毕业，毕业后留校任教，开始投身于中国舰船动力的发展当中。

1955 年，王芝秋的双脚第一次踏进哈军工时，便与中国舰船动力结下了一生的缘分。作为哈军工的第四期学员，他与同学们共同怀着一腔报国热情和投身国防事业的志向，开启了一生相伴的中国舰船动力的学习和研究。

王芝秋回忆说："当时我们要在学校学习五年，还有一年是预科，我们这些从高中升上来的同学要进行一年军事化训练。比如牙刷要放齐、叠被子要成方块，印象最深刻的就是'吃饭八分钟'，值班人员把饭菜盛好后，一喊'开动'，我们全体学生就要在八分钟内吃完，一喊'停止'，就要马上放下筷子到门口集合。"

几十年来，王芝秋一直沉下心来做研究，以"咬定青山不放松"的精神要求自己，取得了一连串耀眼的头衔，他曾任哈尔滨船舶工程学院船舶动力系主任、动力装置工程技术研究所第一任所长；曾参与制定中国舰船动力技术"八五"

至“十一五”预研计划等多个重大规划，是中国第二代舰船动力发展的见证者和亲历者。

言传身教　感染学生贡献祖国

当一位年逾古稀的老教授缓步迈上领奖台接受终身荣誉教授证书时，会场响起热烈的掌声。王芝秋从一名普通的哈军工学员到舰船动力专家，他把大半生的心血和精力投入舰船动力技术研究和人才培养工作中，为国家培养了大量的顶尖人才，退休后一直坚持每周回学校为在校生讲述他曾经的故事。

在谈到获得“终身荣誉教授”的感受时，王芝秋说：“这是学校对我和我的团队多年工作的肯定和鼓励，可以说是时代的机遇及团队的共同努力，而我个人只是恪尽职守，做了自己应该做的事。我愿意把一生奉献给我热爱的教学、科研事业，为国家舰船动力发展做出应有的贡献。”

“为国担当、为实严谨、不断创新、情同父子。”哈尔滨工程大学教授、博士生导师李玩幽在谈到对自己老师的印象时如此说道。

李玩幽是王芝秋的得意门生之一。王芝秋曾对他说：“当你能创造出价值的时候，你就会有一种乐趣，你就会喜欢上这个专业。”李玩幽说：“在我所经历的研究项目中，我体会到了这种乐趣。王老师与我们学生的关系情同父子，他不仅关心我们的学业，更会引导我们去做一个对社会有用的人。”

李玩幽说：“我刚参加工作时，有一部分人以发论文的数量论成绩和评职称，如果不多发论文，自身的发展就很可能会受到影响。当时王老师告诉我，要把精力放到解决国家困难和教书育人中去，人生的论文要写在祖国大地上，解决难题和培养英才就是最好的文章！”

王芝秋的故事感染着哈尔滨工程大学的莘莘学子，这些学生在中国舰船动力领域都取得了骄人的成就。

承父王芸生爱国志　敬业有担当

王芸生（右二）夫妇与王芝秋等（右一）六兄妹合影

王芝秋是《大公报》原总编辑王芸生之子，小时候父亲给他的印象就是忙于工作，每日要很晚才回到家里。王芝秋从小便随着《大公报》先后在重庆、上海及北京生活，但了解王芝秋的人都知道，他很少谈及与父亲的事情。

在被问及对父亲王芸生的印象时，王芝秋吝啬地吐出“每天都在写”几个字。这不禁让记者联想起孔夫子“君子欲讷于言而敏于行”的名句。生于知名报人之家，受中华传统文化浸润，“谦谦君子”四个字最能概括王芝秋教授的人格和品行。他在年少时毅然选择就读哈军工，这让“敏于行”得到了完美体现。

“受父亲的影响，我们兄弟姐妹都很热爱新中国。上海刚解放，家中大些的孩子就参军、参干，跟随解放军南下。我和弟弟同时高中毕业。高三时，哈军工招生负责人找我谈话，当时，听到哈军工、陈赓院长，我就很激动。问我愿不愿意将来毕业当军官，年轻人当然都愿意。”王芝秋沉浸在对往事的回忆中。

王芝秋说：“我在父亲身上学到了爱国、敬业、担当的精神，这种精神也一直用于自己的事业当中。”在国家遇到棘手的问题时，王芝秋每次都是主动承担，而不是临危受命。

此外，王芝秋还讲述了一段他们兄妹六人名字的故事，他们兄弟姐妹的姓名都含有“王芝”两个字，不过这个“芝”字可把三个儿子“害苦”了。因为人们习惯按名字判断性别，而“芝”字很容易被判断为女性。

（转引自《大公报》）

扫码阅读推送原文

邓三瑞的初心与潜心

推送日期：2020 年 9 月 16 日

从“小半拉子”到潜艇专家

邓三瑞教授参加学校 60 周年校庆活动时发言

1949 年，邓三瑞考入上海的国立交通大学，读造船系。当时各行各业对于人才都很渴求，周恩来批示，把四年制的本科学习，缩短为三年。

邓三瑞在大三时先是参了军，被派到江南造船厂学习放样和电焊等造船技艺，后又被保送到军事干部学校，分配到中国人民解放军第一海军学校，继续学造船。

1953 年，哈尔滨军事工程学院成立，邓三瑞任教于海军工程系。1956 年，新中国成立后的第一个科学春天到来了，邓三瑞参与制定了由周恩来主持的全国科技十二年发展规划的潜艇发展规划。规划确定了中国要造自己的水面舰艇、核潜艇和原子弹。

后来，这些事情果然都做成了。当时，邓三瑞的军衔只是中尉，在华罗庚、梁思成等大专家面前属于“小半拉子”。

第二次世界大战结束时，德国潜艇技术领先全球，不但航速快而且隐秘性很好。中国当时拥有的几艘潜艇，都是购买苏联改装的。教师中有很多是苏联专家和有过留苏经历的中国专家。当时的大连海校学员大多来自清华和交大，他们通过向苏联专家学习，基本掌握了建造潜艇的基础知识和理论。

当时，中国还获得了一项重要帮助——转让制造，就是引进苏联造潜艇的设备、钢材、工艺，按照苏联提供的图纸，由苏联专家指导，在中国制造。潜艇和水面舰艇，都按照转让制造的办法造出来了。通过苏联转让制造装配起来的潜艇于 1957 年在江南造船厂下水。

在这个过程中，邓三瑞进一步掌握了潜艇建造的整个流程和技术，中国潜艇研制的基础渐渐建立起来。其后，作为哈军工唯一学过军事造船的专家，邓三瑞带领学生到上海，开始中国潜艇的设计。

“又红又专”和“真刀真枪”

由邓三瑞作为总负责人研制成功的我国第一艘实验潜艇，长 15 米，重约 30 吨，1959 年底在旅顺海试成功

小型潜艇的设计，是在1958年的时代背景下做出来的。

时代对知识分子的要求是“又红又专”，对工科大学教师的要求，还得加上一个“真刀真枪”。

何为“真刀真枪”？就是与国家需求结合。当时，组织上已经决定派邓三瑞到苏联的研究院学习，他也已经通过了俄文测试。

然而，有一天，领导冯捷叫醒正在午睡的邓三瑞，说现在海军要设计建造潜艇，派他做总体负责人。他带着学生做毕业设计，题目就是“造出中国第一艘自主设计的常规动力潜艇”，“真刀真枪”就这样来了。

经过第一个五年计划的建设，我国已经有了齐备的工业基础。当时哈军工海军工程系是按照舰船上的五个部门分类设置的五科，这是其他学校没有的天然优势条件，而与造船专业配套的声呐、内燃机、电机专业也都被吸纳进来。

杨士莪（左）、邓三瑞（中）与戴遗山（右）

1958年，年轻的邓三瑞教授就承担了我国第一艘试验潜艇的设计工作。参加潜艇设计的主要是哈军工的第二期学员。

那时，美国设计了一艘水滴型、叫作“大青花鱼”的潜艇。邓三瑞负责的潜艇，也选中了水滴型设计方案。当时核潜艇的设计也开始了，邓三瑞做的这艘试验小艇为核潜艇的设计研制提供了借鉴和经验，核潜艇也采取了水滴型的设计。

1959 年底，新中国第一艘常规动力试验潜艇终于造出来了，并在旅顺进行了水面、水下试航。

在研制新中国第一艘常规动力潜艇期间，邓三瑞曾两次在北京赴宴。这两次吃饭，非同寻常！

一次是“潜艇设计之始”。他们没几个星期就做完了潜艇的草图概念设计，带着 4 个方案到海军装备部，向当时的副部长薛宗华作汇报，陈赓院长请客吃饭。

另一次是“潜艇设计之中”。贺龙元帅在北京饭店请客，这顿饭之后，哈军工的几个研究院就建立起来了，风洞等基础试验设备也都到位了。这些研究院的成立，为后来乃至今天中国的国防科技发展奠定了基础，做出了巨大的贡献。

“联合国专家”与“我国水下智能机器人开创者”

1966 年，邓三瑞以主要成员的身份参加了我国首个核潜艇的设计论证工作并担任研制组顾问。

1967 年，他主持潜艇应急上浮课题研究，并取得了可喜成果。1983 年至 1986 年，邓三瑞教授受联合国时任秘书长佩雷斯·德奎利亚尔的聘请，担任联合国裁军部海军军备竞赛专家组成员，从事全球海军军备竞赛研究。他与人合著的《海军军备竞赛》一书于 1985 年由联合国出版。

在校友滕叙兖所著的《哈军工传》中，叙述了这段经历：邓先生凭借高超的学识和学术水平，为这项研究做出的贡献受到联合国的赞誉，所取得的报酬却被用来为当时的哈船院购买大量原版的海军和船舶工业方面的专业书籍，余下的钱也都悉数交给了学校。

淡泊明志，宁静致远。邓三瑞不计名利、两袖清风的高尚品格为人所称道。

鉴于邓三瑞在中国潜艇界的声望和成就，以及他多年来为我国海军建设做出的重要贡献，1988 年，国务院召集全国各学科领域二十五名专家教授座谈科技振兴大计，邓三瑞以船舶专家的身份受邀参加。

20世纪90年代，根据海军发展的需要，邓三瑞急国家之所急，毅然向未知世界发起挑战，将目光瞄准了高科技发展的最前沿，承担了我国第一代智能水下机器人的研制重任，并做了大量的开拓性工作，成为我国水下智能机器人的开创者。

正在事业方兴未艾之际，他大力举荐徐玉如接替自己的工作，继而缔造了我国水下机器人从无到有的科学丰碑。

徐玉如院士生前曾不止一次说过，他最感谢的恩师之一就是我国第一艘常规动力潜艇的总设计师、第一艘核潜艇的顾问邓三瑞教授。

他始终强调："智能水下机器人技术的开创者是邓先生，是邓先生种下的树，而果实则由我们摘了。"

是"火花"也是"春风"

邓三瑞是一名深受学生爱戴的好老师，他的"教师应当是火花，应当是春风"的思想感染了很多人，他的"实者虚之，虚者实之"的教学理念受到很多人推崇。他学术造诣精深、知识渊博，讲起课来旁征博引、妙趣横生。

1992年，哈船院代表团参观俄罗斯科学院海洋技术问题研究所，邓三瑞教授在座谈中讲话

在数十年的教学生涯中，邓三瑞先后讲授过“潜艇结构”“潜艇设计学”“系统工程”等多门课程，为国家培养了许多船舶工程、海洋工程、系统工程等方面的专业技术人才。

“半导体材料原本是砂石，但知识让它成为资源。这些要由教育来解决。教育工作是平凡的，但是是有意义、有价值的。”这是邓三瑞教授在哈工程终身荣誉教授颁奖仪式上的精彩发言。

沧桑变幻人不老，福荫后辈永安康。从 1953 年成立的哈军工，到如今的哈尔滨工程大学，邓三瑞教授始终坚守在这个军工大院里。

（霍　萍　贾天添）

扫码阅读推送原文

全球第一台！
“揭秘”哈工程人如何擦亮“国家名片”

推送日期：2021 年 2 月 1 日

2021 年 1 月 30 日，全球第一台“华龙一号”核电机组——中核集团福建福清核电 5 号机组投入商业运行，标志着我国在三代核电技术领域跻身世界前列，成为继美国、法国、俄罗斯等国家之后真正掌握自主三代核电技术的国家。令哈工程人骄傲自豪的是，学校用核领域 60 余年的科研、学科积累，为这一国之重器注入哈工程智慧，并为中国的第三代核电技术培养了一批杰出人才。学校核学院孙中宁教授科研团队主导参与了“华龙一号”至关重要的一项——国际首创核电站工程应用技术非能动安全壳热量导出系统的设计研发，而担任“华龙一号”总设计师的就是哈船院 83 级校友、中核集团首席专家、中国核电工程有限公司总工程师邢继。

“能动 + 非能动”，打造独特的“纵深防御”

“华龙一号”最大的特征是“能动和非能动相结合的安全系统”，正是这一系统使它成为国际上安全标准最高的核电站之一。而早在 2011 年，作为全国高校中最早拥有核学院的哈工程，就与邢继团队进行了这一技术的协同攻关。

2012 年，学校与中核集团中国核电工程有限公司签订“非能动安全壳热量导出系统研究”合作协议。邢继代表团队与母校在协议上签字。

2012 年 11 月，学校参研的国内自主三代核电技术 ACP1000 非能动安全壳热量导出（PCS）系统的综合试验台架竣工暨试验启动仪式在校举行，哈船院 80 级校友，中国核工业集团公司总经理助理、核动力事业部主任李晓明，哈船院 83 级校友，中国核电工程公司副总经理、总工程师邢继出席仪式。

"'华龙一号'在最主要的三道安全屏障上，都设置了'能动 + 非能动'的安全系统。"邢继说，"这三道安全屏障，从内到外，最里层的是核燃料芯块的包壳，铀 235 芯块被金属壳包裹，只要金属管不破损，放射性物质就不会泄漏。第二道屏障是一回路承压边界，它必须能承受高温高压。一回路的主要构件有反应堆、蒸汽发生器、主管道、主泵、稳压器等，通过蒸汽发生器把二回路的水加热成蒸汽，从而驱动汽轮机发电。整个反应堆的一回路构成一个封闭系统，其承压的边界就是包容放射性物质的第二道屏障。第三道屏障就是反应堆厂房的安全壳，它是一个预应力混凝土结构，可以承受前两道屏障失控引发的高温高压，包容从前两道安全屏障里泄漏的放射性物质。在安全壳的设计上，还考虑了应对各种自然灾害和极端事件，所以设计成大容量的双层安全壳，内壳是主安全壳，应对反应堆、一回路出现的问题；外壳是次安全壳，有 1.8 米厚，用来抵御外部突发事件的破坏力。比如，能抗住大飞机撞击，甚至航油的燃烧以及龙卷风、台风的侵袭。内壳和外壳之间，还形成负压，以保证即使内壳受损，放射性物质也不会从内壳中泄漏到环境中去。"

正是这三道实体屏障与其他安全系统的共同作用，构成了"华龙一号"的"纵深防御"体系。

"华龙一号"的运行经济性也颇为出色。相比国内在运核电机组，"华龙一号"177 组的堆芯设计，可将发电功率提高 5% ~ 10%，并将换料周期从原来的 12 个月延长至 18 个月，大大降低了机组的运行成本。"华龙一号"整个核电机组的寿命，也从过去二代核电站的 40 年提高到了 60 年。

邢继强调说："核电站第三代和第二代的区别，发电效能提高尚在其次，主要是在安全性上。"

“华龙一号”的安全设计也区别于欧美一些第三代核电站。欧洲有的三代核电站只建了冗余的能动系统，而没有设置非能动系统；美国有的三代核电站是以非能动系统为主，只设了少量的能动系统，唯有“华龙一号”在安全系统设计中兼顾了能动系统和非能动系统。

“华龙一号”核电站

精诚合作、苦干8年，解决世界性难题

安全壳是保证电站安全的最后一道实体屏障，对于核电站的安全至关重要。在日本福岛核电站发生严重核泄漏事故之后，中央明确要求要按照“国际最高安全标准”建设核电站。要实现此目标，需要解决的关键问题之一就是当发生全厂断电事故时，仍能高效排出安全壳内的巨量衰变热，保证电站的最后一道实体屏障——安全壳不会发生超压破坏，这是一个长期没有解决的世界性难题。

“华龙一号”是我国研发的首个拥有完整自主知识产权的三代核电机组，采用了双层混凝土安全壳设计方案，该方案的显著优点是充分利用了混凝土安全壳设计与运行的成熟经验，具有良好的反应堆功率扩展适应性。但其厚重的混凝土墙体（内层安全壳厚度达1.3米，外层安全壳厚度达1.8米）又对安全壳空间热量的非能动导出造成巨大困难，亦是一个长期没有得到解决的世界性难题。

非能动安全壳热量导出系统机理研究实验装置

2011 年开始，哈工程全力支持“华龙一号”项目，核学院的孙中宁教授带领团队与中国核电工程有限公司紧密合作，组成联合研发团队，开展非能动安全壳热量导出系统研究。经过不懈的努力，仅用两年的时间就完成了从机理研究到原理性实验，再到关键设备和整个系统的研制与工程化设计。

2012 年底，在学校党委和相关部门的全力支持下，科研团队在学校 31 号楼北侧建成了世界最大的“非能动安全壳热量导出系统综合实验台架”，用了近一年的时间，对所研制的系统进行了 1:1 综合性能验证实验，完成了与双层混凝土安全壳相适应的非能动热量导出系统工程化研制。

从 2014 开始，联合研究团队又马不停蹄地开始进行“华龙一号”安全壳热工水力特性综合实验台的设计工作，用于检验所研制的系统在反应堆严重事故中是否能够真正保证安全壳不超压，这也是国家核安全监管部门批准“华龙一号”首堆装料的前置条件。

在之后的四年时间里，团队成员齐心协力，在中国核电工程有限公司位于河北省廊坊市的研发基地建起了大规模综合实验装置，完成了 11 类数十次实验。这些实验常常需要连续进行 72 小时，非常辛苦。但团队成员没有人叫苦，也没有人怕累，他们心中只有一个念头：绝不能因为我们的懈怠而拖了核电站建设进度的后腿。

2018 年 8 月 29 日，是一个难忘的日子，就是在那一天，团队完成了最后一

安全壳热工水力特性研究实验装置

次实验。尽管大家的身体极度疲惫，但心情却非常愉悦，有一种无比释怀的感觉，因为八年的付出终于获得了丰厚的回报：他们所研制的系统的排热能力远超预期，“华龙一号”安全壳的防护实现了由“能动”向“非能动”的跨越。

在非能动安全壳热量导出系统的研制过程中，企业发挥工程设计和工程应用优势，学校发挥基础研究和科技创新优势。联合研究团队的全体成员不分彼此，充分信任，精诚合作，协同攻关，堪称校企合作的典范。

2020年底，由黑龙江省国防科学技术工业办公室组织、中国工程院于俊崇院士领衔的专家组对所研制的系统进行了成果鉴定，认为技术总体达到国际领先水平。目前，除了刚刚实现商业运行的福清5号机组，还有在建的福清6号机组，巴基斯坦卡拉奇2、3号机组，以及漳州核电的1、2号机组均应用了项目团队的研发成果。

就在不久前，中国核电工程有限公司再度与哈工程等单位联手，获批国家重点研发计划项目“严重事故下安全壳系统性能研究”，正式启动包括新一代非能动安全壳热量导出技术在内的系列技术创新研究，力求使中国核电的安全性和经济性再上一层楼。

哈工程早在1958年哈军工时期就创建了核动力装置专业。2005年12月12日，为了培养核科学技术领域从事科学研究、设计开发、运营与管理等专门人才，成立了国内第一个核科学与技术学院，确立了“国际化、开放式、研究型、高水平”发展思路。

几十年来，学校老一辈学科建设者们以使命意识和战略眼光坚定推进学科发展，以始终不变的报国初心，历经几代人的砥砺奋进，将核学科办成学校“三海一核”特色办学的坚强一柱。多年来，从学校走出4000多位核专业学子，他们投入国家核技术、核动力、核工业发展大潮中，为国防建设、经济建设发挥重要作用，做出历史性的贡献。

（综合整理于新华社、《人民日报》、央视新闻、核工业集团）

扫码阅读推送原文

李殿璞：为哈工程控制理论与控制工程学科铺路掌灯

推送日期：2021 年 10 月 29 日

人物介绍

李殿璞，1934 年生，哈军工第三期学员，毕业后留校任教，中共党员，全国优秀教师，主持国家重点国防和海洋开发型号项目“深潜艇推进控制器”研究，担任一期工程技术总负责人。

李殿璞教授被授予“终身荣誉教授”称号

李殿璞先后获国务院国防工办授予的重要国防科技成果三等奖和国家科技进步三等奖，他主持完成的“深潜推进控制器的设计理论和控制理论”达到国际先进水平，其科研成果多次获国家级、省级奖励。

李殿璞创建了我国“船舶与海洋工程特辅装置与系统”第一个博士点，带领学科进入“211 工程”重点学科，并创建“控制理论与控制工程”学科，是两学科首位博士生导师和学科带头人，曾获评中国船舶工业总公司系统优秀教师。

我国第一个船舶与海洋工程特辅装置与系统博士点由他创建；我国首个深海开发潜水器型号项目联合推进装置，他是一期工程技术总负责人；哈工程“控制理论与控制工程”学科由他开山铺路……

在哈工程第 37 个教师节表彰大会上，87 岁高龄的李殿璞教授从校党委书记高岩手中接过红彤彤的“终身荣誉教授”证书，这是学校对他 45 年兢兢业业坚守教书育人第一线、创建两个对学校“三海一核”特色学科体系有重要支撑作用的学科的最高褒奖。

不惧从“0”开始　再难再苦也得克服
“我要亲自下潜获得更正确的认知和最真实的感受。”

20 岁的李殿璞高中毕业来到哈军工，成为海军工程系舰船电气设备专业最早的一期学员。在“预科一年，本科五年”学制的高规格培养下，他学习了全部“电”专业和“机”专业的基础课，学满数学 430 学时。扎实的教育为他的科研打下并夯实了基础。

对李殿璞而言，科研的探索是“事理求善，学理求真”，以解决“卡脖子”难题为目标，脚踏实地地瞄准实际科研问题。1971 年，我国开始研制深潜救生艇，当时世界上只有美、苏两国掌握相关技术。李殿璞担任国家首个深海开发潜水器型号项目联合推进装置的一期工程技术总负责人。他带领团队研制五台逆变器，分别为艇上五台推进电机供电，控制五个螺旋桨进退，操纵深潜救生艇做六个自由度的运动，推进动力直接影响深潜救生艇的生命力和根本性能。

“这是国家型号，关系到潜航员的生命，容不得半点疏忽。”没有先进的电子器件，没有现成的设备可供参考，没有成熟的方法可用，李殿璞从“0”开始，带着“学明白再干”的念头边学习边研究，一年多以后拿出了完整的电路总图，写出了两本技术参考资料和设计指导书，里面的每一字、每一句都凝结着他对深潜救生艇推进动力的思考。

李殿璞与深潜艇在母船甲板上

“在当时的条件下研制深潜救生艇，每走一步都很艰难。”李殿璞说。为了解决样机出力严重不足，且发出啃叫，无法带负荷运动的难题，李殿璞在工作原理上推敲审视，创新性地提出用环流存储方法累积能量，减少无意义的频繁的能量交换。为了解决逆变器工作时的发热问题，李殿璞基于“逻辑推算”的方法做控制器的波形仿真，改进电路设计。逻辑推算需要大量的数据支撑，他自学计算机语言，利用学校仅有的一台大型计算机 TQ16 计算了一年多时间，为改进电路设计、解决发热问题提供了可能。

“计算器需要纸带打孔输入数据，操作起来十分不易，光是打孔纸带和打印纸都不知用了多少。”他回忆道。在科研中，李殿璞拒绝用试凑法改进设计，“我们可用的元件十分有限，都是宝贝疙瘩，烧毁一个都十分心疼”。

历时 13 年，全艇成功通过验收。其间，深潜救生艇设计完成后经历多次海试和下潜试验，李殿璞坚持冲在科研一线，他曾两次随艇员下潜至四十多米的深度，为水下航行保驾护航。“我要亲自下潜获得更正确的认知和最真实的感受。”

抓住机遇敢冲敢闯　学科建设理论为基
“建设说得出、叫得响的控制学科。”

“一流学校的高质量发展，不能只关注专业的发展，更应注重学科的建设。”科研和工程实践的经历，让李殿璞意识到，科技的发展与强大离不开一个具有一定规模、发展实力和影响力的学科支撑，他开始为学科建设发力。

依托学校的船海特色和已有的学术成果，1990 年，李殿璞积极准备，带头创建了我国“船舶与海洋工程特辅装置与系统”学科第一个博士点，成为首位博士生导师。1996 年，李殿璞瞄准国家建设高校“211 工程”契机，使学科获批和升格为国家“211 工程”重点建设学科，开启了自动控制系的学科发展新篇章。为此，他昼夜不停地思考、研究，一年内撰写了近 200 页的论证报告和大量的相关文字材料，系统、全面地阐述学科建设情况。

1998 年，国家新一轮高校学科目录调整，学科需要改轨为自动控制方向或电力系统方向，这关系到学科发展方向和前途命运。作为自动控制系学术委员会主席的李殿璞与时任自动控制系主任的孙尧专程赶到清华大学，向国家学位委员会委员呈送报告，努力使学科获准调整为“控制理论与控制工程”。“海洋建设、海防国防、航空航天等领域都离不开控制理论，控制学科更符合国家需求和学校发展特色。”李殿璞看到了控制学科的广阔发展前景。

更名后，学科一部分进入了一个新的、更热门的大学科领域，面临最重要、最困难的任务是理论高地的再建设。“没有理论根底的学科就像墙头的草，没有未来可言。要建设说得出、叫得响的控制学科，必须重视理论建设。”李殿璞说。经过认真权衡，他决心为学科建设打下“非线性”的理论基础。

此时的李殿璞已经退休，但对他而言，新的征程才刚刚开始。此前，他已出版 3 本自动控制相关论著。自 2005 年起，他着手新基础理论著作的撰写工作，12 年间共撰写了 6 本新论著。

国外关于非线性控制的权威理论著作繁杂难懂，李殿璞根据国内学习研究的实际需要，撰写了适合本科生、硕士生、博士生和博士后不同阶段的学习参考的书目，初步搭建了一个自成系统的理论框架。为此，他几乎翻烂了这些中外书籍、笔记，用来查阅的《英汉词典》翻得泛黄破旧。他编著的《非线性控制系统理论基础（第 2 版）》成为控制学科博士研究生人手一本的必读书目。

2019 年，控制学科评估结果中，我校控制学科评为 A －。“进 A 这条线不容易跨越，这相当于考试进了 5 分的优秀成绩，意味着已经进入国家一流水平的行列。”李殿璞为学科发展感到欣慰，也深知学科建设需要保持冲劲儿和闯劲儿，实现内涵式高质量发展。

严谨细致面向前沿　立德立言言传身教
“越是让你感到痛苦，越需要坚持钻研。”

桃李满天下，有幸入师门。
遥望故园处，心中常感恩。
衣带渐宽时，清气满乾坤。
我等承师志，早圆中华梦！

李殿璞的学生张学义在恩师 80 岁生日时献诗祝贺。现在北京从事国防相关项目研制的他一直将李殿璞视为榜样，感谢李殿璞的教导和帮助。

李殿璞说：“要坚持让学生真正学会知识、掌握本领。”留校后不久，他就负责新课“舰船电力系统自动装置”的讲授，他决定开设实验课，让学生在实际操作中了解电力系统自动装置的工作原理。没有可用的装置，李殿璞便决定自己给学生做一套。他拿着苏联专家提供的一张装置草图，开始动手设计。

几个月的埋头研究后，李殿璞设计出可供实验用的“可控相复激变压器”装置，加工调试后很快应用在了教学上。他据此提出“可控相复激变压器”的设计新方法，并撰写学术论文，方法先后被上海七〇四所、上海华通开关厂、哈尔滨电机厂等多个单位用于工业设计和生产。

李殿璞（右二）与团队讨论科研项目

对学生，李殿璞言传身教，科研工作者要严谨细致，面对小问题不含糊，面对新问题敢攻关。1984 年，李殿璞所在的项目组在进行选煤跳汰机设计时，敏锐地发现图纸电路中存在一条隐蔽很深的、跨多个机柜的、可能会引发短路的连接线，一旦发生短路，将使十几个机柜报废和返工，误时误事。他立即上报了这一发现，方化险为夷。李殿璞的博士研究生、北京理工大学自动化学院副院长邓志红的博士论文反复修改了十余遍，因为李殿璞每一次都为学生字斟句酌，小到公式里一个符号的写法都必须标准无误。

李殿璞的 86 级硕士研究生刘翠玲毕业论文是水下机器人相关研究课题。这个新方向在当时几乎找不到参考资料，刘翠玲有些泄气，提出换选题的想法。但李殿璞却看到了水下机器人研究的重要性：“研究新事物总要经历从无到有的过程，一项研究越是让你感到痛苦，越需要坚持钻研，越能得到更大的收获。”

除了传授知识，李殿璞还与学生分享记课堂笔记的学习方法：“要突出重点，也不能忽略细节。”上学期间，李殿璞只数学一门课就记了三本厚笔记和装订起来有 5 厘米厚的习题册。泛黄的笔记上字迹工整、重点突出。“我后期的科研计算、教材编写等工作，都经常会回头查阅过去的课堂笔记。”他说。

在学生眼里，李殿璞不仅是治学严谨、学识渊博的良师，还是一个开朗健谈的好友。在网上购物刚兴起的时候，李殿璞也赶时髦学会了网上“冲浪”，通过网络给学生们买了小礼物。他的相册里大部分都是与学生的合影。

耄耋之年的李殿璞依然坚持每天阅读，使用计算机查阅、撰写资料，关心学院一流智能学科群的建设。李殿璞始终将个人命运与国家的发展联系在一起，他培养的学生在祖国四面八方为国家国防事业做出贡献，他牵头创建发展起来的控制学科，正以恢宏和磅礴的气势奔腾向前，如同江涛般融入国家海洋强国事业的大海之中，生生不息。

（谷　雪　金　声）

扫码阅读推送原文

“π 型”国家级教学名师，为学生打开眺望宇宙之窗！

推送日期： 2022 年 2 月 22 日

人物名片

赵春晖教授

赵春晖，教授，博士生导师，2008 年获国家级“教学名师奖”，担任“微波技术”国家精品课程、国家精品资源共享课程、国家精品在线开放课程和国家线上一流课程的负责人，“微波技术”国家级教学团队负责人。先后承担国家级和省级教改项目 20 余项，编著出版教材 16 部，多次获国家级规划教材和教材奖。他曾入选教育部优秀青年教师资助计划，荣获全国优秀教师、教育部高等学校“青年教师奖”、黑龙江省第二届“教学名师奖”，2021 年获校模范教师标兵。

“微波以频率高可穿透电离层的特性，成为天宫空间站通信传输的重要手段，嫦娥四号月球探测、天眼 FAST 空间探测以及卫星都离不开微波技术……”课上，学生们兴致盎然，赵春晖用一个个微波技术实例带着他们眺望神秘的宇宙。

33 年间，他始终热情洋溢地立足三尺讲台，编著的微波技术教材，被数十所高校使用，并入选“十一五”“十二五”普通高等教育国家级规划教材；他将微波技术课程从一门选修课建设成为学校第一门国家级精品课；他坚持教学和科研并重，提出教师“π 型”发展的理念……他就是哈工程国家级教学名师、信息与通信工程学院教授赵春晖。

“什么都可以放弃，唯独课堂不能放弃，这是一个教师的根。”

“赵老师的课很有趣，开阔视野的同时，又能学习知识。”学生史鉴说，他每周最期待的就是这门微波技术课。

“微波技术课程内容抽象，会涉及大量微分方程推导。我不能让课堂变成催眠曲，仅仅满黑板地带着学生做公式推导。”赵春晖善于将抽象复杂的课程内容抽丝剥茧、化繁为简，辅以案例进行引导讲解，内容通俗有趣且直指核心概念。一堂课的最后，他还会总结、重申课程的重点难点，帮助学生加深理解。

“老师，您这个符号写错了。”如果有学生在课上指出这样的错误，赵春晖会非常高兴，他说：“这说明学生一直在跟着你的思路走。”

学生们喜欢赵老师“简单充满趣味”的教学风格，这种深入浅出的讲解，学生们认为，“跟得住，易理解，可深思”。

练就这份“化繁为简、化难为易”的教学真本领的背后，是赵春晖下足的苦功。他清晰地记得第一次站上讲台，看着下面满座的学生，自己内心的紧张，心跳的“咚咚”声在耳旁响个不停。“那时上课，就怕讲不清楚，让学生觉得枯燥乏味。”

“50 分钟的课，我对着墙一遍一遍默讲，练习 200 分钟觉得不熟练，就再练 200 分钟。”他不但反复自我训练，还更善于向当时学校的“名师大家”取经。

当时，学校的全国优秀教师、全国闻名的水动力学大师戴遗山教授讲的课是工程中的数学问题，他讲得通俗易懂又引人深思，一手板书更是疏密得当、布置精巧。赵春晖就慕名跑到戴教授的课堂旁听，学习化难为易的案例式教学技巧和板书的“排兵布阵”。

1994 年的某天，有赵春晖的课，他骑车赶往学校，前轮因突然卷入装着教材的布袋骤停，自行车 180° 前空翻，赵春晖飞了出去，趴在地上半天起不来，车大拐被拧成了 S 形。几名在海电厂实习的学生恰巧路过，将他扶起送往医院。在医院做了简单包扎后，他看看表，还未到上课时间，抓起布兜就要离开，医生建议他再观察一会儿，他却说：“我得回课堂，不能耽误给学生上课。”

“教师一定要热爱课堂，想尽办法让课堂活起来，”赵春晖说，“什么都可以放弃，唯独课堂不能放弃，这是一个教师的根。”这是一名国家级教学名师的初心和坚守。

“教材是一个老师教学的‘剧本’，是我们最大的倚仗”

微波技术课程起初在哈工程这所以船海为特色的院校中，属于一门“平平无奇”的选修课。赵春晖教授却并不甘于这样平凡、平淡的角色，他铆足一股劲儿，悉心打磨课程的“剧本”——教材，由他主编的《微波技术》教材在 2020 年获首届黑龙江省优秀教材特等奖，2021 年获首届全国优秀教材（高等教育类）二等奖，他将这门原来没有自主编写教材的选修课成功建设成为精品课程。

赵春晖第一次讲授微波技术课时用的是油印的讲义，讲义的内容参考西安电子科技大学微波技术专业的教材，虽然对每个章节的复杂部分进行了改编和调整，但与哈工程信通专业的教学目标和进度依旧不能完全匹配，用起来很不流畅。

1998 年冬，大雪飞扬，赵春晖从哈尔滨乘坐绿皮火车直奔北京西单书店。一路拥挤、颠簸 20 多个小时，他在书店挑选了 20 多本参考用书，用布袋背回了哈尔滨。“20 多本书铺满房间，我一本一本翻阅，在精彩的地方做上标注，两两对比、仔细推敲。”返回哈尔滨后，赵春晖闭门谢客，决心为微波技术专业课程编写第一本教材。

一年以后，《现代微波技术基础》和《微波测量与实验教程》两本教材问世。

高质量编著的微波技术教材在随后的几年中获得同行专家和读者的好评。

“学生反映，教材里电磁场的概念太抽象，难理解。”赵春晖就琢磨制作动画，他在教材中插入动画二维码，扫描后，学生们可以随时观看电磁场的动画演示，再版的《微波技术》被学生们称为“会动的教科书”，让课程“剧本”活了起来。

为了突出教材的实用性、前沿性，赵春晖再次修订了教材，他从工程实际出发，减少了教材中烦琐的数学公式分析，引入常用的微波仿真设计软件 (HFSS) 使用方法和设计范例，为学生从事微波或射频工程方面的工作做好必要的技术储备。他开微波技术教材编著的先河，首次加入微波技术计算机辅助分析和设计的 Matlab 程序，以满足微波工程与教学实际需要；为了配合教材的使用，他还开发了相应的多媒体课件和电子教案，并开设“微波技术基础”课程网站，用来实现远程教学、网上答疑和测试。

微波技术第二代立体化教材

2008 年，他带领团队老师编著了配套的实验教材《微波技术实验——测量与仿真》，学习指导书《微波技术学习与解题指南》和电子教材《微波技术电子教案与多媒体课件》。微波技术课程的教材实现了第一代到第二代的立体化升级，也成了国内电子信息类专业最具影响力的教材之一，已被数十所高校使用。

“教材是一个老师教学的‘剧本’，是我们最大的倚仗。”除《微波技术》屡获大奖，赵春晖编著的《数字信号处理》和《自适应信号处理技术》分别荣获全国电子信息类优秀教材和国防科工委“十一五”规划教材。

“要打破藩篱，在合作共赢中推动微波技术课程建设向前再迈一步”

“教学不是简简单单的上课和编写教材，我们要对教材、教学方法、教学资源进行统一体系化研究和建设。”从一点到一面，赵春晖不仅在教材上发力，作为课程建设的主持人，他把微波技术这门选修课变成学校的精品课，再从省级精品课变成哈工程第一门国家级精品课。

1999 年，赵春晖以问题为导向，就微波技术课程内容抽象难理解掌握、工程性强、教学手段和资源单一等问题进行统筹考量，一一进行破解。他提出，教学团队要立足课程定位、课程设计、课程内容和教材，从学习者的实际需求和学习角度去建设课程。

2000 年，他带领团队调研国内微波技术课程建设的老牌高校，汲取建设经验，大力进行教材建设和实验室建设改革，不断丰富教学手段。

赵春晖指导学生进行长线测量系统实验

最初，微波技术实验室“一穷二白”，只有几台波导仪器，在学校、学院的大力支持和赵春晖的努力下，现已建设成为国内最先进的微波技术实验室，学生通过实验可锻炼并提升实践能力。2005 年，赵春晖在西安电子科技大学调研，发现其实验室的长线测量系统非常直观实用。细问之下才知，原来是定制的，赵春晖立刻联系定制单位，为哈工程的实验室配齐了该设备。

2013 年，国内掀起慕课建设热潮，赵春晖紧紧抓住机会，大力推进团队的教学改革，他提出了微波课程建设的五优化举措：优化课程体系、改进教学方法；优化教学内容、抓好教材建设；优化教学手段、搞好课件开发；优化实验环节、精选实验内容；优化教师结构、提高教学水平。

在赵春晖的革新性推动下，微波技术课程于 2016 年被评为国家精品资源共享课，2018 年被评为国家精品在线开放课程，2020 年获评国家级线上一流课程。学生在“微波技术”慕课的教学评价区留言，“能够从学生的角度来讲述知识点，通俗易懂”“条理清晰，重点难点很容易听明白”“老师讲得很深入”……

随着课程建设理念的不断深化发展，教学团队先后有 10 余名青年教师成长为省级教学名师、省骨干教师和校优秀青年主讲教师，2009 年微波技术课程教学团队获得了国家级教学团队称号。

2021 年，赵春晖以牵头院校负责人身份积极联合北京航空航天大学、哈尔滨工业大学、桂林电子科技大学、华侨大学等高校开展微波技术虚拟教研室建设，全力打造覆盖不同地域、满足多层次教学需求的跨区域资源共享、创新协作的全国性网络教研平台。

“这是一次围绕微波技术课程建设，以学生为中心的全新教学模式的努力和尝试，将有力推动课程改革，在一流课程、教学资源库、实践实训项目、教材建设方面会起到积极示范作用，”赵春晖说，“要打破藩篱，在合作共赢中推动微波技术课程建设向前再迈一步。”

“一名教师应‘π 型’发展，教学是其中一撇，科研就是其中一捺”

“做好教学研究，也要做好科学研究。”赵春晖认为，一名教师应“π 型”发展，教学是其中一撇，科研就是其中一捺，π 的左右两笔可长可短，但笔画不能少。

1992 年，赵春晖参与雷达导引头的科研项目，后来他将项目中的微波测向系统作为案例引入课堂教学后，学生反映：“开阔了视野，增强了趣味性。”赵春晖随即认识到，鲜活的教学案例要取自科研。

“给学生一杯水，自己要有一缸水。科研水平提高了，眼界才会高，才能把最新、最前沿的知识传授给学生。”赵春晖曾先后主持 5 项国家自然科学基金项目，在非线性滤波领域，率先提出广义形态滤波器理论和优化算法，在高光谱图像处理领域，提出多种高效快速地物分类和异常检测算法。他主持的智能遥感信息处理方向除服务国防外，还与黑龙江省水利科学研究院以及黑龙江省农业科学院、北京航天宏图等多家部门企业合作，不仅解决了农田侵蚀沟智能识别，还解决了农作物生长监测等多领域的技术难题。这些来自科研实践的案例，常被他带入课堂，变成了师生间趣味横生的话题。“我们要让学生置身其中，不断激发他们学会批判知识、创造知识，以及终身探索的能力。”

作为一名投身教学一线 30 多年的老教师，赵春晖还被委以校督学的重任，每年要对全校 20 多门本科课程做教学评价，他常与青年教师交流，督导、指正他们教学中存在的问题。每个新学期伊始，他都要为学院青年教师做培训，鼓励他们“π 型”发展，发挥“传帮带”作用。“我从老一辈教师身上学习到很多永不褪色的教学理念和方法，我也会将其发扬并传承给青年一代，因为坚守和践行教育理想是一件崇高的事，也是一件幸福的事。”这是国家级教学名师赵春晖从未动摇的信念。

（刘　涛）

扫码阅读推送原文

姚熊亮：与气泡“共舞”，做硬核科研

推送日期：2022 年 5 月 24 日

姚熊亮教授获 2022 年度全国五一劳动奖章

“研究真问题、做真科研、磨硬功夫、出真贡献，把最美丽的论文写在中华大地上。”

这是 2022 年度全国“五一劳动奖章”获得者、哈工程船舶学院姚熊亮教授的初心和信念。30 余年来，他始终瞄准跨气、水复杂动力学基础理论问题，“咬定青山不放松”，努力深耕，目前在这一领域的研究已经达到国内领先水平，为我国船海与航天事业的发展做出了杰出贡献。

“酒香不怕巷子深” 练就跨界合作真功夫

有专家曾评价，“中国水动力学的最高水平在哈船院”。经过哈军工、哈船院再到哈工程数十年的学术积淀，学校在水动力学方面实力雄厚。姚熊亮自觉传承水动力大师戴遗山教授的势流理论和他的导师、高等结构动力学严师李维扬教授的相关理论成果，把学校自哈军工以来在流体力学、结构力学方面取得的研究成果进行了梳理和总结，用心酿造基础理论结合工程应用的香醇之酒，撰写的专著《舰船结构振动冲击与噪声》得到了跨行业专家的关注。

2006 年，航天一院的几位专家通过《舰船结构振动冲击与噪声》这本书联系上姚熊亮，并专程从北京来到哈工程船舶工程学院，希望能把书中提到的流固耦合问题应用于航天领域的跨介质动力学上，解决航天工程的关键技术难题。

航天一院与哈工程船舶工程学院，一个“上天”，一个“下海”，一本已经出版了五六年的专著将似乎“风马牛不相及”的二者牵到了一起。“不是我有多大能耐，而是学校船舶与海洋结构制造学科几十年来积淀深厚的基础研究硬功夫打破了行业界限。”姚熊亮教授深有感触地说。

其后，姚熊亮受邀来到航天一院，与对方包括三位航天总师在内的航天专家和工程技术人员进行了充分的交流。“我们从流固耦合最基本的概念谈起，一直谈到船舶的水动力学和流固耦合特性再到附加质量这些专业学术问题。”姚熊亮现场推导了满黑板的公式，并逐项解释公式的物理含义，双方延续至今 10 余年的合作由此开启。

“航天一院的总师们能着眼于基础理论问题，跨界解决航天领域的复杂问题，这给我很大的震动和影响。”姚熊亮深刻地体会到工科研究发展的基础和创新的源头是基础研究，这包括物理、数学、化学、材料、控制等多学科综合。

“我们要清醒地认识到现在国家亟待破解的核心关键问题成堆啊。”姚熊亮说，“要真正解决核心技术难题，真正创新，就应该踏踏实实从基础研究入手，遇到问题就去外国的文章里找公式的时代已经过去。船舶海洋工程专业，离不开扎实的数理基础，离开基础，寸步难行。”

从基础研究到关键技术的突破，姚熊亮团队与航天一院等部门的合作越走越深、越来越实，在国家相关部门和学校的大力支持下，历经10年的不懈努力，在姚熊亮教授身体力行的奔走推动下，一个专门研究气泡动力学的实验室已经竣工，多方强强联合，成立了复杂系统动力学技术创新中心，为更紧密地服务国家战略需求开启了崭新的篇章。

苦练“童子功” 做硬核科研

“给学生猎枪还是猎物？给学生一条鱼还是渔网？这是一个分水岭。”姚熊亮注重汲取学校老一辈教师的育人理念与治学精神，他认为，基础与专业是两个相伴随着螺旋上升的关系。“基础强了，专业学术才能强，教师的基础理论功底扎实，才能做到‘授人以渔’。”

“哈船院的很多老教授都有一身过硬的‘童子功’，并且把这个真本领、硬功夫言传身教给了学生。”姚熊亮回忆，“当年李维扬教授给我们讲高等结构动力学课，会在课堂上认真讲解偏微分方程、莫里森公式等基础、源头的理论，不但把公式的物理和力学概念讲清楚，还一步一步地推导给学生看。”

“戴遗山教授的势流理论课也常常在前一节课安排好学生下一节课到黑板上推导公式，推不下去就会被‘挂’在讲台上，戴老师就现场教学生推导，学生看会了再继续推，直到能推导出来为止。”

推导公式的严格训练让姚熊亮受益终身，在解决一些工程技术难题时，他常常回归基础理论，回归到最基本的物理、数学的思维，身体力行地带着学生和青年教师一起推导公式，他办公室的纸篓里每天都要处理掉大量演算的草纸。

“帮助学生建立科学的知识体系是老师责无旁贷的责任，绝不能把深奥的知识讲得浅薄。”姚熊亮说，无论教学中加入了多么生动、直观的动画、PPT

等教学辅助形式，教师在黑板上推导公式的基本功绝不可废，因为对公式细致的推导和来龙去脉的讲解，有助于使学生建构科学的思维方式，练就过硬的“童子功”，为深入地探索、解决核心关键问题打下坚实的基础。

“高校教师做科研的目标最终还是要回归到育人,回归到立德树人根本任务。要时刻记住你的第一身份是教师。”姚熊亮认为高校教师既要为推动社会发展贡献智慧，也要为学校良好的学科生态环境服务，“及时把最鲜活、最前沿的科研成果动态引进课堂，转化为拔尖创新人才培养的养料”。

“哈船院时期，杨彦声教授带领设计团队研制了国内首个双工型潜水器。海试成功后，回到学校，团队第一时间就给学生开了科研宣讲会，并在课堂上再深入地给学生讲，及时把最先进的科研成果融入课堂教学。”

“国家、学科、学生是高校教师做科研的‘三大关键词’，而真正能让高校科研焕发奇光异彩的关键是基础研究。”姚熊亮教授认为，高校一定要立足学科的历史积淀这一学科硬核，做前瞻性、创新性的基础研究。“一穷二白的年代，为了弯道超车，可以搞集成创新，而如今，是要开始较劲、要‘登科研珠穆朗玛峰’了,就必须安坐基础研究的冷板凳,下苦功夫打造学科的硬核。”

姚熊亮教授在推导解决科研难题的公式

姚熊亮办公桌上始终放着一本已经泛黄的书，是学院老教授许维德编写的《流体力学》。

“这本书来源于许老师（20 世纪）60 年代编的讲义、70 年代形成的油印稿，80 年代出书，80 年代末再版，但是今天读起来依然朗朗上口，依旧不过时，常看常新。”

“我们现在取得的成绩，都是来源于学科的深厚根基，我编写的《舰船结构振动冲击与噪声》的知识基础，追根溯源是学科的历史沿革。历史是今天建设和明天发展的基石，没有过去就没有今天学科的硬核。”姚熊亮教授认为，学科不是无源之水、无本之木，学科硬核的形成是经历几代人“咬定青山不放松”的传承积累，要在历史的基础上发扬光大，才会形成现在和未来发展的真正硬核。

与气泡“共舞” 向知识前沿进军

“水中有很多气泡，要不水中的鱼何以为生呢，就是靠这些气泡提供的氧。”“研究水就离不开气泡，研究气泡也离不开水，他们是普遍存在的共生态。”

姚熊亮介绍，早在 20 世纪 70 年代，国内就有学者发现，水中爆炸产生的气泡对船体来说是一个不容忽视的毁伤源。中国工程院院士吴有生认为，气泡在水下的脉动，会引起船像鞭子、扁担一样的晃动，并把水下气泡对船体结构产成的低频毁伤效应叫作“鞭状运动”。

姚熊亮在 20 世纪 90 年代末的一次行业学术会议上了解并参与了专家学者们对气泡引起的载荷问题的研讨，由此开启了他 10 余年关于水下气泡问题的研究。

研究几乎是从零开始，姚熊亮带领学生张阿漫一起，着眼气泡边界元问题开展深入研究。当时没有实验条件，他们只能从理论数值入手，揭示气泡运动的一些基本规律。近年来，随着海洋强国战略的提出和研究的深入，姚熊亮团队关于气泡动力学的研究成果拓展到跨介质复杂动力学领域。

“原来船的航行速度不高，气泡的影响不突出，随着工程技术的发展，水中高速航行体在高速出水、入水时，气泡的威力就越来越凸显了。”在深入思考基础理论的同时，姚熊亮脑子中始终装着工程问题，没有现成的公式可用，不想放弃就要自己想办法，回到书本学习，日积月累总会有灵感眷顾的时刻到来，“把复杂的方程推导出简单、能够指导工程实践的公式”。

“我最近正在开展的两个很有意思的研究，一个是气泡等温过程运动稳定性分析，一个是气泡绝热过程收缩稳定性分析。”在推导演算过程中，姚熊亮发现，只要外界水中的压力降低到某一个临界值，气泡的非稳定运动就有可能激发出混沌现象，导致气泡运动具有不确定性特征。

姚熊亮带领团队不断拓展研究的疆域。“我的一位博士生创造性地提出了一套研究气泡空化运动的方法，对气泡在自由界面上的运动状态进行深入研究，研究领域触及基础自然科学方向。”

“100 多年前的相似理论，已经不适于当前要研究的非线性非平稳问题，我们正在考虑用新的研究方法代替它，涉及符号动力学以及复杂性方面的理论，在基础研究的面上走得越来越宽。”姚熊亮教授表示，在技术的一个点上深入研究基础问题，越深入就会发现涉及的基础问题越多。“知识是无穷无尽的，要‘活到老学到老’。”

“时间不够用”是姚熊亮教授始终挂在嘴边的话，“要坐不止十年冷板凳，才能在基础科学王国里有所感悟，年轻老师一定要尽早瞄准基础问题下功夫。”这是姚熊亮教授对年轻教师，也是对青年学子的殷切期盼。

（霍　萍）

扫码阅读推送原文

徐玉如院士，这御海盛世，如您所愿

推送日期：2022 年 6 月 22 日

在哈尔滨工程大学科研工作研讨会开幕式上，校长姚郁强调，要把握好“传承”与“创新”的关系：团队一代代人要坚持传承所选择的科研方向，咬定青山不放松，久久为功，又要准确把握科技革命和产业变革的最新趋势，不断丰富科研方向内涵。

近年来，海洋无人航行器技术“兴海”学术团队不断凝练、传承我国水下机器人事业开拓者徐玉如院士“开源聚才、同心凝智、学用至善、融合创新”的科研精神，在我国智能水下机器人领域做出了突出贡献。2022 年，是“智水”院士徐玉如教授逝世十周年，团队以书信的形式汇报了团队的发展，纪念缅怀徐院士。

徐玉如院士讲解水下机器人情况

您说："人活一世总要做点儿事情，哪怕只做好一件事情，才不枉此生。"您用毕生精力让我国智能水下机器人领域厚积薄发，您敢于拼搏、求真务实的精神也激励着我们不断前行。"开源聚才、同心凝智、学用至善、融合创新"，这些年我们学着您的样子将"智水精神"代代传承。如今，我们的水下机器人打破了潜深世界纪录，我们的水面无人艇处于国内领先水平。今年是您离开我们的第十年，请您放心，您的科研精神有人传承，您放心不下的事业有人延续。

我们学着您的样子，为国家争气

记得 2010 年 6 月，那时您已经被确诊胃癌晚期，心里却放心不下我们在研的水下航行器在长航中是否稳定安全，刚做过放疗就和我们一同出海。在山东蓬莱的长航试验，您说："一天只有 24 小时，对于我们科研工作者来说，每一分每一秒都要好好珍惜，把自己的科学研究和国家的科技需求结合起来，用有限的时间，做出最大的努力。"

在海边做试验时，为了抓住试验窗口期，您天不亮就带领我们出海。考虑到您的身体，我们提议租艘舒适些的船，您说，科研经费要花在刀刃上，还是租了最便宜的小船。那时看到小船尽头饱受病痛折磨的您骨瘦嶙峋，但有您掌舵，我们就心安，我们知道这也是您执意出海的原因。

徐玉如院士在指导海上试验

那天，上岸前天色突变，豆大的雨点砸下来，海浪卷席着小船仿佛有一种力量和岸上牵绳的同事对抗，海浪拍打在您的脸上，浸湿了衣衫，海风袭来冰凉刺骨，但您手握栏杆神情自若。这是您最后一次出海，您矢志报国、敬业奉献的形象刻在了我们每个人的心里。敬佩您身患重病，却甘愿为国家的船海事业用尽生命的最后一丝能量，在场的很多同事都红了眼眶。

您说，这是一个靠实力生存的世界，我们无论如何都要为了国家赶上去，要争这口气。徐院士，这些年我们心系“国家事”、肩扛“国家责”，我们的海洋机器人技术获得了一系列突破：作业空间上，从近浅海走向全海深、极地实现全海域覆盖，创造 AUV 潜深 10896 米的世界纪录；工作时长上，从几天增加到数月；智能水平上，实现单机全自主、全分布式群体协同博弈；平台创新上，不断涌现出底栖、仿生、轮桨、跨介质等新概念机器人……在很多领域，我们为国家、也为您争了气。

您说，做科研既要胸怀大志，又要脚踏实地，我们听您的话。2020 年末，负责“全海深无人无缆潜水器 AUV 关键技术研究”的项目组得知科考船发船日期，团队第一时间报名，因为您教导我们，“程序运行起来不算成功，可靠性是检验成败的最终标准”。对于我们船海人来说，出海试验是从 0 到 1 的关键。

当时正赶上哈尔滨出现疫情，如果想登上科考船，必须在目的地隔离 14 天，团队须提前近 20 天前往青岛，而这段隔离的日子恰巧是那一年的春节。回首往年春节，您也是在科研一线奋战到新年的钟声响起，大家没有丝毫犹豫就买了机票，往日熙熙攘攘的机场空空荡荡，但为了心中的海洋强国梦，大家勇敢逆行，无所畏惧。

那一次，在全国人民欢度佳节时，团队在地球的另一边创造了 7709 米的亚洲深潜纪录。在之后的几个月，团队再战马里亚纳海沟，并不负众望，完成 4 次超万米深度下潜并超过俄罗斯无人无缆潜水器 AUV 于 2020 年 5 月创造的 10028 米的 AUV 潜深世界纪录。如今，“悟空”号 AUV 已具备不需母船伴随、支持，独立畅游万米水下自主工作的能力。装有高速水声通信系统的“悟空”

号 AUV 在万米海底畅游期间，在与母船直线距离超过 15 公里的深海中，仍可准确传输状态信息给母船上的科研团队。

“悟空”号无人无缆潜水器 AUV 下潜照片

我们传承创新，寻求大合作谋求大突破

徐院士，在您离世之后，我们经历了一段阵痛期。那时，新型平台、人工智能、新体制探测等技术催生着海洋装备领域新一轮科技革命，各大集团纷纷下海，海洋机器人领域竞争空前激烈。失去了领袖的我们该如何发展？我们一度陷入低潮。

“开源聚才、同心凝智、学用至善、融合创新”，我们将您留在实验室的科研精神凝练，这些年，我们不断准确识变、科学应变、主动求变，而从未变过的是这 16 个字凝聚的团队文化。

我们无数次感叹您海纳百川的胸襟和高瞻远瞩的谋略。早在“八五”时期学校作为牵头单位承接“水下智能机器人技术”时，作为总体技术组副组长和系统集成负责人的您就说，这样高精尖的项目，必须学科交叉融合。您成功研制的 8 台智能水下机器人的背后，是您带领七〇二所、七〇九所、华中科技大学等多个校外团队的上百人开展深度合作。

10 年后的科研工作更凸显了组织科研的重要性，我们秉持着“资源共享、优势互补、真诚合作、共同发展”的原则，在苦练“童子功”的同时，积极发挥各学科队伍的主观能动性，由单核心的任务分配模式，转换为多学科主体的“小核心大外围”合作模式。

“小核心”主要是凝聚校内科研力量。我们的 24 名团队骨干力量发挥核心带头作用，通过聘用的 31 名专职科研人员解决工程性、试验性强的任务，团结船舶学院、航建学院、动力学院、智能学院、水声学院、计算机学院、机电学院、信通学院八个院系的 10 余支校内团队开展协同攻关。同时，我们与国内 40 余家科研院所、知名高校建立了长期稳定的合作关系，凝聚全国水下机器人领域优势单位和领军人才，利用“大外围”带动全国优势力量集智攻关。

我们通过“大合作”推动创新发展。研制全海深 AUV 的过程面临前所未有的难题，11000 米水压相当于 1 平方米面积承受万吨重量。耐压舱体、推进器密封、浮力材料、超深水探测、通信、定位、抛载等面临前所未有的难题。我们组织船舶学院、水声学院、机电学院等 7 支校内队伍，中国科学院深海所、海洋所，国家深海基地等 6 家校外单位，凝聚学科齐全、团结协作的创新团队，协同攻关，并最终实现了“悟空”号 AUV10896 米的最大下潜深度，首次获取了万米海底清晰的连续移动观测影像。

“悟空”号无人无缆潜水器 AUV 团队南海试验成功后团队集体秀

通过与校内外学科交叉推动大合作，我们实现了 AUV 研发从浅水、中水、深水到全海深的潜深全覆盖，从小型、中型、大型到超大型的尺寸全覆盖，从侦察、搜救、投送到强作业的功能全覆盖。在前沿技术创新和核心装备研制方面，贡献了哈工程力量。

我们让青年人挑大梁，永续“智水精神”

徐院士，十年发展，您当年倾心培养的学生已成为行业内的领军人才，在全国各地发光发热。我们的团队也已经兵强马壮，我们深知，团队若想发展壮大干大事，必须像您一样惜才爱才，真正为每一个人着想，用事业吸引人，用感情凝聚人，用榜样感染人，用待遇稳定人。

还记得在苏玉民教授归国前，您就委托人到国外看望他。回国后，您帮他做事业发展规划，介绍怎么在这个领域介入工作、做下去将来会是一个什么水平，还不忘帮助他解决后顾之忧，这对刚回国对一切还比较茫然的苏教授来说是一种知遇之恩。

如今，我们也学着您的样子全力支持青年人的发展，通过构建激发自由探索和原始创新的学术环境，从思想上、行动上给青年科研人员松绑。为青年科学家搭建理论、技术融合的平台，并为他们提供跨专业、跨领域、跨学科的跨界支撑。同时，通过改变短平快的评价体系，给他们更多的自主权和更大的容错空间；打造科研高地，实施国际大学术计划，构建多样化人才成长路径，助推青年科学家向战略科学家迈进。当前在团队中的年轻科研工作者都有自身所专注的学术方向，基本保有 2 项及以上的项目在研。

12 年前，那个跟您海试的 25 岁研究生廖煜雷，如今已经成为我们团队的学术骨干。2013 年留校伊始，他提出了研究海洋能驱动机器人的想法，实验室给予的种子基金支持他开展理论探索和水池研究，并逐渐形成一个新研究方向。在您奠定的智水基业和创新沃土上，实验室“80 后”“90 后”们迅速成长为学术骨干，张磊担任国家重点研发计划项目首席科学家、曹建和李岳明成长为全海深 AUV 系统总师、朱仲本成长为极地 AUV 系统总师、孙延超和马腾已经成为团队骨干力量……

2010 年，您提到的海洋机器人集群概念引领一批青年人走上了前沿创新之路。在李晔教授推动下，我们聚焦海洋机器人集群智能技术研究，经过多年科研攻关，一支平均年龄仅 26 岁的科研团队，让我国海洋机器人集群智能技术取得实质性突破，并达到了国际先进水平。

分布式全自主型海洋机器人集群智能协同技术演示

如今，曾经被前辈们推上舞台当主角的师弟们也为更多的青年学子创造挑大梁的机会，我们的学生在毕业后选择扎根船海领域，迅速成长为国家级人才、教授、高工、部门负责人……

徐院士，您严谨求实的治学态度、执着向前的科研精神、矢志报国的高尚情怀，激励着一代代船海人开拓进取。请您放心，我们一定会铭记、传承您的精神，面向国家重大战略需求，为创新型国家建设、海洋强国建设和中华民族伟大复兴做出应有贡献。

海洋无人航行器技术“兴海”学术团队

2022 年 6 月 22 日

（朱　虹）

扫码阅读推送原文

40年铸国之重器！哈工程这支团队三项“绝技”全国领先！

推送日期：2022年6月27日

海洋装备与控制技术团队

他们研制的水下无人航行器三次获得习近平总书记肯定，荣获2020年国家科学技术进步二等奖；研制成功国内首套最高级别动力定位系统并形成产业化应用，创建国内首个船舶动力定位系统操作培训中心；研制成功我国首个两栖平台的自动驾控系统……

全国高校黄大年式教师团队、哈工程智能学院海洋装置与控制技术团队用40余年时间，历经几代人，始终紧扣国家需求，凝练积淀“三敢三求”团队文化，深耕海洋运载器的控制理论和工程应用研究，研制出一系列服务海洋强国建设的国之重器，为建设海洋强国发出哈工程声音。

只要是国家急需的就去干，只要代表未来发展方向就去谋

“科技工作者只有把自身技术优势与国家需求方向结合起来，想清楚自己的专业与国家需求的相关性是什么，不怕‘题’小、从‘新’入手、持之以恒，才会越走越宽、越站越高、越望越远，最终登上科技创新的顶峰。”这是研究所已故创始人、学校终身荣誉教授边信黔关于“做什么样的科研”的深刻认识。在他的带领下，团队在哈军工以来的潜水器技术积累基础上不断拓展国家急需的新科研方向，努力将船舶动力定位技术、两栖平台驾控技术、水下无人航行器技术三项技术锤炼为行业认可、国内领先的“看家本领”。

20 世纪 90 年代，水下航行器的研究主要集中在定点作业。边信黔敏锐地看到水下航行器在海洋开发应用中的需求，1998 年，他就提出要做长航程的水下无人航行器。当时国内甚至没有“长航程”和“无人自主”的相关概念，长航程水下无人航行器的要求更复杂，需要一套崭新的技术体系做支撑。

“什么都没有，如果做不出来怎么办？”面对质疑，边信黔当机立断：“只要是国家需要我就敢做，这可能实现从无到有的跨越。”

边信黔具有核动力学、自动控制等多学科交叉的教育背景与国外学习经历，这形成了他“敢为”的技术底气。他向研究无人领域的专家请教、学习，带领当时七八个人的团队开始相关探索，形成关于长航程水下无人航行器的研究设想。

2000 年，“水下无人航行器”获准国家重大基础研究计划立项，边信黔任技术首席专家。经过 7 年攻关，这个由不同单位、不同专业人员组成的“国家队”，突破了水下无人航行器总体优化、自主控制等关键技术，研制出某型综合集成试验平台，并成功地完成了湖海试验。项目于 2008 年获得国家科技进步二等奖。

团队进行首套 DP3 动力定位控制系统海上试验

随着世界海洋资源开发走向深海，被称为“定船神针”的船舶动力定位技术成为我国海洋开发急需解决的难题。1983 年，边信黔带领团队率先着手研发船舶动力定位技术，他提出了风前馈、状态反馈和预测解耦控制算法，掌握了动力定位技术原理，创建了国内唯一能生产动力定位产品的研发基地。2014 年，DP3 验收成功，在国内首次获得中国船级社船用产品证书和型式认可证书，我校成为国内最早获动力定位系统全系列产品 CCS 认证的单位。

两栖平台对国家近海地区的海洋开发有重大作用。2002 年，国家开始两栖平台的自动驾控技术研究。团队抓住机会，决定啃下这根“硬骨头”。在动力定位技术研究的基础上，边信黔大量查阅国内外关于两栖平台相关技术的文章，研读两栖平台驾控原理。他凭借对关键技术问题的精准把握和解决设想，带领团队拿下两栖平台自动驾控技术项目，成功解决了两栖平台自动安全驾驶等关键技术。在此基础上，团队成功研制了国内首套两栖平台自动驾控系统，并实现交付。

团队前瞻布局研究方向，只要是国家急需的就去干，只要是代表未来发展方向的就去谋，所有成员都牢固树立两种意识：一是研制能用、好用的产品；

二是始终瞄准下一代先进技术。在成功研制我国某首型水下航行器后，团队又连续承担了两型新型航行器的研制任务，率先在航行器集群、跨域协同等前沿创新技术领域取得突破性进展，解决了水下无人航行器总体集成优化、航海、作业、自主控制等难题，实现水下无人航行器从 0 到 1，再到 100 的跨越。

恪守“三敢三求”十二字箴言，一次次啃下硬骨头

走进学校 41 号楼，在海洋装置与控制技术研究所工作场所的墙壁上，镌刻着“敢想、敢为、敢赢，求真、求实、求严”的十二字箴言，这是研究所成立 40 年间，在解决科研真问题的实践中形成的“三敢三求”文化。研究所的每一位老师、每一个学生的第一课都从了解它的内涵和意义开始。

我国的海岸线绵长，且大部分都是近岸浅海，海洋地质结构极其复杂，水下弱观测、弱通信的海洋环境对于水下无人航行器的智能化、可靠性等要求越来越高，要做好这项事业，各个学科知识都要学、要懂、要融会贯通，遇到难点就要有“三敢三求”的劲头。

敢想是跟踪前沿技术，敢于创新；敢为是做任何研究都要与实践结合；敢赢是最终要把事情做成。在水下无人航行器研究这一领域，有太多的未知需要用“三敢”精神去探索，需要创新思维去解决。

动力浮标是船舶等设备用于定位、观测的重要工具。有一次，在设计与研发动力浮标时，团队现任“掌门人”严浙平教授摒弃了以往的圆形形状，从钓鱼的鱼漂处获得灵感，创新设计了立式的流线型浮标，使它具有动力特性，能够搭载声学探测载荷，在复杂海况中能够自主调节稳定性，在水下能够自主控制，保持良好形态。这种设计契合了用户需求，在招标竞争中脱颖而出。目前，该设备已经设计完成并投入应用。

从边信黔到严浙平再到张伟，团队几代人都深刻认识到创新不是雾里之花，要在符合客观规律、符合真理，实事求是、踏踏实实，严格严谨严密，恪守哈

军工传统的“求真、求实、求严”中体现。

“对待科研工作要精益求精。”研制某型水下航行器时，边信黔担任总设计师，在他的指导下，团队教师张宏瀚一周之内画了近 30 张设计图纸。“当时我们每天至少开两次会讨论，到终稿确定总共设计了 100 多种方案。”张宏瀚说。

一个产品达不到自己最理想的状态，它的设计就没有完成。张宏瀚接过前辈手中的接力棒，目前从事水下无人航行器的总体设计工作。

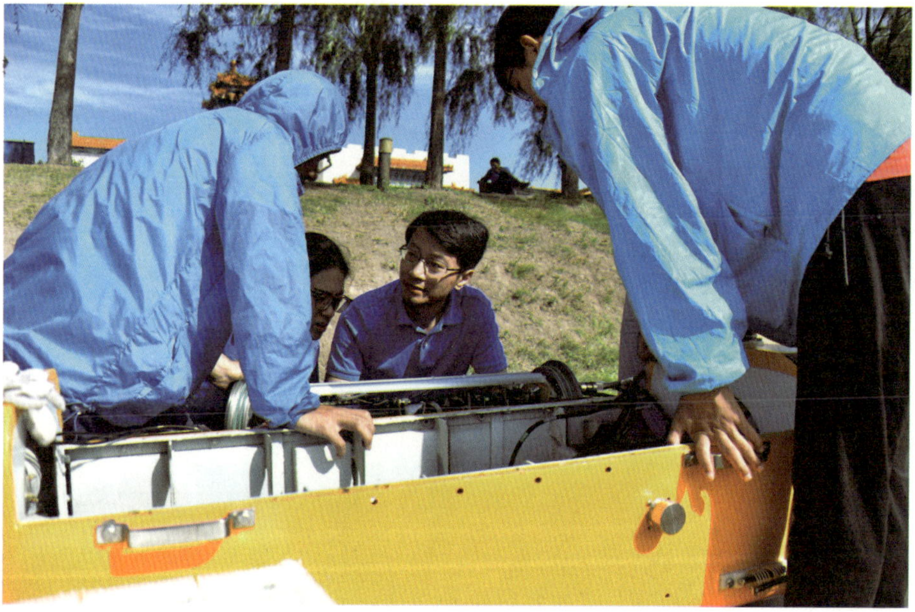

团队在试验现场开展航行器集群试验

团队成员牢记边信黔提出的“细节决定成败”：试验航路要三人校核，试验操作要双人确认，试验结果要对比分析；试验前必须进行仿真推演，试验后必须进行数据复盘，并实行“教授会”制度和内部评审制度，重大事项要经验丰富的教授集体讨论做决策。

“要想知道梨子的味道酸不酸，要亲身试过了才知道。”为了得到试验的一手数据，60 多岁的边信黔坚持随船出海做试验，跟小伙子一起住板房，顶着烈日盯数据；严浙平在试验现场根本闲不下来，拽绳子、拧螺丝都要自己动手；

张伟出海遭遇台风暴雨、锚绳断裂的险情；陈涛身先士卒，寒冷的冬天在海上漂了两个小时，保证设备安全回收……对这么一帮有着“三敢三求”精神的人来说，解决一个关键技术、完成一个科研问题就是最大的快乐。

立足国家需求做真科研、产出真成果，是团队“敢”与“求”的目标指向。从边信黔到严浙平，再到张伟、徐健、王元慧、陈涛等一批“70后”“80后”青年专家，团队一次次啃下硬骨头，让多项技术实现从无到有的突破，多个项目高质量高水平完成。

“哑铃”模式做大做强，迈开“两腿”行稳致远

“高端设备的国产化研发，要组建国家队协同创新。”严浙平说，他提出“两头在外，中间在内”的“哑铃式”科研组织模式，以水下无人平台总体为牵引，系统协调配套，国内多单位协同攻关，形成“小核心大外围”的技术路线。

团队联合校所企开展声呐设备国产化测试

在研制服务国家战略的水下航行器时，团队牵头负责总体设计和关键技术研发，与校内多个学科紧密融合，与国内多家单位共同攻关。团队还积极与相关研究单位开展水下无人航行器导航、声呐、推进、连接器等关键设备的协同创新，实现从研仿到改进再到器件级的水下无人平台生产的自主可控。

在研制 DP3 船舶动力定位控制系统工程样机时，学校与海洋石油工程股份公司、中船集团、武汉船用机械有限公司、中国船级社等优势研究院所和企业单位合作，组建实力强劲的“国家队”，历时四年取得了重大成果。团队掌握了该系统的设计、工程样机研制、集成和海上试验技术。

水下无人航行器涉及多个学科，最核心的部分是智能控制，相当于它的“大脑”，而这恰恰是团队的优势。团队从第一代掌门人边信黔教授开始，就十分重视对基础理论和前沿知识的不断学习，这是团队能持续站在行业前沿的重要原因。

“以国家需求和船海行业需求为导向，从单一技术的攻关，发展为几个关键技术的研究，再扩展为成果转化的跟进，形成一个有机系统，在面对复杂研究时就可以形成合力。”团队核心成员张伟教授说。

在解决真问题中实现技术创新，在创新成果转化中发现新的问题去攻克，团队能够始终下沉到科研一线，了解国家和行业前沿的需求。坚持技术创新和成果转化“两条腿走路”，是团队能够始终瞄准国家和行业需求的“法宝”。

正是在研究船舶动力定位系统过程中，团队发现水下动力定位这个新方向，1997 年研制成功国内首套远程操控水下潜器（ROV）的动力定位系统，为水下机器人的自主控制创新积累了研究经验；在船舶动力定位技术和装置的工程实践中，团队成功研究出“对线控位”的新概念和新算法，成为“浅海管线检测和维修装置”的创新发明点。

在建设海洋强国战略目标的指引下，团队以“为满足国家需要做出自己特有的贡献，在民族复兴大任的征程中留下一点痕迹”为目标，深耕动力定位、气垫船驾控、无人航行器等方向技术研究，在实现海洋强国梦的征程中奋勇前行。

（谷　雪）

扫码阅读推送原文

世界第一！他们让“中国心”动力澎湃

推送日期：2022年7月8日

2021年11月25日11时，蓝天碧海间，一艘红白相间的运输船缓缓在广州靠岸，经过9天试航后凯旋。

它的身上，安装着我国自主研制的世界最小缸径的船用低速双燃料发动机。它的成功返航，标志着这台承载着无数“造机人”“动力梦”的、国产化率超过80%的船舶低速机顺利通过示范应用，中国实现了大型远洋船舶自主研制主动力零的突破。

这台400mm缸径船舶低速双燃料低速机CX40DF是我国“船用低速机工程（一期）研制”项目研制完成的4型整机之一。

该机型全球首次应用了氧浓度控制技术，功率提升4%以上，燃油消耗率降低5%以上，在双燃料模式下，可满足全球最严格排放控制区的排放要求，且甲烷逃逸量减少50%，可减少温室气体排放。相关技术指标优于国际同期同类机型。

“低速机工程一期在基础研究和试验平台建设方面打下了良好的基础，要继续发挥产学研用优势力量，要利用好哈工程等高校资源。”工信部总工程师田玉龙这样表示。

从2016年立项到2020年结题，在中船动力研究院有限公司牵头下，作为项目关键技术责任单位，哈工程动力学院协调校内5个学院12支科研团队与4

所主要参研高校，支撑整机、关重件厂家以及船厂等30余家参研企业开展关键技术攻关，在“船用低速机工程（一期）研制”项目中首次建立了覆盖基础理论、关键技术到工程应用全链条的技术体系框架，形成了一系列关键技术突破，为我国的船舶工业崛起写下了浓墨重彩的一笔。

咬定青山不放松　勇挑船舶发动机研制“大梁”

远洋船舶承担了世界上80%的贸易运输，而船用低速机是全球90%的远洋船舶选择的主动力。改革开放以来，世界船用低速机的专利许可和售后服务的高附加值领域主要被德国、芬兰和日本公司垄断。

为提升中国船用低速柴油机技术的自主化设计生产能力，2014年，前中船工业集团收购了芬兰瓦锡兰公司位于瑞士的低速机业务，成立WinGD公司，开启了“开展大功率船舶发动机关键技术攻关，提升配套设备本土化装船和国际市场份额”，全力解决我国船舶“心脏病”问题的新征程。

如何融合WinGD公司的技术创新基础，形成我国船舶低速机可持续自主创新能力，建立船舶低速机高端人才团队？这是摆在“船舶低速机创新工程”面前的首要问题，是需要站在国家战略层面来思考的核心问题。当时担任中船工业集团总经理助理、动力板块董事长的张海森率队调研了我国船舶内燃机的研究情况后，做出了“搞船舶内燃机研究，还是哈工程具有更好的基础和更为全面的专业”的判断。

2015年，工信部正式成立“船用低速机创新工程”论证专家委员会，哈工程担任副主任单位，动力学院刘志刚教授担任专家委副主任、马修真教授担任委员、刘龙教授担任秘书处成员。动力学院以自身在行业内的影响力，成为项目论证的领头羊，牵头组织规划行业发展方向，辅助政府和行业决策。

动力学院代表参加第二届船用低速发动机技术发展论坛

“能在全国十几家高校中脱颖而出，源于我们数十年的坚持。”刘龙说。哈工程船舶内燃机专业源自哈军工时期的舰船柴油机专业，从哈军工时起，始终坚持服务国家战略，潜心我国舰船内燃机关键技术研究。改革开放后，我国船舶内燃机完全依靠引进国外的专利许可生产，没有研发需求。在大家纷纷转行的时候，动力学院将眼光放长远，继续在船舶内燃机领域深耕，对标国家需求，先后突破了综合电控、排气冷却消声、振动主动控制等关键技术。

“国之所缺，心之所向。眼前没有研发需求，不代表未来没有。如果不能面向国家战略坚持做技术研究，将技术延续下去，将来想做自主可控，就一点根基都没有了。”

几十年的发展里，动力学院船舶内燃机专业“面向国家需求，望远做实”，先后建设了“先进船舶动力技术工信部重点实验室”“黑龙江省船舶动力技术协同创新中心”等一系列研究平台，在振动噪声、智能控制、高效增压、排放后处理、余热利用等技术领域处于全国领先地位，为后续船舶发动机研发奠定了坚实的基础。

项目论证细致打磨　当好技术方向“指南针”

论证的两年时间里，动力学院与中船集团和关重件制造厂家代表组建了论证工作小组，前前后后去工信部装备司汇报十几次。“这个项目是我国船舶低速机产业首次‘政产学研用检’等全链条紧密融合的重大专项。”在论证过程中，刘龙与工作小组成员不断深入调研、梳理，一遍遍打磨论证材料。创新能力如何形成？产品怎么发展？技术难点是什么？ 5 年后的预期目标是什么？ 10 年后的目标是什么？所有问题都要在论证阶段就形成比较成熟的思路。

多年来坚持服务国家战略、与船舶动力行业紧密融合，使动力学院能够切实掌握我国船用低速机基础研究与企业技术研发现状之间的主要差距。在论证中，动力学院牵头从船舶低速机产品出发，一步步落实工程技术、关键技术与主要科学问题，从而构建关键技术体系。

“2015 年到 2017 年正式批复前，我一年有半年以上都要在上海集中办公，与企业还有高校不断沟通。一方面是与企业共同讨论、厘清卡脖子技术的难点和痛点，根据企业产品创新的需求梳理关键技术；另一方面与高校科研团队对接，根据团队优势组建协同攻关团队，提出解决方案。”刘龙回忆道。

面向我国船舶低速机产品创新构建关键技术体系，明确哪些技术是空白、哪些具有一定的基础、哪些较为成熟，去掉现有技术能解决的部分后，马修真带领协同技术团队梳理出清洁燃烧、摩擦润滑、振动噪声、智能控制、高效增压等 12 个关键技术方向的技术体系。

“我们走访调研了每一家参研高校，科学定位高校的研究优势和基础，让高校的研究满足企业自主设计能力的要求。”刘龙介绍，为了选出每个技术方向的牵头单位，动力学院与中船动力研究院按照专业领域、研究成果、基础试验条件、人才梯队等指标，分析不同高校在 12 个关键技术方向上的主要优势，构建优势互补的关键技术协同攻关团队。

“我们发挥的是指南针的作用，帮助企业找到解决问题的方向，并引领其他科研团队找到发挥作用的方向。”马修真与刘龙总结道，经过论证组系统谋划布局关键技术、整机、关重件开发，高效的项目实施模式逐步论证形成。

2017年，“船用低速机工程(一期)研制”正式通过工信部批准立项。“十三五”期间总投资33.12亿元，参研单位多达42家，是我国目前船用内燃机领域规模与投资最大的科研专项。

技术上练真功夫　做关键技术研发“大脑”

依靠自身在船舶柴油机领域的研究优势，紧密结合行业需求的研究方案，哈工程动力学院牵头负责了12个关键技术方向中的8个。每个技术方向的解决，都是一个系统工程，需要不同技术团队合作支撑。马修真教授被任命为关键技术首席，刘龙教授任船舶低速机工程管理办公室关键技术管理专员。

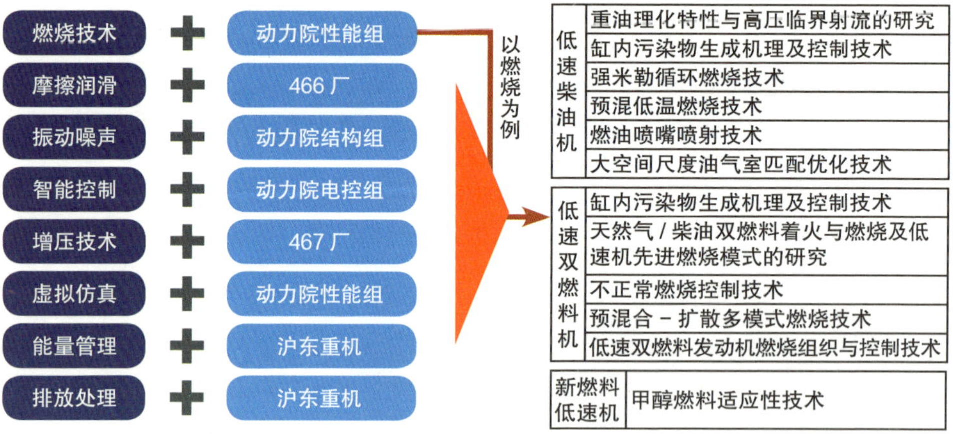

低速机燃烧“技术树”

关键技术体系在每个技术方向上的具体体现就是“技术树”。以船用低速机燃烧技术为例，“树干是燃烧技术，由树干分出低速柴油机、低速双燃料机、新燃料低速机三个树枝，三个树枝再向外延伸枝蔓，就是我们具体需要解决的技术问题。”刘龙打了个形象的比方，“仅低速柴油机这一个树枝，就延伸出了预混低温燃烧技术、缸内污染物生成机理及控制技术、大尺度油气室匹配优化技术等 6 个需要解决的技术分支。”

练就真功夫，关键技术研究才能解决产业问题，才能做关键技术研发“大脑”，才能在外国研究人员面前“亮剑”。

船用低速机的燃烧发生于气缸内，无法观测燃烧现象就无法突破燃烧技术。动力学院刘龙等提出了大视场喷雾燃烧可视化技术，所开发的燃烧可视化试验系统超过了欧洲“大力神计划”的技术水平，支撑形成“中欧”两大船用低速机试验中心的设想。卢熙群等首次开发了中国版本的摩擦学性能分析软件 1.0 版，并利用该软件分析了世界首台最大双燃料低速机（X92）活塞环磨损问题，得到 WinGD 公司的认同。李玩幽等突破了船用低速机振动噪声预报与抑制技术，所提出的减振降噪方案优于世界最先进的 ABB 公司方案 8.2 dB(A)。张文平和周松等提出的紧凑式一体化节能减排装置设计技术，既满足能效和排放要求，又优化了体积与重量，获得了船级社原理认可，增强了自主品牌节能减排装置的国际竞争力。郑群、王银燕、李晓波、金国、徐建安等分别支撑了增压器、轴瓦等关重件自主研制的关键技术研究，船用低速机三大关重件均在哈工程技术的支持下成功实现首次装机。

众多创新性的技术突破，改变了 WinGD 公司的瑞士技术人员不愿与中国研究人员平等对话的态度，他们还在研究过程中邀请中国研究人员作为评委参加其技术方案评审，一同讨论技术问题。

在关键技术研制过程中，动力学院联系天津大学、上海交通大学、大连理工大学、武汉理工大学等核心参研高校，协同校内动力学院、航建学院、材化学院、机电学院、工训中心等 12 支科研团队，与企业团队碰撞出大量课题，解决了一系列企业亟待解决的技术瓶颈问题，以自己的硬实力再次提升了行业口碑。

赠人玫瑰、手有余香　产学研贯通培养人才

项目开始之初，论证组确立了“1+2+N”（一个总体单位、两个关重件及关键技术牵头单位、N个主要参研单位）创新生态体系，作为关键技术牵头单位，动力学院在技术方案上支撑总体单位中船动力研究院，与校内校外、跨学科的不同科研团队、关重件企业展开合作，以开放的格局，构建出“政产学研用检”协同研发模式，打造了一支高水平、高素质的船舶动力人才队伍。

2019年，动力学院博士陈广库收到了来自重庆红江机械公司的感谢信：“在低速机轴瓦研制项目中，陈广库博士全程参与，有力保障了轴瓦强度校核试验台的研发，现试验台已完成研制并顺利开展了1000小时原理样机试验……”

依托“船用低速机工程（一期）研制”项目，陈广库参加了学校与企业开展的产学研贯通式研究生培养，以员工身份融入企业，加入企业研发部。“仅2017到2018年，就有硕士和博士研究生16人进入中船动力研究院从事设计开发工作，企业对我们的学生评价很高。”陈广库的导师、动力学院教授王贵新说。

陈广库在重庆红江机械公司参与的是低速机轴瓦原理样件的研制工作。“轴瓦在低速机运转时，需要很高的可靠性，一旦轴瓦损坏，轴就会抱死，发动机继续运转，轴就断了。”为了保证轴瓦的强度和耐久性，轴瓦需要通过试验台的检验后，才能应用于低速机整机。

在动力学院教师李晓波、王贵新的指导下，陈广库在公司工作了一年半的时间。“最后试验的时候，我们忘了给轴瓦加润滑油，但是我们的轴瓦居然还正常运转了30多分钟，这充分说明了它的强度和耐久性都很可靠。”陈广库对最后试验阶段发生的一个小“事故”印象深刻。

“借助国家重大科研专项协同各个专业研究团队，并引导学生参与企业工作，其实是‘赠人玫瑰、手有余香’的过程。”刘龙表示，这种形式不仅按需建立了优势的协同攻关团队，同时也利用产业创新为相关基础研究提供了应用平台和发展方向。

在人才培养上，这种形式一方面解决了企业的用人需求，很多人毕业后就留在了企业工作，为企业提供了可靠顶用的高端研发人才；另一方面，这段实习经历可以大大提高学生的实践能力，在企业规范化管理之下，学生的科研效率也得到了很大提升。

“通过融入国家重大科研专项，同学们对我国船舶动力产业发展有了深入的了解，自主创新的理念与情怀又激励他们积极投身服务国家战略的产业技术创新事业中。”

目前，在与哈工程合作进行产学研贯通式研究生培养中尝到了“甜头”的企业，开始将这种模式推广到了清华大学、天津大学、上海交通大学、武汉理工大学等高校，一种可持续发展的产教融合模式在校企间悄然推广开来。

自 2016 年开始至 2020 年结束，“船用低速机工程（一期）研制”项目共发表高水平论文 190 篇，国家发明专利 156 项，软件著作权登记 77 项。“我们的目标是，一期工程实现夯基垒台，二期工程实现自主可控，三期工程实现自主创新。历经百余年的发展，欧洲具备了完整的船用低速机技术体系与可持续的创新能力，已经成为国际上船用低速机技术和产品的引领者。我国从引进技术生产到自主研制再到初步开展自主可控，刚刚迈入万里长征的第一阶段。目前，我国已经启动第二期‘船舶动力创新能力提升工程’的工作，哈工程将与中船动力集团紧密合作，支撑中船动力研究院有限公司，担任关键技术牵头单位。”刘龙说，“未来，我们将在自主品牌船舶低速机的设计平台构建与能力提升的事业中进行长期的、可持续的技术攻关”。

（李颖超）

扫码阅读推送原文

“驭海飞天”！揭秘哈工程这支屡让行业“惊喜”的团队！

推送日期：2022 年 7 月 9 日

21 世纪初，抓住国家海洋装备快速发展的机会，哈工程智能学院智能控制团队与国家需求相策应，迅速壮大，并走上国际化道路，成为乘势而上、力谋发展的成功缩影。

22 年来，这支团队共获国家科技进步二等奖 1 项，国防一等奖 4 项以及特殊贡献奖 1 次，召开首届国际船舶智能与自主航行技术论坛，建设教育部重点实验室、工信部重点实验室、船舶智能与自主航行技术国际联合实验室……他们在服务国家重大战略中“飞”了起来，也成为一支屡让行业“惊喜”的科研团队。

想在前，做在先
一支服务国家战略超前一步的团队

“22年前，我们在海上平台飞控技术领域寂寂无名，如今，国内四大飞机制造公司——哈飞、成飞、西飞、沈飞与我们保持密切合作。”团队的飞控技术“征服”了一众行业名企，“朋友圈”遍及全国，这让作为负责人的智能学院朱齐丹教授深感欣慰和自豪。

智能控制团队 2000 年成立，在团队负责人朱齐丹的带领下，经历了起初从

摸不到科研方向的迷茫到用技术树立口碑和信誉，再到获得参与国家重大科研任务的机会，抓住机遇突破核心关键技术，找到了学科发展的突破口，团队进入了发展的快车道。

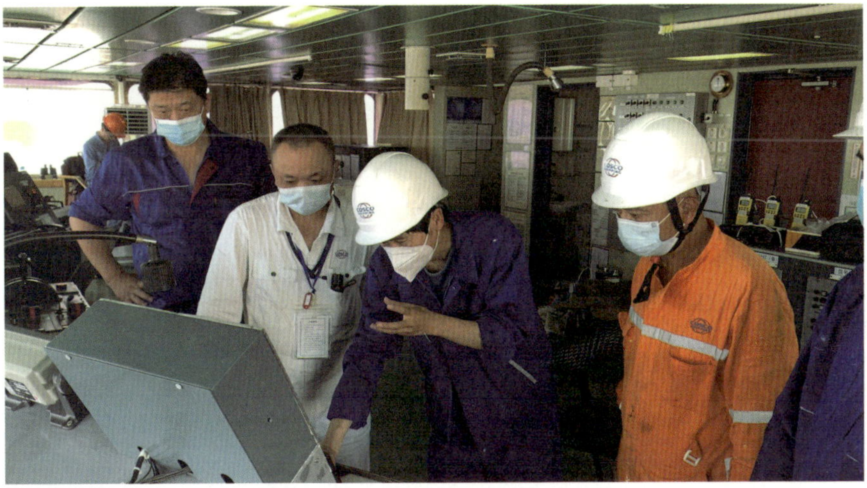

朱齐丹（左一）带队开展海上试验

1999年，朱齐丹参与了大型船舶直升机灯光引导系统项目。尽管项目经费少、体量小、以探索尝试为主，但朱齐丹看到的是未来海洋装备大发展的广阔前景，把它当作“大”项目研究。

“经费只有6000元，系统硬件都配不齐。”朱齐丹和几位老师就自制木头盒子代替铁质外壳，精心设置控制系统。试验当天，引导系统的灯光控制功能远超预期——不仅可以自行检测故障，还可以连续调光，甲方赞不绝口。有了第一次合作的良好印象，几年之后，国家海洋装备事业迎来大发展，对方再次找到刚刚组建团队的朱齐丹，进一步深化合作，并和他签了40万元的订单，团队发展获得了“第一桶金”。

得益于大型船舶直升机灯光引导系统项目所积累的经验和良好信誉，智能控制团队在2004年被推荐参研国家海上平台飞行器飞控降落项目。

“不是航空专业却来研究飞行器飞控降落技术？”面对质疑声，成员们备感压力。朱齐丹却不这么认为，他说：“这项技术在国内是空白，都是‘摸着石头过河’，现在不是比专业背景，比的是谁能超前一步，走在前面。我们有这个实力！”

打印机“吐”出的各类飞控资料，堆满了房间，成员们伏案学习、研讨设计，当起“冲锋陷阵”的猛将。“20世纪50年代到90年代，国内外所有关于飞行器飞行控制降落的技术，我们拼尽一切时间掌握并展开研究，研读的资料可以堆满一个仓库。”团队成员张智说。

在一次研发碰头会上，智能控制团队在技术上的超前设想，让总牵头方充满惊喜：“他们汇报的低速飞行的背向技术、反向技术……全部是我们当时正准备部署攻关的方向。”团队在核心关键技术突破面前，始终超前一步，做到可靠、顶用。

参与任务4年，团队成功突破了飞行器动力学仿真技术、飞行器全自动引导控制技术、特种装置性能评估等核心关键技术，填补了国家在海上平台飞控技术方面的空白。国内各大航空高校、企业纷纷与智能控制团队开展合作，团队迎来飞速发展。

凭借在服务国家重大战略中这样的“超前”，团队在控制学科的多个方向上飞速发展：率先在多体船纵向运动技术上取得重大突破，船舶先进控制技术得到飞速成长；开创性地将机器人全景识别技术应用于目标平台飞行器运动学分析，智能机器人技术快速发展。

2016年，夏桂华教授带领智能控制团队开拓新方向，团队发展再次迎来跨越式发展的大好机遇，其所研究的智能船舶高精度仿真以及智能驾驶航线优化等方向，不仅是国际前沿，同时还将团队原有的海上平台飞控技术、先进船舶控制技术、智能机器人技术三大优势方向全部集成到船舶智能研究领域。团队不仅为中国智能船舶发展制定标准，同时所参与研发推进的智能船项目正推动中国从1.0向2.0迈进。2021年，团队瞄准国际前沿智能船舶数字孪生技术，开展国际交流、国内合作，走出了一条服务海洋装备发展的特色之路。

实干奋进、温暖互助
一支充满战斗力的团队

“智能控制技术团队已经形成了一个实干奋进、学术自由、友爱谦让的学术氛围，谁走在前面，后面的马上就会追上去。”朱齐丹说。

2011年春节刚过，团队到郑州进行某项目验收工作。工期紧张，所有人员白天调试，晚上整理验收文件，每天睡觉不超过3个小时。

“工作持续了一个礼拜，所有人都熬得眼睛充血。”朱齐丹跟成员们同吃同住共进退。团队成员刘志林表示，这种实干精神，其实就是一种习惯，是在一次次科研攻坚中，一点一滴互相影响慢慢凝结成的。“我们经常凌晨接到科研任务，二话不说，拽上行李箱就出发。”刘志林说。

科研上实干求真，在学术攻关时也常上演“拍案而起”的激烈交锋。2017年，在智能船舶仿真验证评估软件研制的研讨会上，大家常常为技术上的不同意见争论得面红耳赤。

“从系统的角度顶层设计，采取分布式结构，从全局考虑，进行模块化分解，然后大家各自发挥各自的优势，平行配合工作，先全局，再局部，自上而下地设计。”夏桂华话音刚落，成员张智接着就表达了自己的看法：“我的看法与老师相反，我认为应该先从底层关键技术开始突破，以点带面，自下而上，在系统开发的初期仅有少量的人参与，逐渐分枝散叶，从而形成最终的软件。”双方随即就技术问题争论得面红耳赤，其他人丝毫没有劝阻的意思，反而参与到其中，让争论更加激烈。

“这种会议上，我们就是要较真，没有学术权威，不分职称和官职的大小，一切围绕学术，激烈的碰撞才能产生创新的灵感。”团队成员的共识就是拍完桌子还能齐心协力一起攻关。

这种激烈的交锋并未影响到成员之间的互敬互爱。张智是团队软件编程的“鬼才”，却有入睡困难的困扰。考虑到他的个人情况，在保证工作有效推进的情况下，团队为张智单独设置了弹性办公时间，减轻了他的事务性工作。征求团队各成员意见时，所有人都贴心地表示愿意多分担任务，减轻张智日常事务上的压力。

“朱老师，这次评优把名额给苏丽吧，她更需要。”“朱老师，我觉得张智会更需要一些，这次就别考虑我了。”2021年底评选优秀教师，团队名额有限，朱齐丹却接到了张智和苏丽两个互相推让的电话。“有这样的队员，我想，还有什么坎是我们团队爬不过去的呢?！”朱齐丹说。

“扶上马”送一程
一支骨干成员个个身怀“绝活儿”的团队

朱齐丹带队方法是抓“大”放“小”。“大”是指成员发展大方向，朱齐丹会在研究方向上把成员“扶上马”，再送一程；“小”是指日常各类事务以及项目的对接推进，朱齐丹充分放权。成员有了足够空间成长，团队也就变得更强大。

计算机学院院长蔡成涛还是本科生的时候，就酷爱研究机器人，他曾代表学校夺得全国机器人大赛亚军。2008年博士毕业后，蔡成涛选择加入了智能控制团队，11年后，他成长为该领域的国家级专业人才、团队的骨干力量。

“朱老师鼓励我将机器人全景识别技术应用到目标平台飞行器的识别应用上。”进入团队后，蔡成涛采纳了朱齐丹的建议，在这个方向上不断发力。

最初，缺乏科研条件和平台。朱齐丹举着脸盆模拟飞行器从场地一侧跑到另一侧，累得满头大汗。蔡成涛在现场采集景象识别数据的同时，也将这份温暖和感动埋在了心底。

在朱齐丹的积极争取下，机器人全景识别技术迎来了第一次大平台试验机会，但却因一个小小的失误——息屏未做设定而失败。蔡成涛情绪低落，朱齐丹鼓励他不要放弃。几年后，朱齐丹争取到了第二次试验机会。运送仪器途中，忽逢秋雨倾盆。“我们赶紧撑起唯一一块塑料布来给仪器遮雨，人站在雨里，上牙碰下牙，冻得直打战，”蔡成涛说，“无论如何都要保护好仪器，不能再辜负朱老师争取来的第二次机会。”

第二次试验取得圆满成功，智能机器人全景识别技术找到了施展的大平台。“没有朱老师的指引和团队的扶持，就没有今天的我。”蔡成涛说。如今，智能机器人全景识别技术已发展为服务国家重大战略的关键技术，不仅可以用来捕捉飞行器的飞行轨迹，优化动力飞行参数，还应用于智能船舶的环境感知，成为船舶自主航行的“眼睛”。

智能控制团队合影

目前，智能控制团队已发展成为梯队合理、创新性强的 19 人团队。和蔡成涛一样，“软件鬼才”张智，“拼命三郎”刘志林、王立鹏、苏丽，“硬件高手”吕晓龙、曾薄文、王立辉，“教学能手”原新、张雯，“青年才俊”李波、姜享利、尚晓兵等一批中青年人才都成长为在控制学科研究方向上个个有“绝活儿”的骨干力量。这些出色的成员，可以快速集结形成强大的集团作战能力，让团队有了对接国家重大需求、解决核心关键技术的强大底气。

（刘　涛）

扫码阅读推送原文

聚焦前沿基础！
哈工程这支团队为顶尖青年人才成长导航！

推送日期：2022 年 7 月 24 日

“青年强，则国家强”。在2020年度“中国青年五四奖章集体”的获奖名单中，中国航天科工集团的一支青年创新团队赫然在列，其中有 3 名成员都出自哈工程智能学院先进船舶导航与航海保障技术创新团队带头人赵玉新的“门下”。培养拔尖创新人才始终是这支团队的不懈追求。

先进船舶导航与航海保障技术创新团队

作为一支始终坚持面向国家战略需求，在船舶导航与航海保障技术领域深耕多年的科研团队，“如何持续提升创新能力，如何肩负新时代立德树人使命”

是赵玉新和同事们时时刻刻都在思考的重要问题。近年来，在大家的共同努力下，团队逐步形成“需求牵引、基础先行、技术推动、装备应用”的可持续科研创新机制。同时，通过不断聚焦前沿基础，探索出产学研深度融合的科研育人模式，培养了一大批拔尖的创新人才，毕业生广泛就业于船舶、航天、航空等领域科研院所及国内外知名院校，团队先后获评工信部研究型教学创新团队和国家级科技创新团队等荣誉称号。

育人为本　科研先行

“人才培养是高校的根本任务，科技创新则是提升人才培养能力的重要载体。只有与时俱进，保持知识的更新迭代，才能培养出适应时代发展和国家需要的创新人才。”对于科研育人，团队带头人赵玉新有着自己的思考，对团队的发展也有清醒的认识。“团队要实现可持续发展，就要紧跟国家需求和社会需要，面向基础前沿问题，攻克核心关键技术，这样才能为国家战略科技力量输送后备人才。”

从 2015 年开始，团队不断推进内部改革：一是全面梳理了团队学术和技术体系，确立三大战略方向——惯性导航、智能航海和业务化海洋学；二是分别从短期、中期、长期目标出发，全面规划和布局前沿基础研究任务；三是针对团队能力短板，加速人才引进，优化团队知识结构。

“团队要引入新鲜的血液，不断催生知识结构的新变化，新知识与现有基础很可能碰撞出新的火花，形成新的技术突破和研究方向。”

2016 年，毕业于吉林大学光学物理专业的杨柳博士加入团队，将团队传统的光纤陀螺技术结合量子光学，往小型化、芯片化方向发展，开展微集成光纤陀螺仪研究工作。2020 年，于德国蒂宾根大学毕业的林建新博士加入团队，成为团队布局仪器学科前沿方向的新生力量，主要开展高温超导纳米超导量子器件研究，开辟了新型传感器研究方向。

改革让团队科研更加聚焦基础核心问题，在人才培养方面也更注重培养学生的原始研究能力。对此，从学生时期就进入团队、如今已是团队中坚力量的青年教师黄玉龙深有体会：“我是 2011 年读硕士研究生时加入的团队，当时每天都在做与设备研制相关的实验，但是对于技术背后的基础研究却很少，到我 2015 年读博时，团队文化有了很大改变，老师更多是通过科研项目帮我们牵引出科学问题去研究，帮我们练好‘童子功’。”

与他有着相似经历的青年教师邓雄也有同感：“原先，我们主要通过学习一些技术去解决某个实际问题，但是为什么这个技术可以解决问题，我们其实研究得并不深入。在改革之后，我们会更注重做一些基础性科研，从原理突破的视角来推动整个科研进程，甚至拓展出一些新的研究领域或方向。”

“我们会定期召开闭门研讨会，结合国家和行业需求，不断梳理学术技术体系，将长期战略与近期需攻克的关键技术相统一，并以此牵引确立研究生课题，让学生的成长与团队的发展紧密结合。”赵玉新表示，作为高校的科研团队，培养出能够面向国家战略需求、引领未来行业发展的拔尖创新人才是根本任务。

以项目为牵引　化兴趣为方向

以科研项目为牵引，让学生参与到科研项目中去，在实践中培养和提升学生的创新能力，是团队的一贯做法。在改革之后，团队的研究重点与方向发生了转变。

“原先我们让学生都参与到装备研制的项目中，但是我们发现，当学生的基础不够扎实的时候，过早地参与项目并不利于他的长远发展。”张勇刚说。因此，逐渐让学生转向基础研究类项目，在基础知识上下功夫；通过项目牵引科学问题，让学生研究科学问题而不仅仅是某项具体技术，是改革后团队育人方式的转变。“把基础研究与技术攻关紧密结合，让团队的科研和人才培养都能走得更远。”

黄玉龙在张勇刚指导下获得 CAA 优秀博士学位论文奖

另一个变化是不再“一刀切”，而是从每个学生的兴趣与特点出发，依托不同类型的项目来培养。“喜欢做基础科研的学生可以面向科技前沿，多做偏基础的研究；对技术感兴趣的学生可以面向国家需求，参与技术攻关项目；脑子活、想创业的学生可以面向经济主战场，尝试参与科技成果转化……”黄玉龙正是在如此因材施教的方式下成长起来的。在学生时期，导师张勇刚就注意到他对基础研究很感兴趣，“他愿意下功夫去读大量文献，对某个理论问题做深入的研究思考，甚至别人开玩笑说他早上跑步都会带着 paper”。因此，张勇刚就引导他多参与到面向前沿方向的科研项目中去。如今已是智能学院教授的黄玉龙刚刚在 IEEE 宇航与电子系统汇刊 2018 年度最佳论文评选中夺冠，荣获 IEEE Barry Carlton 奖。

“在团队学习的每个人都能找到自己的方向。”青年教师邓雄同样是从学生时期就跟随导师赵玉新参与团队的科研项目。邓雄本科专业是电气工程与自动化，刚读硕士时对于海洋知识了解甚少，但在接触到一个海洋相关的科研项目后对海洋环境研究产生了浓厚的兴趣。“老师会根据我们的意愿和个人能力，帮助我们选择合适的科研方向。”邓雄的同学有的选择惯性导航方向，有的选择智能航海方向，他则因为对海洋环境感兴趣而转向业务化海洋学方向。

找准方向还不够，做好科研必须打牢基础。除了让学生阅读相关资料，进行相应研讨外，导师还会经常举办研讨会，邀请相关领域的国际知名专家为学生讲课。“2016 年的暑期培训班邀请了美国普林斯顿大学 GFDL 实验室的研究员专门为我们讲授海洋学基础理论，增强团队对于海洋基础知识的认知。只有对基础知识充分认知，我们才能够把科研做深、做大。”读博期间，邓雄被导师赵玉新推荐去美国普林斯顿大学和威斯康星大学麦迪逊分校进行联合培养，用两年半时间来学习物理海洋学、海洋动力学等海洋基础知识，这为他日后在团队开展业务化海洋学方向的科研打下坚实基础。2020 年正式入职团队的他，目前负责推进海洋环境信息保障技术的攻关。

如今，邓雄培养学生同样会依据目前的前沿方向，将一些未来需要发展的关键技术问题及基础原理融入学生的课题中。“一方面，我希望将前沿知识传递给他们，提升他们的学习和科研能力；另一方面，他们也会有一些新的想法反馈给我，也开阔了我的思路，促进学术和技术的持续迭代。”

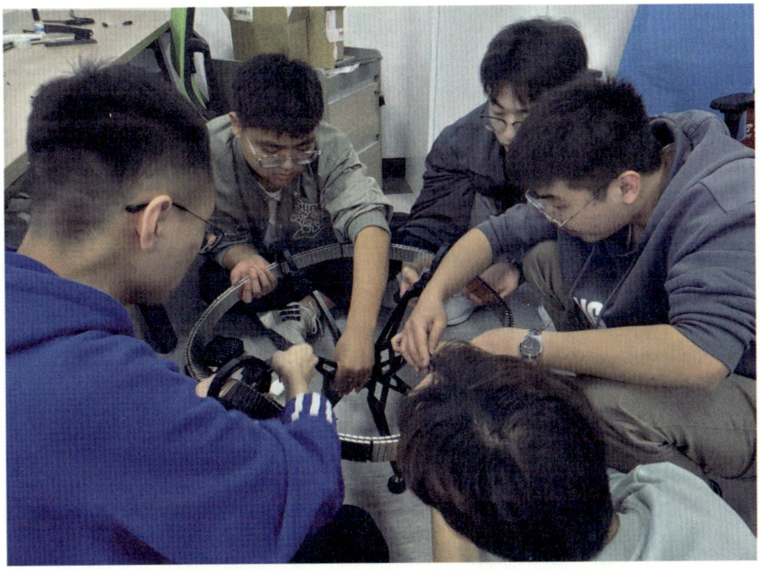

林建新指导学生搭建超导磁悬浮轨道

让学生在参与科研项目的过程中寻找到自己的研究方向，是青年教师林建新同样会采用的育人方法。“从项目初期，我就会让学生参与进来，并为每个人进行分工与规划，为他们设立小目标，手把手教他们如何完成一个科研项目。”跟着完成一个科研项目后，林建新的一名学生有了新的想法，尝试自己写出建议书，报名参加了中国科协2022年度研究生科普能力提升项目、“华为杯”中国研究生创“芯”大赛。

传承育人文化　永葆创新活力

跟随导师张勇刚从事科研工作，黄玉龙最大的收获是导师在工作中展示出的学术思维以及对于科研严谨认真的工作态度。“‘抓住每一次机会，要么不做，做就要做到最好’，张老师总这样跟我们说，我深受影响，做任何工作都会认真对待，尽全力去做。”

对学生尽力付出，也是黄玉龙从张勇刚身上学来的。如今成为教授的他倾力对待自己的学生，和导师张勇刚一样，他投入大量时间、精力与学生深入交流，从基础研究出发，训练培养学生的学术思维。在他的引领下，他的学生薛超、朱风驰读研一时就已在国际期刊上发表数篇论文。同时，他也积极鼓励本科生参与科技创新，他作为班主任指导的20180417班全员参与科创类竞赛，科技创新率达100%，在许多高水平科技竞赛中斩获奖项，获得“标兵班级”荣誉称号。

坚持以学生成长为本，在科研中言传身教、润物无声，是团队几代人积淀的育人文化。师从团队创始人、我国海洋运载器组合导航系统开创者郝燕玲教授的赵玉新，从恩师身上继承了“学以致用”的科研理念和“专注坚持”的敬业精神。如今，赵玉新的学生大部分都投身国防领域，并且很快就成为单位的骨干力量，用人单位对他们的评价几乎是一致的——踏实肯干、能吃苦、团结人，这些特质让他们在所从事的领域里行稳致远。传承的薪火，绵延不绝。

赵玉新教授在全景教室为学生讲授“导航定位系统”课程

“青年教师是团队的未来，对青年教师的培养同样也是人才培养工作。”赵玉新十分重视培育团队的新生力量，认为这是团队可持续发展的关键。

“我刚进入团队时，因为学科差异较大，对自己的研究方向比较迷茫，赵玉新老师、张勇刚老师经常会与我探讨如何结合自身专业优势，找到新的发展方向。”经过一段磨合期后，杨柳在新型微集成光纤陀螺仪领域取得突破。“晋升为副教授后，赵老师又鼓励我站在更高的角度思考问题，建议我带领青年教师建设实验室，并激励我要不断突破自己，开拓新的方向。”

“团队为青年教师提供了很多交流平台，也提供了很多机会提升我们的领导力、组织力等，帮助我们从各个维度完善自己。”林建新很喜欢团队的氛围，大家会经常在一起研讨，前辈教师也会同青年教师分享经验，“在这样的环境下成长很快”。

“从梳理科研方向到科研能力传授，团队对青年教师科研工作的支持力度很大。”邓雄很庆幸，自己身后站着一整个“智囊团”。“在我们经验不足，或是遇到重大难题时，老一代的周卫东教授、卢志忠教授等，以及中生代的赵玉新教授、奔粤阳教授、徐博教授、张勇刚教授、何忠杰教授等都会毫无保留地分享他们的经验，提供相应指导，帮我们把关，甚至亲自帮我们解决问题。”

不仅在科研上有支持，在育人中遇到困惑，团队的前辈老师们也会传授自己独到的经验。刚刚担任班主任工作的杨柳一开始还有些惶惑，与张勇刚、黄玉龙进行交流后，得到了很多建议，在培养学生科创方面越发得心应手。

“一支团队要想成为‘常青树’，既要能够精准把握科研方向，还要具备不断创造新知识的能力。无论是对学生还是青年教师的培养，都是为了提升团队的创新创造能力，提升团队服务国家和行业需求的能力。”在赵玉新看来，团队的生命力正来自一批可以不断开拓新方向、突破新技术的优秀人才。

（胡莹洁）

扫码阅读推送原文

全国教书育人楷模杨士莪：打开水声世界大门

推送日期：2022 年 9 月 19 日

教师节前夕，黑龙江省委教育工委、省教育厅党组、哈尔滨工程大学先后发出向全国教书育人楷模杨士莪同志学习的决定。新华社、《中国教育报》、黑龙江电视台等20余家媒体聚焦杨士莪院士“做人做事做学问、为船为海为国防”的师者典范。2022 年 9 月 15 日的《中国教育报》在头版刊发题为“打开水声世界大门”的杨士莪院士人物通讯。

杨士莪院士在媒体见面会上接受媒体采访

近日，哈尔滨工程大学举办了一场媒体见面会，中国工程院院士、哈尔滨工程大学教授杨士莪第一次面对记者的集体采访。

“杨院士不喜欢宣传个人，但只要谈水声事业、谈学校发展、谈学生培养，他的话匣子就打开了。”一位熟悉他的同事说。

一块手表，一串钥匙，杨士莪的出行很简单。

91 岁的他依然步履稳健，课堂上更是金句频出。

“把自己的前途和祖国需要结合在一起”

时间都去哪了？老照片、旧版书、老资料，这些带着岁月痕迹的物品，真实地记录了杨士莪的过去。

“我出生在 1931 年，那是中华民族最危险的时刻……”杨士莪头脑清晰，声音洪亮。

作为我国水声工程学科奠基人之一、水声科技事业开拓者之一，杨士莪的生命轨迹已然嵌入了国家发展的年轮里。

1950 年，杨士莪毅然从清华大学物理系肄业，报名参军，来到大连第一海军学校任教，带着满腔热血投身于蔚蓝的大海。

1952 年，中国第一所综合性的高等军事技术院校——中国人民解放军军事工程学院（即哈军工，哈尔滨工程大学的前身）开始筹建，杨士莪又奉调来到了哈尔滨，从此扎根在这片黑土地上。

那个年代的水声学科在国内属于空白，国家选派了杨士莪等四人到苏联科学院声学所进修。在那里他发现，声呐设计和舰船噪声这两个研究室的门从不对外国人开放。

“真正尖端的东西，你想从国外学，想从国外买，是做不到的。只能自己干，这就是一个国家、一个民族的骨气。”刻骨铭心的感受让杨士莪立志：一定要让中国的“耳朵”听懂大海的声音。

“水声科学是涉及面非常广的专业领域，如果只是办声呐专业，难以获得更好的发展。不立这个标杆，不向这个方向努力，我们就永远达不到更高水平。”重返学校的杨士莪创建了中国首个理工结合、覆盖全面的水声专业，填补了我国在这一领域的空白。

“把自己的前途和祖国需要结合在一起。”杨士莪是这样做的，也是这样教导学生的。

九十载春秋未老，百万里桃李同芳。杨士莪培养了硕士、博士研究生110多名，受教弟子数千人，多数已经成长为国内外相关领域的科研及学术骨干。

“人退休了，但为国家做贡献的脚步不能停”

做人做事做学问，为船为海为国防。在哈尔滨工程大学的哈军工纪念馆里，杨士莪用日、德、英、俄四种文字记录的笔记格外显眼。

1970年，中国开展了第一颗洲际导弹的研制，杨士莪作为水声测量系统的负责人，领导完成了“落点水声测量系统”的研制，不但为中国首次洲际导弹全程飞行试验取得成功做出贡献，也为国家海洋工程技术提供了经验，填补了国内空白。21世纪，“蛟龙”号、“科学”号所用的国产高精度超短基线定位系统，追根溯源都可上溯到这一项目的研制。

1994年4月，悬挂着五星红旗、承载近百名科研人员的“勘测三号”和“实验三号”水声科学考察船驶入中国南海。作为考察队队长和首席科学家的杨士莪十分激动，这是中国首次具有战略意义的水声科学综合考察，堪称中国水声界从浅海迈向深海的第一步。

杨士莪院士为本科生上开学第一课

好课程教出一批批好学生。现在，鲐背之年的杨士莪仍然担任本科、硕士和博士的课程教学工作。他主讲的“振动与声学基础”是国内最早开设的水声工程特色专业基础课，是新生的第一门专业课程，也是学生打开水声世界大门的“钥匙”，而他的科研经历更是一本鲜活的实践教材。

“生命不止，壮心不已”，杨士莪始终战斗在水声科研的第一线。2018 年，年近九十的杨士莪仍然身体力行，亲自参加相关科研项目的海试。试验设备准备、日程安排、海洋水文条件监测、海试后的数据分析……事无巨细，杨士莪每一项都要亲自过问、现场解决。

夕阳虽落苍山后，犹映晚霞满天红。“我进入‘90 后’了，人虽然退休了，但是为国家做贡献的脚步不能退休，要继续发挥自己微薄的能量，做出可能的贡献。”过了 90 岁生日的杨士莪还参与了两次科学考察。

“要成为真正站立起来的人”

“国家受欺负，是因为你不行，得自己想办法站起来，把国家发展起来。”几十年的科研经历让杨士莪更加坚定了科技强国、海洋强国的信念。杨士莪经常对学生说：“要成为真正站立起来的人。”

外场试验、学术会议、顾问咨询……杨士莪的日程表经常排得满满的，但他从未因参加活动而耽误工作，对教学、对学生从不敷衍应付。学生们都说，请杨院士审阅修改论文，一两天就能得到反馈，意见和建议也都写得清清楚楚。讲课时他的语速较慢，却声如洪钟，而且从不坐着，出了名的“一站到底”。

“我们是在党的关怀和培养教育下成长起来的，心底千言万语不知道从何说起，我就唱两句，表个心意。”2021 年，在学校举办的中国共产党成立 100 周年庆祝大会上，有着 56 年党龄的杨士莪发表感言，一曲《唱支山歌给党听》让全场观众泪目。

“青春·党旗·奉献”，2012 届毕业生党员们还记得杨士莪以此为题，为他们上的最后一堂党课。杨士莪勉励大家，要不断继承与发扬“哈军工”精神，积极实践、终身学习，为人民谋利益，为党的事业和真理奋斗终身，为祖国富强繁荣建功立业。

“希望我们的后浪，在国家的支持下，为中国海洋事业、水声事业做出更大贡献。”在杨士莪的感召下，一代代水声人艰苦创业，把水声事业推上更高的台阶。哈尔滨工程大学水声工程学院已经成为我国著名的水声科研基地和人才培养基地。

（转引自《中国教育报》）

扫码阅读推送原文

动力传奇！
哈工程这支团队四代接力练就行业先锋

推送日期：2022 年 10 月 20 日

“哈工程振动噪声控制研究所各位教授深厚的学术造诣、精湛的技术、严谨扎实的作风，及团队表现出‘为国担当’的情怀，让我公司和国外专家深感钦佩。”2022 年 2 月 28 日，振动噪声控制研究所收到了招商局海洋装备研究院有限公司发来的感谢信，这是团队近些年收到的来自各单位的第 15 封感谢信，团队过硬的技术、严谨的作风，为行业解忧、为国家解难的情怀赢得了行业的认可和尊重。

振动噪声控制研究所团队

业内名气响当当，合作伙伴高度认可，类似这样的例子不胜枚举。40 余载的时光中，四代人传承接力，振动噪声控制团队在服务国家需求、扎根一线企业过程中，深度融入学校“三海一核”办学特色，在我国船舶工程、海洋工程以及核电站动力装置振动噪声控制领域竖起一杆技术过硬的大旗，逐步发展成为我国船舶动力行业的先锋。

行业的“王牌后盾”

2021 年 12 月末，一通来自招商工业集团的电话，让李玩幽教授眉头紧锁。招商集团出口欧洲的当前世界最大、最先进的滚装船首次出坞试航时，船舶动力轴系和船体上层建筑振动过大，不符合交付标准。专家论证分析后，一时难以厘清问题机理，导致无法提出有效的解决措施，且延期交船会导致船厂每天缴纳巨额罚金。

很多高校院所都婉拒了该项目。“这不仅是挽回经济损失，更是关系到国家的尊严，这个硬骨头，团队必须啃下。”团队当机立断，紧急集结师生，并委派博士倪世威、博士生董烈祎充当先锋立即赶往现场勘测数据。

在缺少设计图纸的情况下，倪世威、董烈祎 24 小时值守现场跟踪测试，并第一时间将数据发回团队。年近 90 岁的王芝秋坐镇，团队争分夺秒地为排除故障出谋划策，分析问题、制定方案。

按照团队的建议，通过现场反演找到了问题所在，进而团队提出更精确的传动系统动力学模型，给出了有效的解决方案。按照团队给出的策略，船只的轴系振动以及环保测试等多项数值均达到交付标准，船东又追订了两艘船，扭转了中方在技术和商务上的被动局面。

“在船舱里虽然苦，但却从不感觉孤独，因为在我们的背后有强大的团队。”倪世威说。“赶上过年，虽然一天都没休息，但为国家挽回了经济损失，特别自豪。”董烈祎说。

团队为“希望6号”解决振动噪声难题

从张志华教授、王芝秋教授、张天元研究员等团队第一代人开始，四代人接力传承，在一项项急难险重的任务中，在一个个错综复杂的难题中，团队凭借过硬的技术、为国担当的情怀，脚踏实地走过千沟万壑，赢得了业内的认可。

“团队老中青四代接力协作，不仅解决了技术难题，还让我们中国人在国外专家面前挺直了腰杆。”招商工业集团技术负责人激动地说。

“哈尔滨工程大学就是我们解决难题的王牌后盾，从未让我们失望过。”在为七〇四所排除某型公务船柴油机动力输出轴发生大幅轴向窜动问题后，七〇四所某部主任易小冬感激地说。

几十年来，在解决行业难题的同时，动力人的足迹遍布祖国大江南北，把科研成果写在了祖国大地上。

季振林教授多年来作为广西柳工机械股份有限公司（简称“柳工”）的指导专家，指导柳工率先突破了中国工程机械出口欧洲因振动噪声受限的技术瓶颈，助力我国工程机械打开出口欧洲的大门。

团队奋战科研一线

杨铁军教授近30年来聚焦振动主动控制这一新兴方向的基础研究和技术攻关，在舰船动力装备低频振动主动控制方面取得了重大突破，打破了国外技术和产品封锁。

靳国永教授针对舰船减振降噪重大需求，带领团队先后突破了声振机理、噪声评估及振动噪声控制等若干项基础理论和技术难题，研究成果为大型船舶研制、声学改进评估和噪声治理提供有力支撑。

杜敬涛教授瞄准船舶内燃机、燃气轮机热声振荡与燃烧噪声问题，提出了复杂流热条件下管道腔室结构声振耦合快速预报方法，为解决我国大型舰船大流量排气管道振动难题提供支撑。

率志君、刘学广、朱明刚等老师围绕船舶机电设备开展减振降噪科研攻关，为了准确把握行业需求，他们经常到企业，向一线人员了解故障情况，带队出海已是家常便饭。

“哈尔滨工程大学必须义无反顾地为国家担当起来”，40余年来，王芝秋的这句话引领团队一路前行。四代人秉持着以国家需要为第一需要的使命感，团队带头人高瞻远瞩，主动谋划学科发展，团队逐渐形成了“3+1+1”的战略布局，由“一般振动控制、振动主动控制、噪声控制”三个传统方向，逐渐衍生出“摩擦润滑、排放控制”两个新兴方向，让振动噪声团队始终走在行业前沿，成为国家在船舶动力装置减振降噪方面不可或缺的力量。

“十三五”期间国家启动了我国船舶动力史上规模最大的专项——船用低速机工程（一期）。在12项关键技术中，摩擦与润滑技术被列为亟待攻关的关键技术之一。新兴的专业方向在实现船舶动力系统自主可控的道路上必须有人去担当，团队负责人刘志刚从国家战略布局出发，在专业的人才、方向上做了长远的布局，船用摩擦润滑技术成为该项目唯一一个重点培育方向。

依托“船用低速机工程（一期）”，摩擦润滑技术的种子逐渐生根发芽。2017年学校正式成立船舶设备摩擦学研究中心，依托该中心协同学校力学、材料、机械等相关专业，共同支撑船舶动力装置摩擦润滑方向的发展。

卢熙群、赵滨、史修江、马旋等人在团队支撑下，成功开发了具有完全自主知识产权的船舶柴油机关键运动件摩擦学性能预测分析软件1.0版本，可以替代国外商用软件应用于发动机设计，解决了船舶柴油机设计工业软件“卡脖子”难题。

5年时间，船舶动力装置摩擦润滑技术发展为国内领先，在国家“十四五”重大项目“动力提升工程”中，学校被列为摩擦与润滑关键技术的牵头单位。

船舶排放污染受到世界的关注，为此国际海事组织制定了极其严格的强制性船舶柴油机NOx排放法规。由于我国在该领域研究起步晚、基础薄弱，关键技术受到制约，团队支持肖友洪教授到英国斯特拉斯克莱德大学进行该领域深造，并率先在国内开展船舶柴油机NOx排放后处理控制技术研究，取得突破性进展，打破了国外技术封锁和产品垄断。支撑七一一所、沪东重机、河柴等单位船舶柴油机净化消声装置的研发。

由于团队在行业领域的杰出贡献，多人被行业领域、区域企业聘为专家学者，其中柳工科学家、沈鼓科学家、天泵学者等11人次。团队有8人次入选国家高层次人才计划，有6人次入选省部级人才计划。

成员的温暖“家园”

振动噪声控制团队是一支从哈军工时期走来的底蕴深厚的团队，“哈军工传人‘以国家需要、行业需求为己任’的担当与情怀，团队成员如家人般‘心往一处想、劲儿往一处使’的合作精神，是团队走过40年风雨历程的‘法宝’”，振动噪声研究所党支部书记率志君说。

20世纪50年代，我国舰船动力研制事业刚刚起步，哈军工舰船内燃机教研室应运而生，为给我国的舰船安装强劲十足的“中国心”而奋勇向前。

20世纪60年代初，国际上军事强国纷纷通过改进内燃机的结构形式以提升舰船内燃机功率密度，我国也开始了这方面的研究，哈军工舰船动力科会聚王传溥、张志华、王芝秋、张天元、魏荣年等20余名动力学设计、机械设计、试验研究等专业方向的师生与上海101厂设计人员组成菱形发动机联合攻关组，研发团队直接到上海与工人师傅一同吃住，边设计边生产。

“白天下车间，晚上在办公室赶图纸，经常趴在办公桌上就睡了，没有一个人抱怨，心里只想着抓紧时间多画一张图纸、多加工一个零件，尽快完成样机的组装，看看我们的菱形发动机与法国三角形发动机的性能哪个更好。”王芝秋回忆说。凭着这种“敢啃硬骨头”的干劲，三年后，项目一次性试车成功，也由此奠定了学校在行业中内燃机动力研发的地位。

团队第一代成员参与过世界第一艘气垫船“33号艇”的建造，接受过彭德怀同志的检阅，并为如今相关海洋装备的研制奠定了基础；创造性地提出了分段线性的思路，有效地解决了舰船柴油机扭转振动的难题，使其顺利交付；参与了中国船用动力技术“八五”至“十一五”预研计划等多个重大规划……他们把一生的光和热都奉献给中国舰船动力的发展，对学科发展前瞻性的眼光、对科学研究执着探索的精神，为团队及学科的发展打下坚实的基础。

随着学科的不断发展，团队逐渐壮大起来。“船舶动力系统是庞大的系统工程，受很多外在因素的影响，单打独斗、仅凭一己之力无法完成，只有依靠团队才能‘逢凶化吉、化险为夷’。”也许正是团队成员的这一共识，才使得成员“家”的观念特别强。无论是谁的项目遇到“卡壳”，“团队齐上阵”成为不成文的规定。

“几代人因某个问题争论得面红耳赤，气氛凝重；时而又交流火热，因问题迎刃而解开怀大笑……”动力楼708会议室时常会上演类似的场景。无论是科研攻关，还是学术讨论，王芝秋、张天元等老一辈人与年轻人一样冲锋陷阵，言传身教地向年轻人传承着哈军工老一辈做人做事做学问的精神理念，几代人的平等交流、倾囊相授，家人般的关心帮助、相亲相爱，让新加入的年轻人迅速融入其中。

2017年以排名第一的身份获得海洋工程科学技术奖的85后教师郭宜斌认为：“团队良好的氛围，是自身快速成长的源泉。”从大四开始，他便追随导师李玩幽参与所里的大小项目，亲历了王芝秋、张天元教授与年轻人一起不分昼夜分析技术难题，被老教授为国担当的家国情怀、有困难大家一起上的团队精神深深感染。

叶天贵自2008年入学到2017年博士毕业留校，一路走来，在团队的沃土中成长，也见证了团队的发展。“我的成绩离不开团队几代人的指导，我站在巨人的肩膀上，能学到更多的本领。”近年来他作为主持人或技术负责人承担国家自然科学基金、国家“两机”重大专项课题等项目10余个，在高水平学术期刊发表论文40余篇。

“喜欢向老爷子请教问题，喜欢听老爷子讲曾经的故事……跟他们在一起学习，感觉自己每天都在成长。”团队年轻成员王东华说。除了技术上、学业上的帮助和指导外，邀请老教授们讲授党课是振动噪声控制技术研究所党支部学习的规定动作，跟随老教授们追寻团队从无到有、从弱到强，直到今天成长为振动噪声控制技术"国家队"的光辉历程。

"团队中的每个成员都能在团队中找到发展的平台、合适的位置，团队才能蒸蒸日上，长久发展。"团队结合个人特点，帮助年轻教师规划发展路线，"团队为我规划了发展路径，我需要做的就是做好自己的事""心无旁骛做自己喜欢的事，压力虽然大，但每天都很开心"。李新辉坦言，团队亲如一家人，让他们能够全身心地投入工作中，也体会着家的温暖。

正是这种相互信任、相互支持、学术民主的团队精神，为国担当、为国家需要担当的家国情怀，让团队成员能够静下心、沉住气地专心学习工作。在四代人的共同努力下，"十二五"以来，团队以第一完成人获得"国家科技进步二等奖""国防科技进步一等奖"等国家级、省部级奖励15项，参与获得省部级奖项5项。团队获得全国总工会"工人先锋号"、全国党建工作样板支部、黑龙江省"头雁"团队等荣誉称号。

"真刀真枪"的人才培养

实现我国船舶动力技术自主可控的道路漫长而艰辛，为国家船舶动力行业培养可靠顶用的人才，是团队的职责、是使命，更是团队年轻成员共同的信念与追求。"理论扎实、技术过硬、动手能力强、抗压能力强"是用人单位对减振降噪控制研究所培养的学生的普遍评价。

40多年来，团队紧密围绕装备建设、造船强国、海洋强国等国家重大战略需求，将科学研究、校企合作、人才培养有机融合，探索出一条科研育人的特色模式。

团队重视学生理论与工程实践结合，始终践行"科学—技术—工程"全链条培养方法，鼓励学生在工程实践中寻找真问题，练就学生"真刀真枪"解决真问题的本领，使学生在参与解决科研院所、企业单位"卡脖子"问题的过程中，锻炼和提升科学素养、工程实践能力，为学生成为有责任担当、科学精神、创新能力的行业英才奠定基础。

“科研与育人不可分割，深入一线才能学到真本领，增长学生才干的法宝就在船舱里。” 将课堂搬到船舱里面去，是团队多年来的教学方法，在解决国家迫切需要、行业难题面前，已有一批年轻人成长为中流砥柱。

“虽然在船舱中条件很艰苦，但能够为国家的急需问题贡献力量，这种成就感和自豪感是任何事无法带来的。”研究生张相元在参加4000吨海警船救援后，找到了自己人生奋斗的目标，主动申请留在团队攻读博士，继续在专业领域深造。

在参加过“华龙一号”应急发电机组项目后，博士生刘冲培立志携笔从戎，投身国防需要。“在实际工程项目中，才觉得自己学的专业很了不起，让我觉得距离我的祖国更近。”刘冲培说。

在老师的指导下，学生们从事的研究与国家需求、团队承担的科研项目密切相关，在获取知识培养能力的同时，成为国家在舰船机电设备振动控制与噪声控制领域科技攻关的生力军。他们先后参与多项国家和行业重大科研课题研究，解决“希望六号”采油平台、自主研发柴油机、核电应急电站、海警船等10余项重大装备振动故障，在实践中培养创新思维及解决实际问题的科研能力。

几十年来，团队累计培养硕士生400人，博士生180人，多人获得全国百优博士论文提名、国家级学会优博论文、黑龙江省优秀硕士论文等荣誉，1人获中国年度大学生人物称号，团队指导的学生获国家级、省部级科创奖项10余个。毕业生80%进入国防系统单位工作，在行业中崭露头角，成长为领军人才。团队先后获得黑龙江省优秀研究生导学团队、学校科研育人先进集体等荣誉称号。

为祖国的船舶装上动力强劲的“中国心”，是团队四代人共同的梦想，也是他们一次次攻坚克难、临危受命的动力之源。40余年的时光里，四代人的接力传承，让振动噪声控制团队在业界赢得尊重和认可。也正是“严谨求真，敢为人先”的团队精神、“为国解难、为民解忧”的家国情怀的薪火相传，团队才能够代代相传、生生不息。

（赵琳琳）

扫码阅读推送原文

精英摇篮

"豪门"盛宴！哈工程这个"梦之班"全员晋级

推送日期：2018 年 7 月 4 日

世界杯和毕业季，让这个夏天在很多人的生命中，变得不同寻常。人们惜别"梅罗"时不禁醒悟，一个人的强大不足以真正登顶"豪门"。哈尔滨工程大学水声学院 2014 级毕业班 531 班告诉你"豪门"的正确打开方式，32 名学生在四年的大学时光中，用奋进和努力书写了一段传奇——全部晋级拿到攻读硕士研究生的录取通知书！

531 班毕业照

"531 班"的故事是哈尔滨工程大学水声工程学院人才培养工作的一个缩影，在"精英教育 + 成才教育"的人才培养理念下，每一名大学生就像一粒种子，在这片沃土上发芽破土、拔节生长……

这个领域的人才只能自己培养

水声学院源于1953年建立的我国第一个声呐专业——中国人民解放军军事工程学院（哈军工）海军工程系声呐专业，目前由杨士莪、杨德森两位中国工程院院士领衔，是我国培养高水平水声技术人才的摇篮。

水声学院80%的毕业生进入水声及相关领域工作，我国水声工程领域60%以上的工程师、管理人员和技术领军人才毕业于此。近5年来，学院为海军培养了本科、研究生层次国防生上百名。

“基础理论扎实，实践能力强，上手快、后劲足……”这是用人单位对水声学院毕业生的评价。

“水声技术是国防需求之一，很重要又很特殊，这个领域的人才不可能来自国际交流，只能靠我们国家自己来培养。”在前不久的毕业典礼上，水声学院院长殷敬伟“蹭热寄语”，包含着学院学霸成长的成功经验：时间需要珍惜把握——欢畅世界杯之际也是四年的计时器，因此要珍惜当下、努力当下；团队协作至关重要——控球率旗鼓相当但没有坚持战术执行力的突尼斯2：5输给了比利时，我们水声的科技与装备只有团队作战才能达到工程实用、解决国家急需；跨领域融合发展引领未来——打败梅西的是导演守门员，不要只盯着本领域，要有开阔的学术视野和包容的合作胸怀。

“一个国家最核心的科学技术是不可能让别人接近、学习的，科学最前沿的技术只能依靠我们自力更生、创新摸索。”每学年开学之初，中国水声技术奠基人杨士莪院士在给水声学院大一新生作报告时，都会这样教育学生。

“87岁的杨士莪院士每次讲课都是站着的，声音洪亮、激情澎湃，现在依然努力从事科研工作，有时候还坚持出海试验，作为水声事业的后备力量，我们更没有理由懈怠。”一名水声工程专业毕业生说。

学风抓实了，班风树好了，学生成长就顺了

考入大学后远离了家长的管教，很多大学生对未来感到迷茫，如何帮他们树立正确的人生观、价值观，帮助他们明确人生理想、奋斗目标？水声学院的管理者和教师们一直在思考这些问题。

“学风抓实了，班风树好了，学生成长就顺了。”531 班班主任惠娟说，她还清楚地记得自己第一次当本科生班主任的经历，“那时没经验，尽管非常努力、事无巨细地操心，但是班级成绩始终不能让人满意”。

“学校‘严谨、严密、严格’的教风不能丢，管好大学生要学会宽严相济。”中国水声界知名专家惠俊英教授的话提醒了惠娟。

水声学院严抓学生学习习惯的养成，让学生从入校就开始集体自习，养成自觉学习的习惯；严抓班风建设，利用每个周末开班会，让学生逐个汇报自己的收获和遇到的问题，一旦发现出现掉队苗头的学生立即进行专门帮助；选举真心为大家服务的学生担任班干部，充分发挥班委会的作用，引导学生进行自我管理。

水声学院党委副书记王嘉男介绍，学院给每个新生寝室配备了学业导航员，由成绩拔尖的高年级学生担任，指导新生解决学业、生活中遇到的问题；还设立了学习指导中心，由 40 名成绩优异的高年级学生担任“学习助教”，为学生学习提供“问有所答、学有所扶、考有所指、弱有所管”的全方位指导服务。

以学生发展为中心，全员全过程全方位育人

“了解水声、热爱专业、执着行业”，水声学院从新生入学伊始就进行专业理想和职业发展教育，院士讲专业导论是学院大一新生入学的第一课。

此外，学院还会请科研一线专家参加大一新生的主题班会，为学生树立专

业理想、指明发展方向。

2017年9月，来自中船重工、中船工业、海军研究院等10家行业单位的13位水声专家，受聘为水声学院名誉班主任。殷敬伟说，配备“双班主任”（名誉班主任+班主任），既可以帮助学生打牢理论基础，又可打开其专业视野，在推动行业企事业单位、兄弟高校深度参与学院人才培养的同时，又能加强学生对水声专业的应用领域、前沿技术及发展方向的认知。

“希望可以用自己30年的工作经验，引导学生进入水声技术的大门，培养他们的兴趣。”2017级531班名誉班主任陈伏虎说。

“水声学院升学率始终保持在70%以上，2018届531班全体同学取得保研、考研成功的佳绩，正是对学校‘以学生发展为中心，全员全过程全方位育人’人才培养理念的证明，诠释了以国家需要为第一需要、以国防需求为第一使命、以人民满意为第一标准的‘哈军工精神’。”哈尔滨工程大学党委书记谷焕民说。

向优秀生源发出英雄帖，共谋“海洋信息”发展大业

2018年6月30日至7月1日，由哈尔滨工程大学水声学院主办的第三届全国优秀大学生“海洋信息”夏令营，会聚了来自吉林大学、北京理工大学、大连理工大学、东北大学、天津大学、中山大学、西北工业大学、成都电子科技大学、哈尔滨工程大学、东北农业大学、东北林业大学、南昌大学、南京理工大学等25所高校的39名学生报名参加。

这是学院为了吸引优秀研究生生源后备力量，连续3年精心打出的“展示魅力牌”。

杨士莪院士与参会同学亲切地面对面，希冀同学们树立从事海洋开发、海疆保卫事业的志向，“声波是在海洋中传递信息最为有效和可靠的方式”“国家开发海洋，保卫海疆需要依靠水声科学，水声专业对我国今日、未来的发展极其重要，不可或缺”。

2 天时间里，参加夏令营的学生在水声学院院长殷敬伟、“大牌”教授李海森的报告、讲座中，在水声优秀研究生的讲解、介绍下，漫步这所浸润于浓浓船海文化的校园中，参观哈军工纪念馆、海洋文化馆、船舶博物馆，认识到水声学科的魅力、哈工程水声学院的实力，对这个中国水声学科最大的人才培养基地有了深入的了解，立志海洋信息学科、服务海洋强国战略的种子，在他们心中生根、发芽……

（金　声）

扫码阅读推送原文

从哈工程到斯坦福，学霸的世界，了解一下？

推送日期：2018 年 7 月 8 日

高毅韬

有这样一位本科毕业生，专业排名第一，获得托福 108、GRE328+4.0 的高分，拿到包括斯坦福、伯克利、密歇根、康奈尔在内的 7 所世界知名高校 offer。他是高毅韬，哈工程船舶工程学院 2014 级本科毕业生，学霸的世界，了解一下？

做长长板　做最棒的自己

谈起高毅韬，船舶工程学院副书记郭践识和辅导员苏智对他的第一个评价都是：英语学得很好。高毅韬高考英语成绩是 140 多的高分。他一进入哈工程时，就把“做长长板”出国留学定为大学四年的目标。他抓住学校提供的一切有利资源，加强英语学习和口语训练。

他活跃于学校英语俱乐部举办的各项活动的主持工作中，英语话剧大赛、英语配音比赛、英语金曲大赛，以及每周的“英语角”和英语大讲堂，他都是其中的常客，由于表现出色，曾主持过在哈工程主办的国际大学生雪雕大赛的闭幕式。他抓住一切机会练习口语，利用外语系为提高全校学生口语专门设置的“office hour”，直接到外教办公室，跟外教聊天练口语。这就是他“英语说得地道，不比外国人差”的秘诀。

不放松的英语学习和口语练习，使他在大一时获得了外研社杯全国英语演讲比赛校园选拔赛全校第一、省赛二等奖的好成绩。“所擅长的，一定要做得更出色，才能成为最棒的自己”，三年 6 次大学英语考试中，他 4 次考了满分。

坚定目标　拥有最强大的内心

只要是下决心做了，那就一定要做好。由于早早便定下了去世界级名校继续深造的目标，他便聚焦这个目标努力。“能在北美数学建模大赛获奖的话，对于申请美国名校有利”，于是大二他参加了这一比赛，塌下心来研究数学建模的理论和方法，利用寒假时间恶补，和团队成员通力合作，第一次参赛便取得了一等奖。

“困难我是不怕的，最怕的是看不到未来。”有了明确的目标，按照目标一步步前进，抵抗偷懒和诱惑，不停地磨砺自己，使他获得与未来的自己对话的力量，内心也变得异常强大，耐住寂寞潜心做好每一次设计和作业，努力完成好每一次课外实践，每一步都走得扎扎实实。

提高效率　功在当下

高毅韬说，学习是个“单机”任务，无论托福、GRE，还是专业课，要想拿高分、当学霸，“打铁还需自身硬”，各种花样繁多的培训课程也好，“刷夜”临时抱佛脚也罢，平时不努力，依靠这些“猛药”未必能起到很好的作用，“功在当下”才是提高效率的最好方法。

上课时，他总是“抢占”教室第一排的有利位置，“与老师在课上的眼神交流有助于专心致志听课，能杜绝开小差”。下课，他是班主任耿敬老师眼中的“十万个为什么”，停不下来地思考，总是缠着老师解惑。

“其实我也没有什么特别独到的学习方法，不外乎课前预习，课后复习，但注意一定做到‘当日事，当日毕’，因为当天学到的新知识马上复习巩固，是最佳时机，以防过后遗忘。”

他笑称自己应对考试，是一种“佛系复习”的心态。他每天都会到21B教学楼，找一间没有手机信号的教室，抛开一切干扰，有目的、高效率地学习。考前，再对照考试大纲，把所有知识点串起来画一幅思维导图，确保将所有知识“一网打尽”。

诗和远方　为海洋强国事业添砖加瓦

在船海名校哈工程渡过的四年大学时光，使高毅韬心中始终怀揣着“诗和远方”——努力练就一身本领，为海洋强国添砖加瓦。他最后决定就读斯坦福大学的土木工程结构专业，结合本科的专业方向“港口航道与海岸工程”，打算学成回国做一名海洋工程方向的研究员。母校的“三海一核”基因已经无声无息地融入了他的血液之中。

哈工程四年的大学生活，除了将他练就成一名学霸，也使他养成了有规律地健身、锻炼这样的健康生活习惯。他每两三天都会去南体跑几圈，去校内健身房锻炼锻炼。此外他还像很多95后大学生一样爱好流行音乐，由于英语好，他特别喜欢蕾哈娜、Lady Gaga的歌，还在手机的录歌软件上自己录了好几首，“差不多也可以出个翻唱专辑了”。

（霍　萍）

扫码阅读推送原文

这位 HEUer“论文等身”，助导航打开重启“任意门”

推送日期：2018 年 10 月 15 日

黄玉龙

黄玉龙，一个在哈工程从本科读到博士，扎扎实实走过 10 年学生生涯的有为青年，自动化学院控制科学与工程专业 2014 级博士研究生，研究方向为导航系统理论与技术，现留校任教。

其在学习阶段就取得一系列含金量极高的奖项：曾获 2014 年黑龙江省三好学生，2016 年中国船级社最佳论文奖，连续三年成为博士研究生国家奖学金获得者，2017 年获得工信创新创业一等奖学金，2018 年获得工信创新创业特等奖学金，荣获第十三届中国大学生年度人物提名奖、第十一届中国青少年科技创新奖。

修炼：从“菜鸟”到学术“大神”的飞升之路

出生在湖南永州一个偏远山村的黄玉龙，从小就怀有一颗向往海洋的心。自从在电视上看见了大海，那波澜壮阔的景象就萦绕心间，让黄玉龙对海洋产生了极大的好奇。

随着年岁增长，对科研越来越有兴趣的他，更是立志从事海洋研究。

为了实现蔚蓝色的海洋梦，2008 年，黄玉龙考入以“三海一核”特色扬名的哈尔滨工程大学，并从当年入学的 4000 多名新生中脱颖而出，成为第一届陈赓实验班中的一员。

2012 年，他以优异的成绩被保送为本校硕士研究生，师从张勇刚教授从事船舶导航和状态估计理论研究。

但追求梦想的道路并不是一帆风顺的。

确定研究方向后，黄玉龙用了整整四年的时间去打牢基础。这四年的时间里，他经历过很多挫折，文章投稿屡屡被拒、研究的问题长时间没有成果，等等。面对导师的批评、周围的一些质疑眼光，黄玉龙有时也不免自我怀疑，自己究竟有没有从事科研工作的能力？

然而，不服输的性格让他并没有就此消沉下去，反而以更加勤奋刻苦的态度继续学习。他放弃了几乎所有的闲暇时间，每天 7 点进实验室，一直研究到晚上 10 点多，每天学习、工作十几个小时，从来没有过休息日。黄玉龙深知做好科研的前提是要有深厚的知识积淀和良好的科研习惯，因此，除了专心吸收课堂上的知识外，他还尽力阅读各种文献，全面及时地把握研究方向。通常一年下来，他要粗读 1000 篇文献、精读 100 篇文献。

这样持续广泛地摄取知识，让黄玉龙积累了丰富的专业知识，打下了扎实的理论基础。

在导师张勇刚教授的鼓励和帮助下，黄玉龙不再惧怕投稿被拒的失败，而是一点点汇总问题，讨论创新点，反复修改打磨文章，直至满意再投。这些年里，黄玉龙写的每篇文章几乎都经过二三十遍的修改，光修改的稿件摞起来都有一人多高。

功夫不负有心人，在四年的沉淀积累之后，黄玉龙终于厚积薄发，研究生在读期间，以第一作者或者通信作者发表或录用学术论文 44 篇，其中包括 SCI 论文 27 篇（本学科顶级期刊论文 10 篇，一区 SCI 论文 18 篇），国内顶级控制期刊《自动化学报》6篇，A类国际会议4篇。仅2017年他就以第一作者在 *IEEE Transactions on Automatic Control*、*IEEE Transactions on Aerospace and Electronic Systems* 等国际高水平期刊上发表或录用SCI论文13篇（本学科顶级期刊论文8篇，一区SCI论文10篇）、《自动化学报》论文1篇。

他发表的论文得到来自美国、英国、澳大利亚、加拿大等多个国家相关领域知名学者的高度认可和引用，目前Google引用次数已达300余次。

追梦：为水下精灵导航

黄玉龙的海洋梦，归根结底更是一个强国梦，他希望他从事的科学研究能为国家的海洋强国建设添砖加瓦。

近年来，水下无人潜航器得到快速发展，水下无人潜航器能在水下准确执行任务并保持航行稳定，高精度导航定位技术是必不可少的装备。黄玉龙所研究的水下自主导航技术正是为了提高导航设备的精度和可靠性。

在复杂的海洋环境下，水下无人潜航器容易受到未知干扰，从而降低水下自主导航的精度和可靠性，导致无人潜航器无法完成预定任务，甚至有丢失的潜在危险。设计可靠的、高精度的组合导航信息融合算法是解决这一难题的主要技术手段。2017年，黄玉龙借鉴机器学习中的一些重要思想，提出新型组合导航算法，成功解决水下无人潜航器自主导航中存在的未知干扰问题。与传统的组合导航算法相比，黄玉龙提出的新型组合导航算法能更好地抵制外界干扰，保证了水下自主导航的精度和可靠性。

为了保证水下自主导航的精度，无人潜航器在水下运行一段时间后，其导航系统需要重新启动。传统方法要求无人潜航器在导航系统重启时处于系泊状态或者匀速直航状态，这对正在执行任务的水下无人潜航器来说是不现实的。2017年，黄玉龙利用信息融合技术提出新颖方法，使得水下无人潜航器可以在任意运动状态下进行导航系统重启，大大地降低了对水下无人潜航器机动性的限制，同时提高了水下自主导航的可靠性和精度。黄玉龙做出的这些原创性成果，被应用于我国海洋导航装备的自主定位和姿态测量。

协作：科研道路上的“兄弟连”

黄玉龙深知，在科研的道路上，仅靠单打独斗是走不远的，团队合作必不可少。他积极地参与团队项目，并努力贡献出自己的最大力量。

有一次，黄玉龙的团队参与了一个海洋设备开发项目，由于时间紧、任务重，为了解决项目中遇到的一个难题，他与实验室老师、同学们一起，日夜加班。在传统的算法无法解决问题时，黄玉龙尝试从不同的角度着手，提出创新性想法，帮助团队打开思路，最终在一周内解决了难题，如期完成了项目。

作为师兄，他也经常协助导师带领学生进行学习和研究，给他们上课，带着他们一起学习基本专业知识，帮助他们打好基础。

2017 年，他曾前往美国哥伦比亚大学学习一年，在这一年里，他仍然坚持每周与学生们开视频会议，关注他们的学习情况，解答他们提出的问题。他很乐意将自己的科研经验分享给后辈、学生，帮助他们成长。他曾作为哈尔滨工程大学阳光论坛嘉宾，为新生普及科研工作的基本知识，带领他们迈入科研的门槛。黄玉龙的分享与帮助并不仅限于本校学生，其他学校的同学向他请教问题，他同样毫无保留地分享自己的意见，帮助他们解决问题。这是因为，对于黄玉龙来说，一个人的进步是有限的，和大家共同进步才能成长更快。

除此之外，他也很注重与行业内其他学者交流。他认为，广泛的交流可以汲取更多学术养分，彼此产生思想碰撞，对发现新的学术方向和创新点很有帮助。他每年会参加多个国际学术会议，了解国际学术大腕儿们的最新学术观点，近距离与他们进行交流，充实自己的同时也审视自己的不足，努力让自己的科研之路走得更稳更远。

党的十九大报告指出，要加快建设海洋强国。这让黄玉龙对自己的海洋梦更加坚定，他希望能秉承“大工至善，大学至真”的校训，以更加饱满的斗志去迎接科研道路上的每一个挑战，为国家海洋强国建设贡献更大的力量。

（胡莹洁）

扫码阅读推送原文

哈工程博士生为肿瘤诊疗“减副增效”

推送日期：2019 年 5 月 14 日

徐加廷论文获奖

近日，第十四届中国大学生年度人物评选结果揭晓，哈工程材化学院博士研究生徐加廷获得提名。

徐加廷师从哈工程材化学院杨飘萍教授，从事稀土上转换发光纳米材料在肿瘤诊疗领域的应用研究。2016 年至今，徐加廷共发表 34 篇 SCI 论文。其中以第一作者发表 SCI 一区论文 12 篇，累计影响因子（IF）为 105.252，IF>10 的论文 3 篇，高被引论文 1 篇，目前，他发表的论文 Google 总被引次数已经超过 550 次，H 因子为 12。获授权发明专利 5 项。徐加廷做出的这些原创性成果，为设计合成肿瘤和光响应诊疗纳米试剂带来了新思路，为提高肿瘤诊疗效率做出了贡献。

人物名片

徐加廷，男，汉族，中共党员，哈尔滨工程大学材化学院材料科学与工程专业 2015 级博士研究生，研究方向为纳米诊疗材料。毕业去向：美国国立卫生研究院博士后。他曾获 2017 年博士研究生国家奖学金；2017 年至 2018 年连续两次获得工信创新创业一等奖学金；2019 年获工信创新创业特等奖学金；2019 年获黑龙江省“三好学生”荣誉称号。

初步实现肿瘤诊疗“减副增效”

众所周知，恶性肿瘤是世界上致死率最高的疾病。中国是稀土大国，世界上约 70% 的稀土资源存在于我国，近些年，稀土发光纳米技术在肿瘤的诊断和治疗方面表现出明显优势，引起抗癌专家们的关注。

目前，基于稀土上转换纳米技术的肿瘤诊疗研究还处于早期阶段。作为生物与化学的交叉学科，徐加廷所在的哈工程杨飘萍教授团队在纳米诊疗材料相关领域耕耘多年，实力在全国名列前茅。

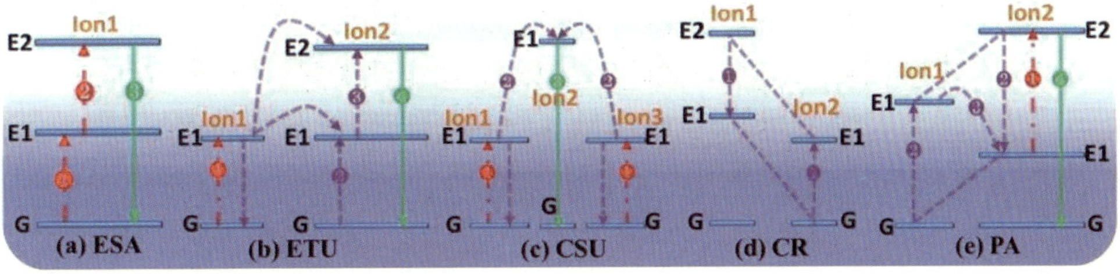

上转换发光的 5 种基本机理

徐加廷在导师杨飘萍教授的指导下，为了实现有效的上转换光动力治疗，他在染料敏化的上转换纳米粒子上担载了两种光敏剂。这种纳米体系在近红外光激发下可以高效地产生单线态氧，最终实现了有效的肿瘤抑制。该研究体系被美国纽约州立大学布法罗分校的陈冠英教授在英国皇家化学会的旗舰综述期刊 *Chem. Soc. Rev.* 上原图引用，肯定了他在染料敏化上转换光动力治疗领域所做的研究工作。

另外，大多数传统的抗癌药物不能区分正常细胞和癌细胞。因此，设计合成对肿瘤微环境有特异性响应的纳米药物对提高肿瘤内累积和减少副作用具有重大意义。

徐加廷另一项主要研究是以稀土上转换纳米材料为基础构筑肿瘤响应的智能纳米药物，在减少副作用的前提下实现高效的肿瘤诊疗。他在这一方面的代表性研究成果发表在 Wiley 的著名期刊 *Adv. Funct. Mater.*（IF: 13.325）上，该论文曾被新加坡国立大学张勇教授课题组和长春光机所张洪杰院士研究组在他们的论文中引用作为论据。由于肿瘤与正常组织相比十分复杂且具有很多特性，徐加廷深入思考、大胆创新，针对性地设计合成了多种刺激响应性纳米药物用于调节肿瘤的生理功能，发明了纳米载体负载抗癌药物并精准地递送至肿瘤部位，实现了高效的肿瘤诊疗。

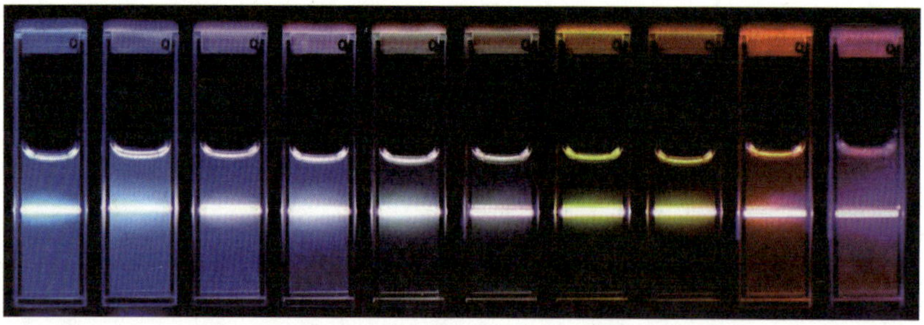

常见的上转换发光现象

在徐加廷等团队成员的共同努力下，杨飘萍教授团队与哈尔滨医科大学的肿瘤医院合作，将基于上转换纳米技术的光疗和载药实验成果应用于有免疫缺陷的裸鼠身上，效果良好，团队合成的纳米试剂在迈向实际应用上又近了一小步。

今年 6 月毕业后他将前往美国国立卫生研究院做博士后，与陈小元教授和澳门大学代云路教授合作，继续从事纳米诊疗方面的研究，希望将来回国后推动稀土掺杂纳米晶在医学诊疗方面的实际应用，攻克肿瘤疾病，为人类造福。

做科研需要爆发力：博观约取，厚积薄发

如何成功发表多篇学术论文？徐加廷成功的诀窍在于“爆发力”，他认为，克服科研困难要“横下一条心，充分发挥主观能动性”。

徐加廷从小就对自然科学兴趣浓厚。2010 年 8 月，他从安徽不远千里来到哈尔滨求学，刚入大一就立志考研，并于 2014 年考入哈尔滨工程大学材化学院。随后于 2015 年取得材料科学与工程专业的硕博连读资格，跟随杨飘萍教授从事稀土发光纳米诊疗材料方面的研究。

如今的科研达人徐加廷其实是逆袭成功，他也曾有过投递论文被拒七次的经历。一开始失败，他也沮丧失落，但不服输的性格使他并未退缩，他坚信“办法总比困难多”，被拒说明自己做得不够好。理论是实践的先导，他从中文文献入门，接着阅读综述文章，他用手机一个一个查出专业词汇并标注。他脚踏实地、一步一个脚印，没过多久，他就能熟练地阅读本领域发光的研究论文。

博观约取，厚积薄发。读博一年多以后，徐加廷终于进入状态。徐加廷在日常阅读文献的过程中不断思考，提出别人没有做过的、创新的、可行的想法，与老师讨论后就开始着手准备实验。他是个“急性子”，每有一个创新想法就迫不及待地想验证。

在徐加廷看来，做科研要趁“状态特别好”的时段，抓紧把实验做完。从提出想法到完成实验，他曾最快 3 周就做完了。随后对数据进行分析表征，再用 2 周的时间写论文。就是这样高效率、高执行力的做事风格为徐加廷的成功打下了基础。

徐加廷是个“文献阅读狂人”， 他的英语积累全部在平时大量阅读英文文献中取得的。只要发现一篇本研究领域的新文献，他一定要读完才能踏实地睡觉。每天早上到实验室的第一件事也是阅读本领域更新的论文。如此长期积累，

使他对所在研究领域的研究动向有了全面、及时且准确的把握。

正是大量阅读文献为他带来实验灵感和论文写作技巧，最后使其达到熟能生巧。在导师的指导和帮助下，一次次地打磨，徐加廷从论文的表述到绘图，再到整体布局，反复琢磨，把每一个细节都做到自己满意，然后再投出。巅峰时期，他2018年一年内就发表一作SCI论文5篇，其中影响因子10以上的有2篇。

自律且热爱：科研就是我的生活或是我生活一部分

很多人都曾读过关于自律的爆款“鸡汤文”，但真正做到自律的又有多少呢？而徐加廷就是切切实实把“鸡汤”过成自己的生活。

徐加廷的日常作息是从早上 7 点半到晚上 10 点半，一直泡在实验室里，但他并不提倡熬夜，而且他还习惯中午午休 1 小时，这样下午和晚上才能有一个好的学习、科研的状态。周日他也尽量给自己放半天假休息一下。

也许在别人看来科研很枯燥，缺少自己的生活时间，但徐加廷却觉得：“科研就是我的生活，或者说这是我生活的一部分。”因为他一旦开始做一个创新项目，就会“日思夜想”“如影随行”，就像“着了魔”一样，无论是不是在实验室，都会一直牵挂着，比对什么都上心。

徐加廷说，选择源于热爱，选择必须坚持。既然走上科研路，就要热爱、发自内心地喜欢，否则读博的日子就很痛苦，也很难取得好成果。他在选课题方向时，就对“稀土发光功能材料”很感兴趣，因为听名字就觉得“很厉害”。可是进组以后，他却发现纳米微米级的发光材料，看不见摸不着，太过于抽象，直到他第一次看到自己做的纳米材料的透射电子显微镜照片，第一次看到自己亲手做的纳米粒子的样子，粒径约为 30nm，排列得像地板砖一样十分整齐，令他十分震撼。原来纳米材料可以这么美丽动人！从此他就越来越喜欢纳米材料这个方向了，在不断钻研、攻坚克难中找到满满的成就感。

不是一个人在战斗：科研道路上的“兄弟连”

徐加廷从博士一年级开始就带师弟师妹做实验，至今已经带了四届。他不但自己做到超级自律，对师弟师妹也很“严厉”，要求比较高。新来的师弟师妹学习专业知识有困难，他就给他们授课，帮助他们打好理论基础。刚进实验室的学生总是手足无措，他就不厌其烦地讲解各种仪器的工作原理和使用方法。在他的影响下，实验室的科研氛围十分浓厚，大家发现问题和解决问题的能力不断提高。徐加廷还曾多次被邀请给学院的师弟师妹们分享自己的科研经验，每一次他都是敞开心扉，积极分享。

实验室就像一个大家庭，老师、同学们相处很愉快。徐加廷每次有新的实验想法都会与负责日常事务的贺飞老师商量，每次写好文章会请文笔好的盖世丽老师提修改意见。徐加廷非常感谢导师杨飘萍教授的悉心栽培和整个课题组成员的帮助。

徐加廷说，我们国家正处于快速发展的战略机遇期，我们所取得的成绩首先应当归功于我们所处的伟大时代。稀土上转换发光纳米诊疗材料作为生物医学和纳米材料学的交叉领域，研究的是比较前沿的内容。他说，很有幸选择了这个方向，在科技强国的大势下，进入纳米诊疗这个较为前沿的研究领域，是机遇也是挑战，希望能为推进稀土发光纳米材料在肿瘤诊疗领域的应用略尽绵薄之力。

（雷　蕾　霍　萍）

扫码阅读推送原文

哈工程硬核“扫地僧”成就“亚洲之光”

推送日期：2019 年 9 月 2 日

2019 年 8 月，哈工程在第 22 届国际水下机器人大赛上卫冕世界冠军的消息传来，粉碎了那些对团队首次夺冠发出的“侥幸”“偶然”的质疑，赢得了人们真心实意的钦佩。

2019 年 8 月 5 日，官微发布《刚刚，哈工程再夺世界冠军！》，4 小时获 10 万 +、目前 22 万阅读量，600 条兴奋自豪、热情洋溢的评论，开启花式称赞模式。随即受到新华社、中国青年报公众号转发并获得 10 万 + 阅读量。

2019 年，哈工程 E 唯协会卫冕国际水下机器人大赛世界冠军

2019 年 8 月 10 日，新华社再次发声：“国际水下机器人比赛主办方 10 日在接受新华社记者专访时高度评价中国团队的表现，称赞中国团队在比赛中完美展示了机器人在水下航线的自主运行技能。卫冕冠军中国团队有丰富的参赛经验，他们运用经验、技巧和创造力成功应对比赛设置的困难和挑战，展示了在水下机器人操控方面的非凡能力。中国高校团队是这项赛事创办 20 多年来，首支夺冠的亚洲队伍。”

在前不久的世界机器人大会上，哈工程为校争光的“荣誉之师”E 唯协会参赛队员侯俊向中共中央政治局委员、北京市委书记蔡奇，全国政协副主席、中国科协主席万钢，工信部部长苗圩等介绍“钟小馗”。

在这一个被称为机器人界“达沃斯”论坛的会场上，“钟小馗”因为骄人的战绩、独特的功能和新奇的造型，收获众多关注目光。

世界冠军的卫冕之路究竟经历了怎样的过程?

硬核“扫地僧”战胜武装到牙齿的对手

康奈尔大学、加州理工学院、魁北克大学、新加坡国立大学等 52 所来自全球的高校参加本次比赛，相比去年增加了近 10 支队伍。

“一个明显的感受是，大赛的规则和难度明显提高，各参赛队伍的装备明显升级。更加注重人工智能在机器人平台上的应用，更加注重人机协同。”指导教师刘文智说。

今年的主题是“水下鬼城”。水下机器人通过沿途抓取、投放“大蒜”“十字架”等对付鬼怪的武器，射箭杀死“吸血鬼”，抓住“德古拉僵尸”，浮到水面获得阳光等环节设置，完成“捉鬼”任务。主要考察机器人自主巡线、目标识别与抓取、投掷标记物、发射鱼雷、水声定位和定点上浮等功能。

赛场上，各参赛队八仙过海、各显神通。有的装备了先进的前视图像声呐、侧扫声呐，犹如给机器人安装了千里眼；有的阵容庞大，配备 30 多人的团队各负其责保障运行；有的采购总价百万以上先进的惯性导航、多种高精度传感器等先进设备进行集成，几乎把机器人“武装到了牙齿”……

相比之下，长宽高均不足1米的“钟小馗”更显瘦小单薄、毫不起眼，保障他作业的队员只有个位数，更重要的是，他的主要元件，包括平台的总体设计、推进器、惯性导航、超短基线定位系统、深度传感器等全都是自研自制，整体造价不足别人的三分之一。

就是这样一个不起眼的“扫地僧”，却力挫群雄，凭借合理的系统设计展现出机器人的高灵活度和稳定性能，完成水下自主巡线、目标识别与抓取、发射鱼雷等任务，是全场唯一一个有能力完成所有项目的水下机器人。

团队成员在紧张调试设备

“钟小馗”外表虽不起眼，装备却十分硬核。应用的惯导测量方位、水声导航定位、双目视觉立体定位、基于深度学习的目标识别控制等技术，都是学校多年来积累的科研强项，以哈工程在这一领域深厚的科研基础支撑团队，达到了创新比赛与科研工作的完美融合。

“从2011年我们首次参赛时就依靠自身力量完成从设计到制作的全过程，学生亲自动手，从电路板开始DIY。水下机器人是涉及图像识别、水声通信、惯性导航、总体设计等方面的系统性综合平台，要求参赛的学生要用一种总师思维去处理问题。”刘文智说。

作品从材料结构到动力控制系统等多个系统组成，本身就构成了一个“小总体”，团队的学生们不光要实现作品功能，还要考虑软件设计、硬件制作、打包运输等环节，获得的锻炼具体而全面，“总师思维”就此养成。

信念驱动梦想成真

夺冠之前，指导教师、信通学院智能平台研究所研究员李海波就确定了目标：“冠军，我们是一定要拿的。水下机器人大赛要有中国人的位置，希望我们能完成这个使命。”

多年来，E唯协会吸纳新成员时，李海波都会这样给新生鼓劲：“如果你从小有个冠军梦，加入这个团队是你一生中距离世界冠军最近的一次。”

团队里的老师一直有这样一个信念：“在水下机器人这个领域，我们有和世界强队同台竞争的实力，如果这是个可以突破的点，那我们瞄准这个点持续用力，一锤一锤打下去，迟早可以突破。这个任务需要有人扛起来，我们能行。”基于这样的判断，在夺冠之前，他们已为此默默投入了近十年的宝贵精力。

就是这种敢打擂台硬碰硬的闯劲，把“敢赢”的勇气融入热爱的事业，注入舍我其谁的使命感，谁能阻挡住他们前进的脚步呢?!

一个值得关注的细节是，去年夺冠团队赴美参赛的8名学生中的4名，今年卫冕赴美5名学生中的2名都师出同门——自动化学院智能系统与生物信息研究所教授叶秀芬。

多年来，她坚持将自己最优秀的学生推荐到E唯协会锻炼，“把最优秀的学生汇聚到最优秀的平台”，这样的站位和心胸，让学生们成就了更好的自己。

成功绝不是偶然的运气，它源自一群人为了一项事业倾心投入后的水到渠成，源自一代代人的不懈努力与薪火相传。团队的师生有一种集体的自觉和共同的精神气质让人很受触动。他们没有利益驱使，只是在激情、热情和梦想的驱动下倾心付出。

一锤一锤打出“世界冠军”的金字招牌

对于其他参赛队来说，“钟小馗”的成功具有一定的不可复制性，因为其软硬件主要是学生自主设计和制作的，他们因为更加突出的实践和创新能力而得到广泛赞誉，这也是学校多年来坚持的人才培养理念和不断构建完善的大教育格局的最好证明。

多年来，学校不断构建完善课堂理论教学、实验教学、学生科技创新“三位一体”的大教育格局，建立宽口径、厚基础、强实践、重创新的人才培养模式。把培养学生创新精神与实践能力作为教育教学改革重要任务，打造开放式的学生科技创新大平台，将实验教学、学生科技创新和科研工作有机融合，为培养高素质创新型人才奠定了坚实基础。

高素质创新型人才是制造强国、海洋强国建设过程中不可或缺的人才。多年后，这些学生将成长为国家建设的中坚力量，而哈工程是其筑牢终身受益的科学思想基础的地方。

在学校建校六十周年时，《中国教育报》对学校人才培养进行纪实报道时，曾饱含深情地写道：“学校的目标是，若干年后，能够最大限度实现大学生科技创新活动普及化，所有学子在学期间都参加过至少一项科创活动；若干年后，学生科创工作成为学校的品牌，当人们提及学生科技创新时，都知道哈尔滨工程大学；若干年或更长的时间以后，高素质创新型人才培养成为学校的名片，当人们论及精英人才培养时，哈尔滨工程大学会得到同行的赞许和社会的认可。”

2018 年，学校第四次党代会报告指出：要在人才培养观念上实现新突破，把学校一切优质资源汇聚到人才培养工作中来，引导学生在国际国内更广泛的领域成为优秀拔尖人才。要在科研价值取向上实现新突破，牢固树立大学科研的最终目的是为了人才培养这一基本观念，将优质的科研资源转化为优质的人才培养资源，注重在工程实践中提炼科学问题，大力促进学科交叉融合。

经过多年的接力发展和持续倾心投入，这一锤一锤打出的“世界冠军”的金字招牌，是学校多年坚持的精英人才培养理念最好的证明。它告诉人们，深深扎根学校人才培养根基并牢牢占据我们必争战略高地的重要性，而这远远超过冠军本身的意义。

（唐晓伟）

扫码阅读推送原文

云南大山里走出的 HEUer，为家乡“带货”，向世界讲述“扶贫经”

推送日期：2020 年 11 月 12 日

尹顺梦与团队在云南开展“三下乡”实践活动

哈工程 2017 级计算机学院本科生尹顺梦 2021 年创立寻甸语梦科技有限公司，开发“艾云农仓”项目，在云南寻甸、丽江宁蒗、昭通镇雄等高原贫困地区进行对口帮扶，同时致力于贫困地区特色农产品开发及 IP 打造。

2020 年 10 月 17 日，在 2020 年亚太青年扶贫故事会暨亚太青年领导力与创新创业论坛上，尹顺梦作为四位中国代表之一，向世界讲述他的扶贫创新创业故事。“艾云农仓”同时也获得第六届中国国际“互联网 +”大学生创新创业大赛黑龙江省赛区决赛暨全国大赛选拔赛金奖和第十二届 “挑战杯”黑龙江省大学生创业计划竞赛金奖。

支教 5 次，萌生创业扶贫金点子

2018 年，当尹顺梦得知学校的“三下乡”实践活动时，他脑海中闪过一个念头：“我要带同学们去家乡看看，那里需要更多人的关注和支持。”

在校期间，尹顺梦常常和同学们谈起自己家乡的境况，他们诧异于他的描述，甚至怀疑尹顺梦话语的真实性。在他的家乡，依然有很多孩子因为贫困和忽视教育而放弃上学。深知知识改变命运的尹顺梦决定和同学们去云南寻甸支教。

他们到达昆明后，乘坐满载爱心物资的货车，一路颠簸来到支教的村子。在这里，他们白天做支教老师、为村民发放物资、帮助做农活，晚上聚在一起进行活动总结。“我们 7 个男生挤在 3 张小床上休息，队员们常常累得坐下就睡着了。”尹顺梦回忆道。

半个月后结束支教，快到村口时，队员们乘坐的车被 20 多个孩子拦停。他们望着队员们，嘴里不停地说着感谢，问他们什么时候能够再回来。透过那一双双亮亮的眼睛，队员们看到了憧憬和渴望，看到了乐观和希望。他们深受触动，很多人之后也一直坚持着公益支教。

尹顺梦先后 5 次前往云南少数民族贫困地区进行爱心支教，迄今已组织 20 余次公益活动，从全国各地收集爱心衣物 3 万余件，募集爱心善款 80 万余元。“通过这些活动，更多的青年能够更了解贫困地区人们的生活，也能为当地留守儿童带去积极的引导。”他说。

但支教、爱心物资等只能满足贫困地区人民暂时的需求，无法让他们真正摆脱贫困。尹顺梦开始寻找一种可持续的扶贫模式。每次去支教或捐资，志愿者们都会买当地特产带回去，并向其他朋友推荐，这给了他启发。尹顺梦打算以线上平台为依托，销售当地特产，通过“以购代捐”的消费扶贫模式达到更好的效果，“艾云农仓”项目开始萌芽。

为家乡直播“带货”42场，销售额27万元

尹顺梦小时候经常和小伙伴割艾草做垫子、搭棚子。有时手被刀不小心割破，他就将艾草磨碎敷在伤口上止血，不起眼的艾草也能够解决问题。云代表家乡云南，也代表互联网。这是“艾云农仓”项目名称的由来。

“艾云农仓”项目通过自主开发助农平台和开展直播等形式对接、推广贫困地区优质农产品，以消费扶贫的新形式带动贫困地区经济发展。今年共进行42场直播，销售额达到27万元。

创业之初，尹顺梦联系到2016级材化学院的马良顺、信通学院的崔明旭，以及曲靖师范学院的王尧，着手项目的启动。最初，他们创立微信服务号、开设淘宝店铺，在寻甸选品合格后进行电商销售。但是由于销售产品十分局限，销售方式不够吸引人，项目推进举步维艰。

为了开发更多加工农产品，尹顺梦和团队查阅资料、做实验，联系扶贫企业和相关技术团队解决问题，休息时间几乎都用来推进项目。

为了扩展销售渠道，丰富销售形式，团队成员还自主设计“艾云农仓”标志，用于产品包装和店铺运营。疫情期间，尹顺梦和团队成员尝试进行直播带货。虽然最初只有几个人观看，但是尹顺梦不放过线上助农平台和直播间里的任何一条留言，和团队成员观看、揣摩其他主播的直播方式，形成亲民实惠的直播风格，经过慢慢积累，直播观看人数实现由几个人、几十人到最多时数万人的增长。

当地农民看见尹顺梦能用一部手机就把农产品卖出去，觉得新鲜又神奇。尹顺梦团队利用空闲时间教会农户做直播，让他们也可以随时随地通过互联网宣传农产品。

通过平台共享，现在不需团队成员直接参与，有时可以远程对接，由当地的商户和农民进行直播销售。“我们也是搭上了电商直播的快车。”尹顺梦感叹道。

“艾云农仓”项目通过农业转型和电商销售扶贫的方式，带动当地经济的发展，具有可复制性和持续性。尹顺梦表示，技术创新不是项目的最大优势，模式创新才是重要部分和亮点。在国家倡导消费扶贫、“以购代捐”的前提下，整合农产品资源、通过电商以及直播的方式，能够让更多的消费者了解到当地的产品，为农产品的销售提供了更宽的渠道。

小藜麦做出扶贫大文章

尹顺梦与当地扶贫干部调研藜麦种植情况

在尹顺梦团队最初进行销售时，产品主要是当地的土豆、芒果、蜂蜜、茶叶等农副产品。但仅出售当地农产品货源有限，没有竞争优势。如何拓展农产品种类，延长产业链，是他们急需解决的难题。

一次查阅资料时，尹顺梦偶然接触到藜麦这一高营养作物，了解后，他发现藜麦这一单体植物蛋白质含量高，不含麸质，富含多种矿物质、维生素和膳食纤维等，具有极高的营养价值，而且适种于高寒山区。他认为可以带领农户种植这一植物。

尹顺梦从家乡的一位扶贫干部处了解到，藜麦在当地具有利润可观性和环境适宜性，他们曾多次提议农户种植，但是没有人愿意做“第一个吃螃蟹的人”。农民宁愿低价销售土豆，也不愿种植陌生的藜麦。

“最初很多村民觉得我是读书读傻了，不愿意冒着颗粒无收的风险做我们的‘试验品’。”尹顺梦和团队成员决定：为农民免费提供种子，对接买家，保障农民所收获产物的销售渠道，并为收获后的加工提供技术支持。他们利用假期时间拿着自己掏钱买来的优质藜麦种子，敲开一户户村民的家门进行宣传。

他们拿着图片、视频，为村民们详细介绍种植藜麦的好处和注意事项，并保证一旦失败，赔偿损失，这才让一些村民半信半疑地种下了藜麦。

接下来他们致力于藜麦生物加工新技术研发和藜麦高营养衍生品开发。在企业和技术团队的支持下，在保证藜麦营养价值的同时使其成分充分融合，形成口感极佳的新型藜麦食品，推出藜麦粉保健品、藜麦八宝粥、藜麦汁、藜麦发酵的白酒等。

功到自然成，当地种植藜麦的第一年就有较好的收成，通过农产品的加工和附加产品的开发，其最终收益是原来种植土豆的两倍多，尹顺梦和他的团队得到了百姓们的认可。

“扶贫这条路我会一直走下去”

“我一个人能做的十分有限，但是我可以通过自己的行动影响更多的人参与扶贫，参与乡村振兴，这是我最大的收获。”尹顺梦说。

扶贫之路任重道远。“任何一个创业者都不可能一蹴而就，趁年轻就要多折腾。”学校计算机学院李超老师非常支持尹顺梦的项目。校团委于云亮、朱小亮老师解读国家政策，分析艾云农仓的定位和接下来的发展方向，为尹顺梦指点迷津。朱小亮还鼓励尹顺梦走出校园，吸收借鉴其他扶贫项目的创新之处。

在 2020 年亚太青年扶贫故事会上，尹顺梦也听到了来自其他国家的年轻人分享的脱贫故事。他发现还有很多来自五湖四海的志同道合者，扶贫之路并不孤独。“我又多了一分继续走下去的动力和勇气。”他激动地说。

现在，学校经管学院的董振杰、郝杰和王子祺加入了“艾云农仓”，越来越多的人参与项目推动。尹顺梦正积极联系黑龙江本地的扶贫企业和一些贫困地区进行消费扶贫。

下一步，尹顺梦将继续攻读农业与大数据方向的研究生，将扶贫的实践所得与自己的专业相结合。他还计划开设工作室，将扶贫项目传承延续下去，为黑龙江省甚至全国其他地区的脱贫和经济发展贡献力量，也鼓励更多青年人参与到乡村振兴中。

（谷　雪　徐佳丽）

扫码阅读推送原文

全国唯一！“闪亮的名字”哈工程师生双双入选“最美”

推送日期：2021 年 1 月 11 日

刘铁获全国“最美高校辅导员”，李海超获全国“最美大学生”

今日，由中宣部、教育部、中央广播电视总台联合主办的《闪亮的名字——2020 最美大学生、最美高校辅导员》发布仪式在央视科教频道黄金时段播出。哈尔滨工程大学辅导员刘铁、博士生李海超分别荣获全国“最美高校辅导员”和全国“最美大学生”荣誉称号！哈工程是全国高校中唯一一个师生双双入选全国“最美”人物的高校。

“闪亮的名字”以“矢志拼搏新时代 爱国力行勇向前”为主题，表彰了

2020 年度来自全国各地的 10 位“最美大学生”和 10 位“最美高校辅导员”。

中宣部、教育部从全国历届在岗辅导员年度人物和历届在读大学生年度人物中遴选出 10 位高校辅导员和 10 位大学生，并纳入“最美人物”系列，树立起新时代辅导员和大学生的学习榜样。

刘铁：托举海洋强国梦的青春力量

刘铁在发布仪式上发言

“我们搭建金字塔式的大学生创新创业教育体系，积极鼓励学生们参与科技创新活动。在这其中我们不仅要提升学生的科技创新和实践能力，我们还要培养学生不怕苦、不服输的科研精神。”“通过比赛引导学生投身到海洋强国的事业当中去，在专业领域深耕发展，为国家海洋强国事业、筑牢水下国门贡献青春力量。”

出镜经验并不丰富的“2020 年全国最美高校辅导员”刘铁面对央视镜头，却从容不迫地做到了拍摄“一条过”，他说其实也紧张，但这些话是实打实 13 年辅导员工作的心得体会，说起来就十分流畅自然。

用中国梦激扬青春梦

“大学生是我们国家的未来”，刘铁深知一位大学辅导员责任重大，肩负着为党育人、为国育才的重要职责使命，刘铁目标明确，行动上就十分坚定，“培养可堪大任的社会主义时代新人，我的学生必须‘根正苗红’”，“辅导员不做好学生的思想政治工作，等谁来做？！”

刘铁深知，世界正处于百年未有之大变局，培养服务于国家重大战略需求的“三海一核”领域人才是自己的使命，要能将学生的个人理想与祖国的前途、民族的命运联系在一起，用中国梦激扬青春梦。想让国家未来的建设者们可靠顶用，自己首先要成为信仰坚定的引路人。为学生扣好人生的第一粒扣子、把好思想意识总开关是辅导员工作的首要任务。

刘铁认为，给学生上好思政课，必须“理直气壮、不厌其烦”，只要诚心诚意、方式对头，学生是很愿意接受的。刘铁以知识竞赛、红歌比赛、影视鉴赏等生动、活泼、互动性强的活动开展大学生思政教育。带领学生们走出课堂，去实地参观东北烈士纪念馆、追寻校史，激发学生们的兴趣，将思政课进行得活灵活现。他从红色革命文化、哈军工精神和优良传统中“萃取”思想的力量、精神的养分，使同学们可知可感、入脑入心地接受理想信念教育，坚定为国奉献的理想。

刘铁认为“思想政治教育不是培育理论的复读机，而是铸就不负青春、兴海强国的逐梦人”，将思想政治工作与学生的专业教育、人生规划相结合，帮助学生树立坚定的理想信念，在青春逐梦路上奋力远航。

引导学生真学习，促进学生真成才

刘铁带的班级“学霸云集”，他说：“我始终要求学生们要真学习，练就真本领，不是为了‘分数’、为了‘保研’急功近利学习，而是真真正正为将来的工作和深造打好基础。”

怎样让学生做到“真学习”？刘铁从抓学风建设做起，设立“零掉队”目标，提出“学习+”理念，即以学生的学业成长为中心，鼓励学生在社会实践、创新创业、社团活动中锻炼能力、追逐梦想。

他以一名理工男特有的思维方式，开动脑筋，将学生成长过程加以科学量化，创立了多监测模拟考试体系，甚至在题库随机抽取三道题目便可测出学生近期学习情况。他组建团队，利用人工智能和大数据设计了“指尖上的大学规划”小游戏，帮助学生形成自我规划、自主学习、自我监督的意识。他为新生寝室配备学业导航员，由成绩拔尖的高年级学生担任，指导新生解决学业、生活问题；设立学习指导中心，由成绩优异的学生担任“学习助教”，为学生提供“问有所答、学有所扶、考有所指、弱有所管”的全方位指导服务。

学风抓实了，班风树好了，学生的成长自然就顺了。刘铁所带年级的学习成绩都在学校名列前茅，四级通过率98%，课程一次性通过率全校最高，是名副其实的“金榜班”。

在一所工科学校，要做到“真”学习，就离不开以“真刀真枪”的科创、实践来提升学生的动手能力、理论知识应用能力。

怎么让更多学生投入科创、热爱科创，并有所获得？刘铁等探索出一条人才成长的路径，即将基础培训和普及型科技创新赛事相结合，从“学以致用”的角度培养学生，在一次次赛事的摔打中精益求精，锻炼出精兵强将。“先根据专业设立几个科创项目小组，从‘小打小闹’的尝试探索开始，让学生先尝到‘甜头’，再来进阶提升，参与大赛，以赛促进，形成氛围，再从校赛到省、国家级比赛，以滚雪球模式来越做越强。”刘铁创建了金字塔式的创新创业人才培养模式，而塔尖直指最高级别竞赛。学生科创团队就在这样的目标布局下，从名不见经传到涌现出一个个国赛的“金奖团队”。

2018年，在由李克强总理发起的“创新大课”——中国“互联网+”大学生创新创业竞赛上，刘铁担任指导教师的“声立达”学生创业团队项目勇夺金奖，刘铁因此获评中国“互联网+”大学生创新创业竞赛优秀创新创业导师、黑龙江省优秀创新创业导师等荣誉称号。

多年来，刘铁带领的学生科技创新普及率达100%，累计获得国家级科技创新奖项150余项，省级奖项350余项，校级奖项不胜枚举。

获得各大赛事的奖杯，刘铁淡然处之，让他甚觉欣慰的是2020年下半年，他带的返校大四学子投入科创比赛的热情依然高涨。“做科创一般都是大二、大三的学生最有热情，因为可以为保研累积加分，大四的学生还搞科创，那才证明他们是真正热爱科创。”

让青春在祖国最需要的地方闪光

黑龙江地处东北边陲苦寒之地，“孔雀东南飞”的人才流失现象报道近年来屡见媒体平台，甚至炒成热点话题。学校一些“大教授”也不禁忧心忡忡地让与学生关系最近的“刘导”帮着想想辙，让学生树立专业自信，扎根东北、留校读研，让青春在祖国最需要的地方闪光。

刘铁表示，教授们也必须下足功夫，为学生搭建更好的成长成才平台，更精心地指导学生，作为辅导员的他，也会做好学生与导师之间的纽带、桥梁。他邀请6位二级教授与大一新生面对面谈“专业理想与人生成长”，面向大二学生开展本科生导师制，面向大三年级开展院士讲座及基层学术组织推介会。

2020年上半年疫情期间，很多学生无法回校自己“跑保研手续”、向其他高校递交各类成绩证明。刘铁二话不说，只要学生有需求，他就亲力亲为，一一为学生邮寄到手中。也正是这样的做法，让几乎所有保研的同学都收到了985高校或科研院所的拟录取通知书。

但开学后，刘铁却发现80%的保研学生们填报的保研志愿都是本校，学生们跟刘铁说，他们发现自己热爱学校，热爱水声学院，愿意在这个专业继续发展下去，这让刘铁觉得这几年对于学生的陪伴一切都值得。

刘铁真正设身处地地为学生考虑，与学生真正交心，学生也就特别“懂事”。刘铁谈到了两个让他心里暖烘烘的场景。一个是他去查寝的时候，无论走进哪个宿舍，一屋子的学生都停下手上正忙的事，一句句带着敬意的“刘导好”，似乎只是件再日常不过的小事，却是代表了学生内心深处对他的认可和拥戴，也代表了他所带学生的修养和素质。另一个是去年6月，部分毕业生获得返校参加现场毕业典礼的资格，在学校规定离校的那天，刘铁到学生宿舍楼见到的是一间间整齐、空荡的宿舍，这是学生们对学校规定的遵守，也是对他工作无声的支持。

“学生的事无小事”，刘铁心中始终绷着一根弦，辅导员的工作让他一天忙到晚，被问及自己三岁的孩子，他才发现：“很久没见到他了。”“那你太不容易了。”听到这样的评价，刘铁知足一笑：“但也获得了很多啊。”

淡然之下，却是满满的“正能量”，这种正能量，没有一句“打鸡血”似的豪言壮语，却是一种润物无声、潜心育人的更加笃定、持久的力量。

上好疫情防控的思政大课

“生病我一定在，困扰我一定帮，发展我一定管”，这三个“一定”是刘铁对学生的承诺。2020年初，新冠肺炎疫情爆发，学生信息摸排、防疫知识普及、在线学习督导、邮寄学生物品，刘铁的抗疫战场烦琐而忙碌。即便这样，身在法国勒芒的12位“中法联合培养班”学生意外地收到了刘铁邮寄的口罩，每晚10点，他们会准时收到刘铁的问候信息，那种远在海外、远离亲人、因疫情而担忧焦虑的心情，也因此得到极大安慰。

思想的高度决定行动的高度。疫情期间，作为230名分散在全国各地学生的“家长”，刘铁始终奋战在学生疫情防控工作的第一线。“疫情是挑战，也是契机，大家在这个过程中去感受中国特色社会主义制度的优势”“要积极勇敢面对，不给国家添麻烦，在挑战面前展现‘后浪’的力量”……中国抗疫实践是大学生思政教育最好的教材和案例，也是思政教育发挥效能的重要战场，学生在哪里，思政教育的触角就要延伸到哪里。

为此，刘铁在“云端”组织了十余次小班思政课，倡议学生用青春力量构筑战“疫”长城。此外，他作为互动嘉宾参与全国高校辅导员网络培训示范班在线直播课程，与全国高校辅导员共同探讨“疫情防控治理效能与中国制度优势”，积极将工作经验与同人分享，致力于上好中国疫情防控的思政大课。

“一天不进行政治理论学习就觉得恐慌”“能力恐慌、本领恐慌是时刻挂在心头的”。成为“最美”的他，并没有 “功成名就”的志得意满，而是将荣誉看成鞭策和动力。2019 年，刘铁入选全国仅十人的“全国高校辅导员年度人物”，如今再进一步成为 2020 年全国仅十人的“全国最美高校辅导员”，在辅导员这个岗位上，赢得了国家最高荣誉的“大满贯”。被树为全国辅导员的“标杆”，这对刘铁来说，是一种沉甸甸的责任，“‘最美’就得有‘最美’的样子”，发挥好示范带头作用，这是未来他对自己的更高要求。

李海超：科研报国，助力海洋强国战略

“2020 年 9 月 15 日，我国在黄海海域，用长征十一号海射运载火箭，采取‘一箭九星’方式将‘吉林一号’高分 03-1 组卫星送入预定轨道，发射获得圆满成功。”当听到央视新闻播报“一箭九星”升空的消息，哈尔滨工程大学船舶工程学院博士生李海超忍不住热泪盈眶。

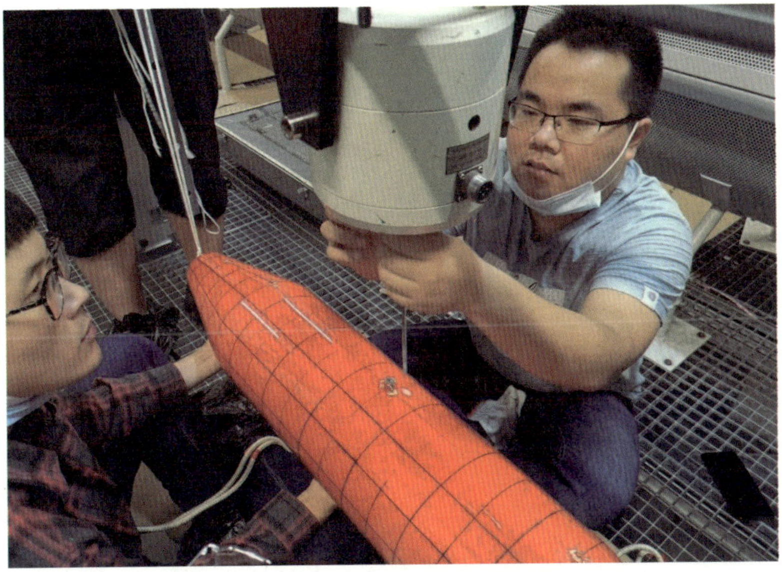

李海超带领学弟进行外场实验

几个月前，海上航天发射成为科研组工作的全新课题。当时正值疫情期间，李海超主动请缨，带领师弟们承担了科研攻关任务。经过近两个月的反复计算，找出了火箭发射架薄弱环节，为海上火箭发射架优化设计提供了支撑。

2020 年度，凭借在面向国家战略、服务工程应用方面取得的成绩，李海超成为十位全国“最美大学生”之一。

鏖战 43 天
参与可燃冰钻采船“蓝鲸 2 号”的设计建造

因名中有个“海”字，出生于山东菏泽一个贫困村的李海超从小就向往大海，在报纸上，他了解到哈工程的船舶与海洋工程专业全国闻名，于是考进这个专业成了他的梦想。2014 年，李海超如愿以偿成为哈工程船舶与海洋专业的一名研究生，离自己的海洋梦更近了一步。

李海超的导师是哈工程船舶工程学院庞福振教授，主要研究方向为船舶结构振动与噪声。“我国各类舰船历经了从无到有的发展，如今有了更高的要求，其中为了提高船舶舒适性和安全性而进行的振动噪声预报评估，就是我们研究的方向。”李海超说。

2020年3月，我国海域可燃冰第二轮试采取得圆满成功，可燃冰钻采船“蓝鲸2号”的设计建造，就有李海超的功劳。早在6年前，李海超还是研二的学生，因科研能力强、有责任心被选派至烟台，参与“蓝鲸”海洋平台振动噪声仿真建模、对标分析、方案优化、码头试验测试等支撑技术工作。

“由于当时对海洋平台结构的了解较少，前期走了不少弯路，那是我们第一次对平台进行仿真建模，工作量比普通的船舶仿真要大很多，我领着5个学弟用了1个月的时间进行建模，但是到了计算分析的时候还是出现了各种问题。当时压力特别大，在实践中遇到的问题是书本知识解决不了的，但我没有退路，面对数十个问题，只能迎难而上。”

在当地的研究所，每天到了深夜就会清人，李海超就带着大家干到熄灯的前一刻，“虽然晚上断电，但是我们可以早来”。他们总是踏着清晨的第一缕曙光走进研究所，不断查找问题、查找资料，反复试错修改，实在解决不了的问题就连线老师请求远程指导。

李海超带着大家不分白天黑夜地鏖战了43天，在课题组的共同努力下，终于完成了科研攻关，有效保障了“蓝鲸”海洋平台振动指标满足设计指标要求，受到了研发部的高度评价。他也基于该项成果获得了黑龙江省科技进步一等奖。

放弃央企
选择攻克“卡脖子”技术

在船舶振动噪声预报评估的实践中，李海超发现，现有的船舶结构低频振动噪声预报方法存在较大不足，船舶结构振动噪声预报技术是我国国防装备发展的一项“卡脖子”技术。李海超的导师庞福振教授课题组已经在这一领域展开了10余年的潜心研究，2014年开始，李海超探索性地着手船舶结构低频振动噪声评估方法研究，期待早日研发出属于自己的预报方法。他常常把自己关在实验室做研究，一待就是一两个月，为了突破这一关键技术，他一干就是三年。

临近毕业，成绩和科研都很优秀的李海超接到了很多单位的橄榄枝，他和心仪的一家知名造船央企签了约，但庞福振教授的一席话改变了他的选择。“你的研究已经有了一些眉目，如果能继续下去，可能就会应用于实际，建立我们自己的船舶结构振动噪声预报方法，这不是你的梦想吗？”

庞老师的一席话让李海超想起了初到哈工程时，来到哈军工纪念馆参观，深深感受到薪火相传的哈军工精神和学校“以祖国需要为第一需要，以国防需求为第一使命，以人民满意为第一标准”的价值追求。

再次点燃“为船、为海、为国防”的志向追求，他决定将自己的科研进行到底。“你觉得值吗？”当李海超告诉父亲自己的决定时，父亲问。“我觉得值！”李海超坚定地说。

还记得2016年的夏天，一向以避暑胜地著称的哈尔滨很热，因错过了当年的博士申报，没有学业和工作任务的李海超有了一年的空窗期，但他还像往常一样，把自己关在实验室，不一样的是，他比曾经的自己更拼了。“原来是为了完成任务做科研，多少有一些被动，但现在完全是主动的，为了我国的船海事业做出个样儿来，就是为了证明自己的选择没有错。”

闯进科研“无人区”
成果创新性达到国际先进水平

2017年，李海超走进了科研的“无人区”，等待着李海超的是无数次的尝试，若要创新性地研发可行的船舶振动噪声预报方法，没有成熟的方法可以借鉴，“每次调整程序前后都需要一个月，但是推翻重来这是必须经历的过程”。如今，回忆起那段一个人攻坚的日子，李海超云淡风轻，但他没有忘记，迷茫期的自己几次挺不住，是庞教授一遍遍勉励自己，“坚持下去”。

“当时我看到有同行发出了一篇高水平学术论文，是在原有的预报方法上进行了一些改良，我有些崩溃，创新型的研究到底有没有出路？我怀疑自己选的路是不是死胡同，根本完成不了。但庞教授鼓励我说，我的方法一旦做出来影响力不只是一篇论文能承载了的，它会更有应用前景，不能半途而废。”

李海超没有放弃，经过近一年的反复推敲与完善，他和团队创造性地建立了方案设计阶段舰船结构振动噪声快速预报方法，突破了激励载荷分析、模型简化、边界条件模拟等众多关键技术，比以往的预报方法更快、更准确。他人生中的第一篇论文经同行评审，认定为“创新性达到了国际先进水平”。目前，该方法已初步应用于方案设计阶段我国系列型号舰船振动噪声快速评估，为舰船装备论证决策提供了有效支撑。

独当一面
发布拥有自主知识产权的评估系统

有了前期的经验积累，李海超所在的课题组，把目光放到了舰船振动噪声实验评估系统上，“舰船振动噪声实验评估系统是海洋装备研发的重要支撑，欧美发达国家在该方面处于领先水平，样机研制对于我国高端舰船及海工装备发展具有重要意义。”李海超说。

这是软硬件结合的系统工程，李海超只懂得界面布局、数据处理、算法实现等，对硬件系统及软硬件结合则是一窍不通。为此，他带领师弟们辗转沈阳、无锡、上海等地调研学习，为尽早突破试验系统构架搭建等关键技术，他多次厚着脸皮“纠缠”责任工程师到深夜。

这次长达35天的出差调研让李海超明确了各系统运行关系，他们马不停蹄地返回了哈尔滨，展开了历时一年半的研发工作。经反复实验、调试、修改，舰船振动噪声实验评估系统 V1.0 版正式对外发布。近期，拥有完全自主知识产权的舰船振动噪声实验评估系统 V2.0 版即将正式发布。

几年来，李海超通过不断的努力获得了累累硕果，研究成果得到了来自俄罗斯、英国、意大利、伊朗等 20 多个国家相关领域知名学者的高度评价。他的学分总成绩稳居专业第一，以“特别优秀研究生”身份 2 次获博士研究生国家奖学金。

如今，博四的李海超依然没有停下科研的脚步，“我想把我的科研从探索性的尝试变成能够真正服务国防的成果，未来的路还有很长，要做的还有很多，完成了设计阶段的基础研究，还有建造期、试航期、修理期等船舶不同阶段的研究需要一个个完成”。

“人生因奋斗而精彩。”李海超说，作为一名博士研究生，任重而道远，瞄准舰船减振降噪“卡脖子”技术难题，把科技创新继续扎根在祖国大地上，扎根在“海洋强国”战略中，哪怕前路风雨兼程，也要勇攀科研高峰。

（霍　萍　朱　虹）

扫码阅读推送原文

21 天发表 SCI 一区文章，曾经的“差学生”逆袭有门道！

推送日期：2021 年 9 月 17 日

作者简介

魏元朋，男，中共党员。本科就读于山东临沂大学，于 2013 年考入哈尔滨工程大学理学院应用数学专业攻读硕士学位。

研究生期间发表SCI（JCR一区）论文2篇，2014年11月参加“第七届全国组合数学与图论大会”，2015年7月参加“第十届矩阵与算子国际学术研讨会”，2015年9月荣获研究生国家奖学金。他热心公益事业，已累计献血2000多毫升。目前就职于中兴通讯股份有限公司。

英雄不问出处

思绪回到 2012 年的金秋时节，那时面临本科毕业的我又一次站在了人生的岔路口。为什么说又一次呢，那是因为两年前，我面临同样的抉择，是就业还是升本。是的，我是一名专升本的“差学生”。站在人生的岔路口，是往左——加入备考教师事业编的队伍，还是往右——跳入考研升学的洪流中继续深造。当时的我在迷茫当中选择了考研，沿着前人的足迹去探寻数学更深层次的奥秘。今天回首，我十分庆幸当初做出了考研的决定。正是当时的决定，让我遇到了一个好导师卜长江教授和一个好的团队，成就了今天的我。

白驹过隙，时光荏苒。记得 2013 年 4 月初，一个大雪纷飞的上午，因为第一次见导师，怀着紧张心情的我第一次进入了实验室。也就是在这一天，我第一次接触到科研学术研讨。犹记老师和师兄师姐们正在激情澎湃地讨论着一个学术科研的前沿问题：张量的乘积与左右逆。而自己只能默默地坐在师哥师姐中间，听着师哥师姐口若悬河地讨论着一个个深奥的问题，那一刻我深深感受到了科研的“神秘”。

自己心想：以自己专科起点的实力能够胜任研究生的任务吗？但是，卜老师对我充满期望。我记得，当时老师鼓励我说：“魏元朋，将来一定行！将来把师姐师哥拍到沙滩上！”虽说有了老师的鼓励，自己有了些底气，可问题终究还是来了。由于自己基础差，又从未接触过科研，因此在研一相当长的一段时间里遇到了前所未有的困难。

看着与自己同时进入实验室的同学，在老师和师哥师姐的指导之下都已经找到了自己今后研究的方向，每次研讨都能够顺利报告，而自己把实验室研究的方向从符号矩阵（张量）到超图谱（复杂网络）再到张量理论等梳理了一遍也没找到自己的方向，每次研讨轮到自己上台时，连基础的概念都表达不清晰，总是“孤单”的一人被挂在黑板前，望着下面同学们“失望”的眼神，大家基本都对我表示“放弃了”。

我内心纠结着：自己实在不行就这么浑浑噩噩地混过两年算了。但是，卜老师并没有放弃我。老师告诉大家：我依旧看好魏元朋，相信他今后是他们这一届中最好的。老师总是在鼓励着我，耐心地指导我。慢慢地，我学会了如何去做科研，如何去获取科学文献，如何读文献。最终我在导师和师哥师姐的帮助下迎头赶上。如今回想起来，我挺感谢那段只能每天不断上网、去图书馆查阅经典文章和最新科研动态的日子。正是那段自己耐住性子不断涉猎的日子，才使自己的知识体系不断丰富，从众多科研方向中渐渐看到了自己研究方向的曙光。我明白，做科研基础差没关系，只要耐住性子，多听导师和同学给的建议，让自己融入研究领域。

在这里我与大家分享一下如何进入一个研究领域：我个人觉得就是耐住性子不停地读文献和报告。读什么文献？文章怎么读？

一是读方向的奠基性文章，读了这些文章之后能大概了解其中的问题以及重要性，那么你就会粗略地判断这个方向是否适合自己。

二是读方向综述文章。各个领域都有自己权威的综述，它们往往由那些本领域已经具有很高声望和成绩的人员撰写，综述通俗易懂，并且十分具有全局观点，其不仅会描述本领域的历史，也会详细给出未来展望，告诉你它的重要性。

三是本专业的主流杂志，每期浏览。另外 Web of Science 提供文章的引用报告，对于一篇文章可以查到其引用的详细信息，通过引用可以了解到这篇文章的分量。当文章看到一定数量之后，你会发现一个方向做得最好的往往就是那几个、十几个人。这样的话就可以对这些人的文章进行系统阅读和跟踪研究。

有人的地方就有江湖，学术界也是另外一个江湖，不了解江湖的形势怎么能混下去呢！读一篇文章前，先确定作者、杂志和时间，看自己是否有必要读。读文章应从引言部分开始阅读，并且将引言部分频繁出现的文献进行扩展阅读，然后再阅读那篇文献的引言……如此扩展下去，会对个人理解该方向的历史发展和现状有很大的帮助。文章看不懂怎么办？如果是技术细节，没有关系，只要记住有这种方法就好，以后用到再回来查。知识是无限的，别人做了很久才研究出来的东西，一入门就全吞下是不可能的。如果是背景综述部分和结论看不懂，那就有必要去找师兄和老师讨论了，相信老师和师哥师姐会无私地帮助你的。

科研切忌闭门造车

自己经过研一一年的锤炼，初窥学术科研门径。在研一生活行近结束时，我找到了适合自己的方向——特殊结构张量的研究。张量最早在19世纪由柯西等人研究微分几何问题时提出，爱因斯坦在研究广义相对论中就应用到张量。柯西曾希望像处理矩阵一样处理张量，两个世纪过去了一直没有大的进展。直到2005年，俄罗斯科学院院士、香港理工大学祁力群教授定义了张量特征值，之后在图像处理和计量经济学等领域中有了广泛应用。

就像在工程应用当中，我们常常用到特殊矩阵，特殊张量同样具有重大研究价值。当时有关特殊张量的研究文章还比较少，自己就打算研究特殊张量类中的P张量。自己带着终于找到科研论文题目的喜悦高高兴兴地回家过暑假了，回到家就变得懒散起来，写文章的事基本上就“束之高阁”了。然而开学回校，在自己向老师报告假期研究成果时，自己遭遇了写科研文章的第一次“晴天霹雳”。同样的研究主题别人已经研究完成并且已经投稿在线了，这对我来说可谓闷头一棒，可自己犯了错误能怪谁呢！事后回想起来，正是有了类似的教训才使我对科研理解得更加透彻。

通过这件事我想与诸位分享的是：犯错不可怕，可怕的是没有输得起的魄力以及不能从错误中学到东西。当你千辛万苦找到一个研究课题或论文题目时，要想到我们不一定比别人聪明。我们所能想到的东西或许正是别人的此时所想，这就要求我们一旦找到能做的题目一定要抓住时机快速下手，对自己“狠”起来，别再考虑假期能不能玩等问题，要充分利用一切时间。机会往往只有一次，稍纵即逝。另外，在实际动手的时候切忌闭门造车，一定要关注“窗外的世界”，这就回到我们先前所说的时时上网查阅新文献的重要性上。要时时关注本领域的最新科研动态，一旦发现自己的研究内容已经有人做了，这时就要考虑适当放弃“阵地”了，以免徒劳地做无用功。

实践是科研的灵魂

经历了一次次的科研“撞车事故”，我开始认真思考导师的教导：要了解我们自己的优势和劣势，别人的优势和劣势。要将我们的优势最大化，将劣势最小化。写文章做科研要有新思想、新方法，不能一味地跟在别人身后。那么，我的优势在哪呢？这时，我又要不免感谢那些啥也不会只能查阅文献读文献的日子，正是那些积累使我了解了各个相关方向，也使我了解到别人的科研思路，才使我有了各种想法，才使我不断地在实践中找到一条只适合自己的创新之路。

例如，前人在研究张量特征值理论的时候，只是从张量自身去考虑去刻画张量特征值的存在范围。张量和矩阵一脉相承，于是我们从张量与有向图出发，成功将美国数学会院士、国际线性代数学会主席、组合矩阵论创始人 Brualdi 的一系列工作发展到更高维的张量当中，按此发展下去，我们或许就能开创新的数学研究方向——组合张量论。自己的第一篇 SCI 一区文章，正是得益于此，从投稿到发表只用了短短不到 21 天的时间，文章的创新性同样受到了专家的好评。

钟万勰院士曾说：“科学研究，不会一帆风顺 ，难免有不如意事 ，要独立自主，要走自己的路。”

我想告诉大家的就是：做科研一定要勇于创新。富有创造性，不是一句简单的口号，需要你有客观的、自由的精神，以及辛勤的付出和坚实积累。现在学科之间的交叉越来越多，了解其他学科方向的知识对于启发自己的思维以及解决自己领域的问题有时会起到柳暗花明的作用。你的想法越多，你能产生的想法就越多，哪怕你的第一个想法错了，你会发现在实践这个想法的过程中会有越来越多的事情可做、越来越多的问题可以解决。因此，一定要有自己的想法并付诸实践，一个想法能产生有利的结果固然很好，但哪怕没有，它也能带给你潜在的其他想法，而在你越来越积极的这个过程中，定会有一朵花盛开。

交流让思想活起来

接下来我想说的是，可能是大多数人感觉比较枯燥无趣的事——研讨。或许大家都对研讨抱有怀疑的态度，研讨真能讨论出文章吗？或许大家每次对研讨都是抱着得过且过的态度！一次两次还行，可时间一长就感觉这种被动的研讨好像是“折磨人”。别人讲时不参与，感觉事不关己高高挂起；自己讲时敷衍了事，别人听了同样心烦。

做科研写文章，一路走来。我庆幸自己加入了一个好的团队，卜老师给我们搭建了一个开放交流的平台。每周至少一次的学术研讨，大家都认真参与，让我们大家的思想有了交流碰撞，往往一个不起眼的想法甚至“错误”，经过一番“唇枪舌剑”就能变成熊熊烈火，照亮自己学术科研的前方道路。在进行科研的过程中，我们会遇到很多问题，由于每个人的知识积累都是有限的，因此我们需要进行讨论交流，他人的一句话往往会一针见血地指出自己问题的关键，这个过程往往是判断自己的观点正确与否的一个途径，也是培养自己团队意识的过程。另外对于自己领域内的名家甚至一流的大师我们也不要惧怕，要敢于与他们交流。所以，每当有学者专家受导师之邀来理学院交流访问，或有机会参加本领域高水平国际会议时，我都格外珍惜。只有与这些所谓的“大牛”交流，才能从他们所报告的东西中获取学科研究的第一手资料，才会发现自己所在的领域未来的发展动态。

所以，我建议大家不要放弃任何交流的机会，知识是学不完的，人的智慧毕竟有限，和其他人交流，就可能产生一加一大于二的效果。大多数时候，我们去和别人交流，不代表交流过后我们就会取得多大的进展，但那个时候哪怕有一句话能长久地记在心里，就有可能在未来某一天得到收获。做科研、写文章是一个积累的过程，当自己的科研有了一定成果后，一定要将它展示给导师或项目团队，这有助于在这一过程中收获更多的交流，取得更好的结果。另外，我认为一个研究生一定要学会做报告，一个好的报告要做到语言清晰（速度慢并且全是简单句都没关系）、流畅且文字不要过多。一个好的科研人员，不光需要做出好的工作，还要具有将自己想法介绍给别人的能力。

他山之石，可以攻玉

做科研写文章是一种不断完善、不断提高的过程和经历。通过做科研写文章，可以进一步提高自己的知识水平、工作能力、科学素养，掌握更多的技术，开阔自己的视野。最为重要的是，提高了自己的思维和逻辑能力，提高了思辨能力和认识水平。对社会问题的看法和理解，对科学问题的直觉和敏锐，对生活的感悟，对人生的思考，会有更多深层次的理解。所有的这些都将在今后找工作的时候提供巨大的帮助！

后　记

在反复的思考和多年实践中，我认为研究生阶段的学习是一个将理论学习转化为实践的过程，其表现即为对科研的重视，脚踏实地，将学习和科研二者紧密结合。科研作为研究生阶段的一项重要活动，切忌浮躁、眼高手低。研究生学习中还应该做到的是“厚积薄发”，这一点非常重要，大部分研究生最大的问题是没有做到。搞科研是需要时间的，只看几篇文献或一两本著作就想写成文章来发表，大家普遍缺乏一种沉下心来做研究的态度。科研是一项极为严谨的活动，需要科学合理的方法。掌握了正确的学习方法，就可以达到事半功倍的效果。

魏元明在中兴通讯南京研发中心

我们实验室的学风一向是很严谨

的，卜长江老师一直教育我们“要脚踏实地做科研”，我们不敢有一丝一毫的懈怠，做任何事情都从头开始，厚积薄发，哪怕是再小的问题都会自己亲自确认，会去弄明白。卜老师教给我们的这些良好的学习习惯，也让我现在的工作开展得十分顺利。无论遇到什么样的困难，我都能沉着冷静地去分析，一点一点地完成，并且一丝不苟，严谨求实，受到上级和同事们的一致好评。

在之后的工作中，希望我能够继续保持严谨求实的态度去做项目，带着积极乐观的态度去面对生活，将研究生教育给予我的勤奋、创新、务实、求真贯彻在生活和工作中。

最后有一句话与大家共勉：做人、做事、做学问，想象力比知识更重要！

（魏元朋）

扫码阅读推送原文

登上 *JMCA* 封面，成果发表在 *Nature* 子刊上！哈工程，成就他的无悔选择！

推送日期：2021 年 10 月 12 日

张凯

人物名片

张凯，男，共青团员。本科就读于东北农业大学电气自动化专业，2013 年考入哈尔滨工程大学理学院攻读光学工程硕士学位。研究生期间，相继在 *NPG Asia Materials*，*Journal of Materials Chemistry A(JMCA)* 等国际期刊上发表 SCI 论文 6 篇 (一作 4 篇)，均为 JCR 分区一区。其中，在直接甲醇燃料电池催化剂研究中取得的新进展以第一作者发表在 *Nature* 杂志子刊 *NPG Asia Materials*(IF:10.12)，被编辑和审稿人评价为“燃料电池领域的一项重大进展”。

出于编辑对文章质量的高度认可，受邀为 *JMCA* 期刊分别制作了杂志当期的内封面和封底，并且其中一篇文章被收录于 *2014Journal of Materials Chemistry A Hot Articles*。

为什么要考研究生

2013 年 4 月份的一天，我第一次进入了哈尔滨工程大学理学院的大门。对于来来回回逛了这个校园十多遍的我而言，眼前的一切都显得极其陌生。

当时的我很是迷茫，问自己怎么会站在这里？来这里我要干什么？来这里我能干什么？由于本科时期的努力程度不够，希望通过考研来实现自己曾经隐隐约约定立过的科研目标。

能够进入哈尔滨工程大学继续深造，我觉得十分幸运，因为我还有机会去弥补自己，未来还有三年的时光可以填充之前四年的不足。

经过一段时间的沉淀和思考，我终于想明白自己为什么会站在理学楼里。站在里面，是因为我失败过。更重要的是，站在这里我将有机会去弥补自己的失败，它给了我从头开始的机会。

读研期间要干什么

2013 年 8 月 24 日，我正式成为哈尔滨工程大学的一员，成为理学院的一张新面孔。在这里我开始了自己新的校园生活，开始解答自己心里的第二个疑问：来这里我要干什么？

我心里有一点十分明确，就是无论我要干什么，最终的目的与结果都是要不断努力地去充实自己、完善自己，保证自己的每一步都是在前进，决不后退。

怀着这种目的我开始了研究生阶段的实验室生活。正确的心态让我觉得无论做什么都充满活力与动力。因为本科阶段所学专业与研究生阶段专业的相关性不大，我也遭遇了万事开头难的困境。在实验室接手师兄的第一个实验，我做了三个月，一次次重复，一次次失败，每次失败时都感到脑子里一片空白。

对于师兄们来说这是一个再简单不过的实验，于我而言它涉及物理、化学和纳米材料科学，而我既不懂物理，又不学化学，更不知何为纳米材料科学。

我认为是中间合成步骤出了问题，就请师兄手把手地带我做这个实验。实验结果出来发现，他成功了，我却又失败了。当时的我很不解，心里全是问号，却又始终找不到答案。

在之后偶然的一天，我看到一个师兄在收集已经干燥好的样品，那些样品因为干燥后失去水分而团聚在一起。我看到他将样品轻轻地研磨成了散开的粉末，教我实验的师兄告诉过我研磨的作用，只是我看到这个师兄研磨的力度比我要小得多。

忽然间我脑子里冒出了一个问题：纳米材料会被人为手工磨碎吗？于是我问师兄、问同学，甚至去问过老师，有的说不会，有的说不知道，有的说有可能，没有人遇到过这种情况，没有人可以给我解答。于是我自己去验证，用实验解答了自己的疑问，也因此结束了三个月的失败实验，有了第一次的成功。我第一次感受到了解决问题所带来的喜悦。

刚进入实验室的时候，我的导师告诉我们，研究生的工作不应该是拿着老师的想法与实验步骤去机械地操作，而是要培养自己发现问题、解决问题的能力，研究生的培养应该是趋于脑力培养，而不是体力培养。

这次实验后，我深深地感受到了这些话的意义，于是开始重新思考规划自己的研究生生活。我问自己，我是做一个进行实验操作的体力劳动者，还是要做一个用脑子去思考问题、发现问题、解决问题的脑力劳动者？当确定自己的努力方向后我又问自己，在这里我能干什么？于是我开始寻找我在这个实验室存在的意义，我要用实际行动证明我存在的价值。

怎么做一名优秀的研究生

面对一窍不通的专业文献，我一遍一遍地去看去啃。刚开始一篇英文文献至少要看三四遍，耗费两个星期的时间去看明白这些由专业词汇构成的句子。

在经过长达一年的文献阅读与积累后（研究生期间粗略统计细读英文文献不低于120篇，略读百篇有余），开始能够自己去独立地思考，能够有自己的想法，能够自己去发现并解决问题，甚至能够适当地帮助师兄弟们解决一些他们实验的问题。

从那一刻起，说实话，我为自己感到自豪，找到了自己存在的意义。之后我更加努力，尽一切可能去完善自己、充实自己，提高自己的专业能力。

2013 年 12 月份，在经过数月的文献与实验积累后，课题组陈玉金导师作为整体实验方案的设计者，我作为实验阶段第一执行人，开始着手开发具有高催化活性和抗一氧化碳毒化的甲醇电氧化催化剂的研究，并与中国科学院物理研究所清洁能源重点实验室、先进材料实验室以及北京工业大学的研究组合作。

经过长时间探究以及大量摸索实验，终于研究出了一种新型高活性、抗一氧化碳毒化的直接甲醇燃料电池 (DMFCs) 催化剂铂 / 碳化钼纳米管。这种催化剂设计不仅降低了铂的用量，而且显著地改善了其在甲醇氧化条件下的耐久性，为设计下一代高活性催化剂提供了一种新的思路。

相关结果最终发表在 *Nature* 杂志子刊 *NPG Asia Materials*，被编辑和审稿人评价为“燃料电池领域的一项重大进展”。

在此期间，2014 年 6 月我与博士俞海龙师兄二人共同搭建起实验室课题组电化学析氢析氧测试平台。之后于 9 月 2 号以第一作者投出实验室课题组第一篇电催化领域文章，编辑和审稿人对于文章高度认可，两周后同意接收文章，并受邀制作了杂志当期的内封面。而文章更是从年刊量两千余篇的论文中脱颖而出，被收录在了 2014 年期刊的热点论文中。

经过长达一年的文献阅读与积累，并随时跟进二十余种国际论文期刊，我的创新能力与实验设计能力得到进一步加强。接下来通过自己的设计与摸索，以及在与老师的探讨中获得的建议，用一种极其简单的惰性气体保护高温煅烧方式合成出了尺寸在 3 纳米以下的碳化钼晶体颗粒，并于 2015 年 2 月发表于 *Journal of Materials Chemistry A*，编辑在来信中再次相邀制作杂志当期的封底。

2015 年 5 月，以第一作者在 *Physical Chemistry Chemical Physics* 上发表后续相关论文一篇。从搭建电化学析氢析氧测试平台开始，逐步探索并完善了从样品材料电极的基本制作、测试流程、数据分析、问题发现与处理、注意事项等各个细节，方便实验室各成员学习，并将之编撰成稿。实验室课题组将这定为未来几年发展的重点方向，已据此申请国家自然科学基金一项，发表 SCI 论文 6 篇，在投数篇。

科研生活的充实与成功让我可以骄傲地对自己说，三年的时光我没有浪费，来到这里，我不后悔。

我的付出得到的回报不仅仅是几篇文章的荣誉，更多的是我因此获得的自信，这是对自己的肯定。在此我也非常感谢我身边的同学、朋友，以及实验室的老师和兄弟姐妹们，我的科研成果是整个团队协同互助的体现，课题组的每个成员都为此贡献出了自己的智慧。

我想对自己和你们说

站在这个校园里面的我们，每个人都可以说自己不聪明，但绝不能承认自己笨。如果笨，就不可能站在这里。

很多事情，我们的问题不在于自己能不能做，而在于想不想做。只要想做，就没有不能做的。而想与不想很多情况下不是个人对于某件事情的意愿问题，而是一个人本身对于生活或事情的态度问题。

不端正的态度才会导致消极的意愿，而消极的意愿会导致惰性的膨胀，惰性的膨胀会导致不充实的时间分配，不充实的时间分配会形成空虚的生活，空虚的生活会引发人的思维紊乱，进而会让人时常胡思乱想，迷茫又犹豫不断。这样的结果只能是恶性循环。

很多时候，我们之所以不去努力，是因为我们有很多的选择、很多的退路。过多的选择与退路会降低我们奋斗的勇气。如果只有一条路可走，别无选择，那么我相信我们每一个人都可以做到勇往直前、义无反顾。

既然如此，为什么我们不把每一个选择都看作仅有的退路，这样我们无论是工作还是生活都可以永远保持激情与热爱。既然我们有选择乐观的权利，那么为什么要留下给自己制造悲观的余地？

在此，想对新来的师弟师妹们说，希望大家在未来的两年或三年内过得充实而有意义。四年的青春已然离去，等待我们的将是更加美好的未来。

（张　凯）

扫码阅读推送原文

专业第一直博！
不同凡“响”的哈工程学子，他是特别的 1%

推送日期：2021 年 10 月 22 日

徐润泽，中共党员，哈尔滨工程大学船舶学院船舶与海洋工程专业本科生，20180103 班团支部书记。曾获校级“优秀共青团干部”2 次、校级“优秀学生会干部”2 次、校级“三好学生”2 次、校级“十佳团支书”1 次；曾获 MARIC 创新一等社会奖学金 1 次、校级奖学金 5 次；曾获全国海洋航行器设计与制作大赛二等奖、美国大学生数学建模大赛二等奖、东北三省数学建模联赛二等奖、黑龙江省“挑战杯”竞赛二等奖、校级“五四杯”竞赛三等奖等科创奖励。

徐润泽给同学们讲课

“你已经接收到哈尔滨工程大学待录取通知！”

日前，“00后”的徐润泽以优异成绩获得保研资格，并作为第一名直博哈工程“龙头学院”船舶学院的“王牌”专业船舶与海洋结构物设计专业。

在别人眼里，给同学们开“小课堂”答疑的他仿佛是个天才，实际上，亮眼成绩的背后是他付出比别人至少3倍的努力——他，是一名抽动症患者。

抽动症在我国儿童中发病率高达1%，患儿会不受控制地频繁发出喊叫，手脚也会不由自主地挥舞，大多数患儿因无法克制这种神经障碍不得不早早辍学，而徐润泽是个例外——攻下5篇全英文论文；自学编程，在老师指导下创新超低频深海资源探测技术，获得全国比赛大奖；在药物副作用导致记忆力严重减退的情况下，他以高分一年内通过英语四六级考试。他还想在本科毕业前为学院再做些事，正在撰写十万字“提分宝典”，他说：“我吸取了太多温暖，也要像太阳一样，照亮更多的人。”

他是特别的1%：电子琴十级，3倍努力追梦

悠扬的琴声从哈工程图书馆视听空间飘出，《土耳其进行曲》在徐润泽的演奏下流畅有力。很难想象，一位有抽动症状的人如何达到电子琴十级，但从他沉醉在音符中的自信与乐观，可以看出，他已经找到了与疾病和谐共处的方式。

千禧年，徐润泽出生在辽宁鞍山的一个普通家庭，从小听话的他在上一年级下学期时，总是在课上不能控制地喊叫，老师多次提醒也找过家长，被训斥的润泽很是委屈，只好努力控制自己尽力不发声而憋到满脸通红，但还是抑制不住。

辗转多家医院后，润泽被确诊为抽动症。经过漫长的治疗和病情的反复，他逐渐接受了这个疾病，“妈妈跟我说，就像有黄种人、白种人、黑种人，也

有患有抽动症的人和没有患抽动症的人，我是特别的1%，我的身体里仿佛住着一个兄弟，当他想表达自己的看法时，我就会发出声音，他想跃跃欲试，我就会不自觉地挥动手臂”。

在学校，他小心翼翼地试探着和老师同学解释自己的症状，放学回家，他还坚持练习弹琴。“因为抽动症，我的手会不自觉地抖，注意力也不集中，总是弹错，我就一遍遍地练，小学五年级的时候，我终于达到了电子琴10级，还得了奖。”徐润泽说。

长期服药使润泽的记忆力受到了影响，英语、语文一类需要大量背诵的科目对润泽来说很吃力，别人用10分钟就可以背下来的课文，他需要两三个小时。即便如此，润泽也没有放弃任何一科，他总是“笨鸟先飞”，利用假期提前背诵下学期的科目内容，高考之前的寒假，他只在除夕夜和家人一起看了春晚，其他时间都在备考。

也许上帝给润泽关上了一扇门的同时，也开了一扇窗，润泽的数学、物理成绩很好，常有自己独特的解题思路。很多别人感到十分复杂的运算，他常常不到5秒就能解出答案。他还很热爱发明创造，妈妈问他以后想做什么？他说要为国家做贡献。

“小时候奶奶总是给我讲中国共产党解放全中国的故事，我对解放军很是向往，虽然我因为疾病不能当军人，但是我志愿为国防做贡献，所以报考了具有国防背景的哈尔滨工程大学。”

工科男生的温柔：“让润泽回来吧，他自己在外面不安全。”

上大学之前，润泽还是有些忐忑，这是他第一次过集体生活，远离家乡，如果身边的同学不能接受自己的“兄弟”怎么办？

“是谁在出声？”在一次200多人的思政课上，不知情的老师在强调了几次课堂纪律后，忍不住发问。教室瞬间安静，润泽懦懦地举手，同时又不合时宜地发出了一声喊叫。全班哄堂大笑，同学们窃窃私语，润泽羞红了脸，一时不知如何解释。

之后的一段时间，润泽很受打击，他有些自卑，不爱参加集体活动，甚至有了退学的冲动。但是渐渐地，他发现，周围的同学对他的态度有了转变，指指点点变成了迎面微笑，不熟悉的同学也会主动和他打招呼，课堂上，也再没有因为“兄弟”的出现而引发窃窃私语。

过了很久，润泽才知道，是辅导员、班长和室友背着他，一一和任课老师、班级同学解释他的疾病，希望大家能包容接受他。虽然他不知道他们具体是如何解释的，但是室友跟他说的那句话他印象很深：“你别操心，你只管好好上课就行。”

辅导员刘永超介绍，润泽入学军训时一直用全部的精力控制着自己的症状，大家都没有发现他的异常，但是在课堂上由于要专注听课，就不能同时控制自己不发声、不挥动肢体了。润泽很担心会被大家排斥，刘永超的话让他安心了不少：“当时我告诉他，别担心，哈工程是一所有温度和包容度的大学，培养人才有教无类。”

针对润泽的情况，刘永超要投入比对其他学生更多的精力去关照他，给他周围的同学做工作。但让刘永超特别感动的是：“我们学生也都非常有爱，尤其是润泽有一段时间因为症状比较严重申请了走读。疫情来临后，他的5个室友背着润泽主动联系我，说让润泽回来，担心他一个人不安全，这也正是我的意思。我想这就是教育成功的地方，以人为本，学生们在学校不仅是学习专业知识，更要成长为一个德才兼备的人。”

成为领头雁：组织了20多次答疑“小课堂”
即将出版10万字“提分宝典”

徐润泽为同学们开办答疑小课堂

润泽竭尽全力去回馈周围人的善良。因为记忆力的问题，润泽要比其他同学提前至少一个多月进入期末备考状态，而当同学们临考前发现自己的弱项着急时，润泽总会把自己梳理清晰的知识脉络分享给大家，把自己整理的知识提纲打印出来发给身边的同学，无私地为大家答疑解惑。

润泽和他的“提分宝典”在本年级渐渐“火”了，小小的寝室装不下找他答疑的同学，他就预约图书馆研讨室，对知识进行系统性梳理，从考点总结到解题技巧，润泽热情高涨，一讲就是三四个小时。

一个人，一支笔，几十位同学的目光都聚集在润泽行云流水的演算中，目前润泽已经开了20多次小课堂，内容覆盖了所有专业课。“流体力学和结构力学对我来说真的好难，但是通过润泽的讲解，我期末都拿到了90多分的成绩，现在我已经准备考研了。”徐润泽的室友文奇鑫说。

刘永超得知后，建议润泽将所有专业课的知识点编成一本书出版。徐润泽也正想在毕业前为学院做些贡献，很快着手进行书目的编撰。如今“提分指南”已经初具框架，在以往小课堂的知识提纲基础上，润泽又充实了很多内容，一张张用CAD精心绘制的图，一个个编辑器推导的公式，都足见润泽的用心。“我计划写十万字，而且要保证印刷质量，要做就做最好的。”

30 余次单独考场：有你在，不紧张

大学期间，润泽最想感谢的人就是他的辅导员刘永超。“润泽平时会用一部分精力控制自己不出声音，但是当注意力集中在做题、答卷的时候，他就会频繁发声，手也会不自觉地敲打桌面，会不自觉地影响他人。”因此刘永超为他申请了单独考场的“小灶”，从大一到大四，30 多场考试，监考人都是刘永超。

刘永超、徐润泽师生二人有着心照不宣的默契。有一次期末，刘永超本来在外地出差，得知润泽下午有考试，特意缩短了行程，中午坐车赶回来，下午给润泽监考，“如果监考人不是我，润泽会因为不熟悉注意力分散，这不利于他全身心地去答题”。而每一次，润泽几乎都会提前至少半个小时交卷，“刘导满头大汗地跑回来给我监考，我知道他是为了我，其实给我监考很折磨人的，所以我就尽快答完，让刘导有时间去做自己的工作，他平时很忙，给我监考并不是他分内的工作”。

看到润泽轻松完成考试而提前交卷，刘永超也很欣慰，他经常鼓励润泽：“你一定要努力，夯实专业课，为以后能成为船海领域的专家打好基础。”

因为患有抽动症，平时润泽尽量避免剧烈运动，体测 1000 米对他来说是不小的挑战。“没关系，你提前多锻炼，就把这当成一次再正常不过的考试，不要有压力。”刘永超安慰润泽。

发令枪响，润泽拼尽全力，可是还没跑到第二圈就没了力气，这时，他看到在跑道的尽头，一个熟悉的身影，没想到，刘永超特意跑到体育场给他加油。

“加油！润泽！”刘永超向润泽大喊。润泽也不知自己哪来的力气，咬牙坚持跑完了全程，“我没有想到自己最后还冲刺了一段，冲进了及格线里”。

没让刘永超失望，润泽以优异的成绩直博本校。作为全国排名靠前的王牌专业，竞争十分激烈，而润泽凭借勤奋踏实、勇于创新得到了导师的认可。

2021年寒假，国家级创新团队流固耦合技术实验室的李帅副教授为几名成绩优异的同学提供进入实验室提前学习的机会。“老师发给我们每人5篇全英论文，全篇的专业词汇对我来说难度很大，我每天早早起床进行研究，实在弄不懂就找老师讨论，一个假期的时间，我读懂了每一篇论文的理论，并且在老师指导下做了一个小创新，用于探测深海资源分布情况，这个技术还在全国海洋航行器设计与制作大赛中获得了二等奖。”

那时润泽还不知道，这5篇难度很高的全英论文就是老师给同学们的考验，而他是最出色的一个，成为当时唯一一名进入国家级创新团队流固耦合技术实验室并获得直博资格的同学。

“路漫道远多险阻，不畏艰难跋涉途。
风雨交加多变故，惟我信念追幸福。”

这是徐润泽6年前提笔写下的诗。在接受了善意之后，他尽己所能，回馈所有的温暖，在许多人眼里，乐观善良的徐润泽，已然活成了“太阳”。

回顾几年的拼搏岁月，作为具有红色基因的哈工程船海人，在学院纯净的学术氛围中、在辅导员刘永超等老师与同学的关爱帮助下，润泽终圆所期，继续向海报国、逐梦深蓝。

（朱　虹）

扫码阅读推送原文

消氢能力提升约 16 倍！哈工程学子守护中国核电安全！

推送日期：2022 年 7 月 4 日

氢气在安全壳内积聚容易导致核电站爆炸，因此高效的消氢装置对于提高核电站安全性具有重要意义。哈工程 5 位本科生设计出完全拥有自主知识产权的“基于球形催化颗粒的新型组件式非能动高效氢气复合器”，较现有设备理想条件下消氢能力最大可提升约 16 倍。

该项目得到“华龙一号”核电站设计与运行单位的全面肯定，在第十七届“挑战杯”全国大学生课外学术科技作品竞赛中获得国家级一等奖，取得专利、软件著作权，并发表了论文。团队成员孙志远、李昊洋、高全燚、曹巍、周雨锋也凭借优异成绩成功保研至清华大学、浙江大学、上海交通大学、西安交通大学等高校。

大胆设想，用简单结构解决大问题

在“核工程与核技术专业导论”课上，团队成员了解了 2011 年福岛核事故发生的原因，他们开始思考如何避免氢气聚集引起的爆炸事故的发生。

经过调研，团队成员发现非能动氢气复合器是消除安全壳内氢气的重要手段，能够使氢气在催化剂作用下发生化学反应变成水蒸气，避免安全壳内发生爆炸。而当前国内外常见的非能动氢气复合器存在消氢效率低、体积大的问题，不利于设备布置、安装以及维护。

“能否通过改进非能动氢气复合器的设计，提高它的消氢效率，来保证核电站的安全呢？”项目负责人、核学院2018级本科生孙志远思考着这个问题。

核反应堆堆芯有板状、棒状、球形等元件形状，形状不同会影响元件的性能。团队成员们得到启发，想到通过改变催化板的形状扩大催化剂与氢气的接触面积，提高消氢效率。成员们选择了比表面积大的球形催化颗粒进行设计。从反应堆堆芯插入的燃料棒那儿得到灵感，团队成员确定了用多孔圆柱体的中空结构球床通道代替原本的催化板。与一般随机填充球床通道相比，中空结构球床通道的空气流通阻力减少了约90%。这一结构也易于实现、十分稳定。“通常来说，核电站中越复杂的结构面临着越高的安全风险，我们设计的这种结构看起来很简单，但却更安全。”孙志远说。

团队成员在进行相关实验

消氢复合反应过程会剧烈释热，为了防止出现局部过热所引起的安全隐患，团队根据氢气流动的规律，将离散单元法 (DEM) 与计算流体力学 (CFD) 方法结合，提出催化颗粒轴向分层布置、组件单元分区布置、催化颗粒高温自保护等创新设计，使消氢装置表面温度能够始终低于氢气爆炸极限值，达到提高消氢效率和优化热量分布的统一。

“现有氢气复合器维护时，需要工作人员们进入高温高辐照环境中处理数小时。针对氢气复合器的维护，你们有什么好的想法吗？”核电站技术人员的疑问，为团队的进一步创新指明了新方向。团队首创氢气复合器“在线自清洁”的集成设计构想，加入热风吹扫装置，利用内循环加热，就地实现组件单元自动催化能力再生。模拟得知，该装置在 200℃左右加热 1 小时，催化能力可恢复至 97%，简化了维护流程，提高了工作效率。

团队研发的新型组件式非能动高效氢气复合器

经测算，“基于球形催化颗粒的新型组件式非能动高效氢气复合器”消氢速率约为 38 kg/h。相比于目前广泛使用的氢气复合器，理想条件下消氢能力最大可提升约 16 倍，同时实现了阻力平衡和反应速率合理控制与优化，装置体积也缩小 60%。

在实践中学习，团队合作是“通关秘籍”

一个项目的成功离不开优秀的团队，团队成员均为核学院 2018 级本科生，他们在合作中共同进步，几个人分工合作，每个人都有独立负责的创新部分，都是团队不可或缺的一部分。

学院现有的课题组没有相关方向的研究，成员们从头开始学习探索。简单立方填充、体心立方填充、面心立方填充……为了在缩小体积的前提下扩大氢气与催化装置的接触面积，成员们设计了50余种催化颗粒的堆放形式，最终确定了中空结构球床通道这一形状。

在进行热量优化实验前，团队成员并没有接触过建模相关工具，大家都是边实践边学。“我们还给介绍相关算法的论文作者发过邮件，询问研究过程，什么方法都试过了。”曹巍说。成员们发现离散单元法与计算流体力学并不兼容，高全燚主动申请自学Python编程，创新设计转换程序，使通道的几何模型顺利搭建，团队因此获得一项软件著作权。“有目的地学习并付诸实践，会让我们更快更牢地掌握知识和技能。”他说。

团队需要不断调整网格分辨率模拟多种工况，每次都需要几个小时，经常出现怎么调试都不对的情况，只能选择不同的模型重新开始。经历了半年的参数调整，他们终于得到保持中空结构与热量分布均衡的最优解。那段时间，团队成员经常深夜想起一个点子，立马爬起来计算。“只要投入够了，晚上睡觉做梦都想这事儿。”李昊洋说。

要学会用学术语言阐述自己的观点，研读文献资料是科研入门的必经之路。在撰写专利申报书时，团队成员大量阅读文献，学习学术语言逻辑和表述思路。这段时间，他们几乎整天泡在实验室里，饿了就啃一口面包继续干，经常回到寝室时已经接近凌晨。

修改答辩材料时刚好赶上期末考试，团队成员会制订好每天的学习计划和目标。“按照轻重缓急划分事情，分配好时间，集中精力、提高效率先完成最重要的部分。”周雨锋说。“我们参加比赛的目的一致，就是为了锻炼自己，大家都没有功利心，看淡结果也使我们的合作更默契。”孙志远说。

师长关怀，“华龙一号”总师邢继点赞

摸着石头过河，这一创新项目的研发中遇到了很多困难。学院党委副书记刘铁来到实验室看望并鼓励团队成员，“学院相信你们，有什么需要，尽管提！”他有力的话语给团队成员吃了一颗“定心丸”；校友、“华龙一号”总设计师邢继与团队交流后，为这一创新项目点赞，并给出发展建议；核学院首任名誉院长、中国工程院院士孙玉发教授鼓励学生们坚持研究，深耕核科学领域，做出更大成绩……他们的关心和支持，是团队实现创新的强大动力。

团队与指导教师合影

在丁铭和郭泽华两位老师的指导下，成员们进一步完善项目内容和专利申报书。在进行球床通道流动阻力实验时，丁铭手把手教学，指导成员们重视细节对实验结果的影响，时刻提醒他们注意装置的安全性；修改申报书时，郭泽华经常因为小问题与他们讨论许久，要求他们研究思路要清晰、把握问题本质。

他们更是逐字逐句地审阅申报书，提出修改意见。“在老师身上，我们学到了对待科研问题一丝不苟的专业态度，和不解决问题不罢休的拼搏精神。”团队成员曹巍说。

“能够解决实际问题，才是科学研究的最终目的。”团队成员周雨锋说。为了了解核电站的实际建设情况，明确项目的应用价值，辅导员李大任带领成员们赴福清、烟台等地，调研“华龙一号”核电站，与工作人员交流学习。

团队成员与邢继交流

在烟台，成员们见到了师兄、“华龙一号”总设计师邢继，并与他交流。“学生们围绕新型组件式的非能动氢气复合器开展的一系列创新研究，对核电站的安全具有重要意义，可有效消除事故后的氢爆风险，为我国核电安全的发展保驾护航。”邢继在肯定了他们的创新项目后，也为后续的研究方向提出了建议。团队还与核领域专家孙玉发院士通过电话交流项目进展，得到了孙院士的鼓励和支持。

团队调研“华龙一号”核电站并与工作人员交流

经过努力，团队不负众望，拿到了省赛一等奖，这给了团队成员更大的信心。在对答辩材料进行几百次修改和熟悉后，团队走上了国赛的战场。他们将团队取名“核 0-1”，希望实现从零到一的突破。最终，凭借项目先进的研究思路、完全创新的解决方法和对进一步研究的明晰，团队一举拿下国赛一等奖。

“从实际出发，了解问题的本质，用实验验证自己的想法，在失败中总结经验，才有可能形成创新成果。创新从来不是天马行空的想象。”孙志远说。

目前，该项目已经正式立项，学院相关课题组已开展下一阶段的设计和应用研究。“希望未来的‘华龙二号’或者‘华龙三号’上能够有我们设计的装备，从安全到更安全，大家会一直为这个目标努力。”这是团队成员共同的愿望。

（谷　雪　徐伟哲）

扫码阅读推送原文

攻克飞机新材料难题！哈工程“热血爱国小青年”达成800万订单意向！

推送日期：2022年7月27日

哈工程材化学院有一支自称“热血爱国小青年”的“挑战杯”省赛金奖队伍，主要成员为大二本科生。他们用一年时间，不断钻研，突破自我，掌握了钼基高温合金复杂结构快速成形技术，该技术让钼基合金在高温中拥有优异的强度和塑性，可广泛应用于航空发动机热端部件制造。2022年7月，该技术与两家热防护材料企业达成了共计800万元的航空发动机零件意向订单，项目成员基于钼合金相关研究发表了7篇SCI论文，1篇中文核心论文，申请了3项发明专利。

团队成员（左张斌、中郭政佑、右李佳睿）在“挑战杯”黑龙江省赛答辩现场

2014年5月，习近平总书记在考察中国商飞设计研发中心体验C919客机样机时指出：“把大飞机搞上去，我们一定要有自己的大飞机。”

“缺乏符合航发要求的高性能高温合金，是国产航空发动机研发急需解决的问题。瞄准高性能高温合金研发，我们团队想用自己的力量助力国之重器制造腾飞！”在“挑战杯”黑龙江省大学生创业计划竞赛答辩现场，哈工程材化学院大二学生郭政佑谈起自己团队的研发初衷，赢得现场评委老师掌声一片。

大一新生成为研发团队负责人

郭政佑是超高温合金材料研发团队的发起人。刚上大一时，华为芯片断供的消息引起了郭政佑对材料性能的关注。开学初的材料专业讲解会上，他注意到航空发动机、燃气轮机等重型机械，国内都可以自主设计，但现有材料性能满足不了设计要求。

抱着“想要为国家研发出高性能的高温合金材料”这一想法，郭政佑与同样对这个项目感兴趣的同学张斌一起，敲开了材化学院高温合金方向张贺新副教授办公室的门。

“当时我手头还有其他的研究方向，高温合金材料这个方向刚刚起步，对于本科生来说是比较难的。”怕他们不能坚持下去，张贺新老师与郭政佑和张斌认真交流了研究初衷。“只要学生有想法、有兴趣、有热情做科研，学院会无条件地支持学生。”材化学院院长杨飘萍大力支持。

为了启发、扶持学生做科研，材化学院建立了“强根基、重扶持、促生长、树人才、报社会”的“五位一体人才培养机制”。“大一阶段强根基，为学生建立良好的专业基础；大二阶段重扶持，学院给予强有力的条件扶持；大三阶段促生长，通过科创和竞赛让本科生项目实现价值；大四阶段树人才，让学生通过读研或者工作回报社会。”张贺新老师介绍道，这种成长模式可以在激发学生科研兴趣的同时，给予他们科研工作最大的支持，通过校企合作帮助科研成果转化落地，使学生的科研做到更有意义、更有价值。

一番交流，张贺新看到了两个年轻人的冲劲。她决定担任他们的本科生导师，并将自己关于钼基高温合金的研究资料交给他们。最后，她语重心长地告诫："不要为了利益做科研，只有对研究真的感兴趣，你们才有足够的动力去完成它。"

带着"爱国热血青年"的冲劲，郭政佑联合张斌、刘锦洋、姜丰磊、李佳睿成立了"钼光科技——超高温合金材料变革者"团队。

在团队里，郭政佑和张斌负责项目最具挑战性的实验部分，分工配合进行文献查阅，方案论证，样品制备；刘锦洋负责调查高温合金市场相关的分析文件；来自经管学院的姜丰磊负责团队创业时的财务分析和股本结构预测；李佳瑞负责同企业进行实际调研，深入了解目前高温合金生产企业的生产模式，为未来项目的发展做好准备。

分工明确的同时，郭政佑作为项目负责人对团队进行整体统筹："在我们团队，最重要的就是团结。出现任何问题我们都不会互相责备，而是主动查找原因，互相帮助、互相扶持。"就这样，一群志同道合的年轻人，带着"为国家需求干点事"的愿望，开始着手钼基高温合金的研发。

225 组实验收获最好的新年礼物

钼是一种熔点极高的金属（熔点达 2620℃），强度高、韧性好，适合极端工作环境，在高温环境领域中极具应用价值。

但钼基高温合金的成形制造难度极高，国内外研究较少。钼金属的常温脆性以及高熔点，让它的结构成形并不容易，再加上航空发动机要求的结构复杂，使用传统的铸造锻造工艺无法生产出达到航发需求的复杂结构。要想将其应用于航空发动机、燃气轮机叶片等发动机装备，首先需要解决的问题就是钼基高温合金复杂结构成形问题。

2021 年寒假，张贺新为团队指派了韩仁恒和尹红亮两位研究生介绍相关课题，指导团队成员注册 EI 账号阅读相关文献。因为很多文献是全英文，团队成员每天需要花费大量时间翻译文献，“我整个寒假平均每天要和张斌语音通话五六个小时，探讨文献的意思和用途，互相监督、互相督促”。一个寒假的学习后，郭政佑阅读了包括部分全英文文献在内的 80 余篇相关文献，团队成员更是在短短一个多月时间里便累积阅读了近百篇文献和资料。

开学后，团队成员开始在研究生的指导下进行实验。一开始，由于基础薄弱，实验经验不足，工艺参数优化的过程中，经历了无数次的失败，每次得到的样品都非常松散，致密度很差，这对郭政佑的信心打击很大。

团队的研究一度陷入停滞。但成员们并没有放弃，在张贺新的鼓励下，学期结束后的暑假，团队成员开始再次查阅文献。反复研究后，他们找到了问题症结所在：“我们最开始材料研磨并不充分，钼粉熔点高，粉末底部熔化不充分，而硅粉在粉末上端直接烧坏，这就导致了最终成品出现了小孔，因此实验失败。”这让团队成员意识到了在多种元素混合成形的实验时充分研磨的重要性。

与此同时，张贺新老师所在的科研团队——哈工程先进材料成形与制造团队的负责人姜风春教授雪中送炭，给团队成员提供了外能场辅助 SLM（选区激光熔化）技术。“外能场辅助 SLM 技术既满足了材料快速成形的需求，又能够在零件成形过程中通过外能场的作用使材料致密化，这正好满足航发零件的结构需要。”在姜风春老师的启发下，团队成员重新燃起斗志，开始了一次又一次的优化研究。

SLM 技术使用的激光束功率问题，成了团队成员的又一道难关。过大的激光能量会将分散在钼金属粉末中用于强化的硅、硼元素严重烧损，而过小的激光能量无法实现钼金属的熔化。为此，团队成员只能不断尝试调整使用的激光功率和材料配比，以找到 SLM 技术的最优参数。

找到合适的调试参数并不容易，团队先后试验了 225 组参数，总是因为各种各样的原因得不到成形的材料。由于这个方向刚刚起步，得不到有关部门的立项支持，于是张贺新多方筹措经费，甚至自己垫付了大量的科研经费。

在实验失败的沮丧和经费短缺的双重压力下，郭政佑心情非常低落，找到张贺新交流实验进展情况。听到团队成员因为害怕激光打印实验失败浪费钱，不敢大胆进行实验，张贺新鼓励他们放开手继续做下去，“不要害怕失败，找到失败的原因并解决它，出现新的失败也是在进步”。

一次次的失败，一次次的继续，实验的艰辛张贺新看在眼里。这个团队不服输、不放弃的精神也感动着她，“我支持着他们，他们也在带动着我。学生们的不懈坚持，让我对这个项目越来越有信心。”

2021 年 12 月 31 日，其他同学已经离校，郭政佑和张斌留校与研究生们商议确定 SLM 的最优参数。“当时我们最终确定的激光参数区间是在 230~240w，但由于还没经过实验，大家的心都是悬着的。”

新年的第一天，郭政佑将配好的材料送到了工厂进行打印，很快，好消息传来，他们的材料首次成功成形了！

最终成形整体样品

郭政佑将这版材料拍照发在团队的微信讨论群里，整个群顿时充满了欢呼的表情包。“拿回这版材料后，我们赶紧用阿基米德排水法进行密度测量，得到的致密度大于 97%。大家悬着的心一下子就落地了，我们的实验终于大功告成！”经过长达一年多的实验，300 多小时的参数优化调整，这份高致密度的铝合金样件，无疑是他们收到的最好的新年礼物。

800 万元预售订单助力创业

在后续实验中，团队成员借助扫描显微镜发现了玻璃态物质，并最终分析为玻璃态的硅硼酸盐层。硅硼酸盐层可以有效地抵挡氧气向内渗入，阻碍基体进一步氧化，这同时证实了版件的耐高温性。高致密度且耐高温性能优异的材料，这正是航空发动机需要的高温合金材料。

"仅仅得到了钼基高温合金的材料还不够，我们只有生产出真正耐高温的零部件，并能够形成完整的商业模式，才能把我们的材料推广出去，真正落实到航空发动机的制造当中。"得益于材化学院的校企联合机制，张贺新向郭政佑推荐了两家专门制造热防护材料的企业。

使用钼基高温合金制作的零件，相比传统高温合金可以承受更高的工作温度，同时在高温状态下也可以保持较好的强度，进而提升整体装备的使用安全性。被钼基高温合金的优异性能吸引，两家企业共计与团队签署了 800 万元的钼基高温合金零件预售订单，预计 2022 年底完成全部产品交付，并达成新一批订单销售协议。

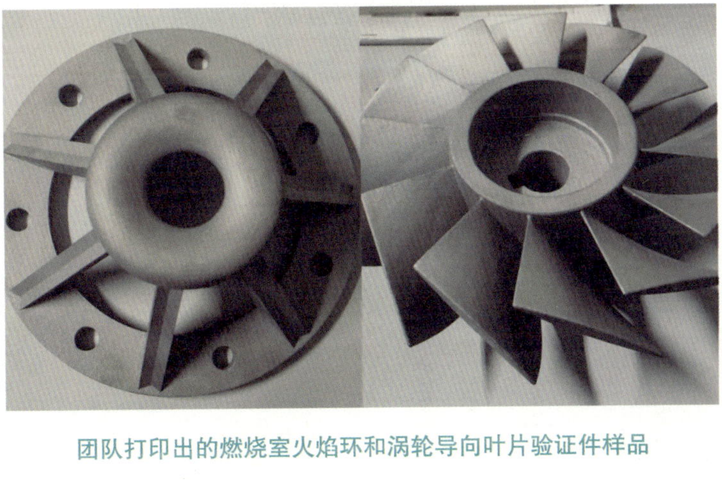

团队打印出的燃烧室火焰环和涡轮导向叶片验证件样品

谈到自己的科创经验，郭政佑表示，扎扎实实的专业课学习，是科研路上的重要基石。大一期间，他凭优异的学习成绩获得国家奖学金。在刚刚结束的大二下学期，郭政佑十门必修课程均分 91.64 分，在专业 92 名同学中排名第一。团队里其他成员，学习成绩也均保持在年级前列。“我们团队一直坚信，学习与科创是相辅相成的，回归课本可以让我们找到问题根本，科创实践也能帮助我们把课本知识理解得更深。”

“不仅局限于航发领域，希望我们的产品能在我国先进高性能舰船的燃气轮机、燃烧室等核心热端部件中得到应用，为我国先进装备的发展做出属于我们钼光科技人、我们哈工程学子的贡献。”郭政佑介绍道。下一步，团队将继续优化合金成分，未来在成形中对工艺过程再进一步优化，让钼基高温合金的应用面更加开阔。

（李柄成）

扫码阅读推送原文

栋梁参天

东海舰队副参谋长黄新建少将的荣光之旅

推送日期：2015 年 9 月 27 日

东海舰队副参谋长黄新建少将

人物简介

黄新建，1961 年出生，中共党员，中国人民解放军海军少将军衔，1983 年毕业于哈尔滨船舶工程学院，曾任中国人民解放军海军某驱逐舰支队支队长、中国海军现代级驱逐舰首舰杭州舰首任舰长，现任中国人民解放军海军东海舰队副参谋长。2014 年 3 月 24 日，黄新建作为中国海军第 17 批护航编队指挥员，圆满完成了亚丁湾、索马里海域的护航任务。2015 年 9 月 3 日，黄新建因为在中国人民抗日战争暨世界反法西斯战争胜利 70 周年阅兵盛典中担任舰空导弹方队将军领队，再次受到母校和广大师生、校友的关注。

军工英才 国之栋梁

出发——毕业前夕，已经为同学们剪了4年头发的黄新建，最后一次为同学们理发，还帮每一名同学打包好行李、送到车站。送走最后一个同学后，黄新建回到寝室。人去楼空，4年的青春记忆和沉甸甸的军工情结却留在了他的心里。他背起行囊，带着对母校的回忆和留恋，怀着对军营的热情和憧憬，赴东海舰队报到。

1979年，黄新建考入哈尔滨船舶工程学院自动控制专业。从小就立志从军报国的他庆幸不已，“能够在一所好大学里学习一个好专业，让我有能力、有资格用学到的知识建设国防现代化、献身国防事业，这是我最大的梦想！”

报到前，生于南方的黄新建就听说哈尔滨被称作“冰城”，鼻涕流出来马上就能冻成冰，没准儿鼻子都能冻掉。大学生活中的第一个冬天，很冷，但黄新建却为银装素裹的校园、美轮美奂的雪景倾倒。和那些早在初秋就把棉袄棉裤穿在身上的南方同学不同，黄新建喜欢在冰天雪地里，顶着刺骨的寒风滑冰；也喜欢在雪夜的校园漫步，欣赏青檐碧瓦的教学楼。他在日记中写道：“我喜欢南国的婉约，也喜欢北国的豪迈。我喜欢家乡的大海，也喜欢校园的冰雪。我喜欢站在屋檐下听母亲的唠叨，也喜欢和同学们在军号声中绕着操场奔跑……”“刚来学校的时候，大家的生活条件都不是很好，在学校最常吃的就是白菜、土豆、萝卜，后来，学校的条件越来越好，我们的食物由简单变得丰富，伙食标准也比其他学校高多了。我现在还记得地三鲜、豆腐泡的味道。有时，我会去五食堂打一份儿熘肉段，主要是用于奖励自己。”

大学期间，黄新建当了三年半的班级团支书，最后还担任了系里的团总支副书记。他组织同学们集体缝制“屁股垫儿”用来占座，国足和女排胜利的时候，还带同学们上街“游行”庆祝……凭借着出色的能力和好人缘，品学兼优的黄新建成了班级同学的核心。

时隔多年，黄新建仍然清晰地记得大学时在11号楼131大教室上课的情景，那些曾经教导过他的老师，他也谨记在心。“教‘电工基础’课程的陈哲嗣老师非常负责。虽然要求严格，但是大家都很愿意上他的课。指导我做毕业设计的姚立强老师，手把手教我在计算机上模拟、验证程序，甚至具体指导论文的格式，使我的毕业设计获得了满分。班主任靳明义老师怕我不适应北方的生活，经常嘘寒问暖。我们毕业后，他对我们的工作情况也非常关心……”

哈船院的学习生活对黄新建产生了深刻的影响。“船院看似地方大学，但戎行底蕴深厚，与高级军校其实没有大的区别，只是缺少了初级军校里的军人、军装、口号声和军事训练的氛围。这里是我人生的起点，我学到的专业知识，让我具备了作战指挥的优势，能够迅速适应部队的工作。当学生干部的经历，锻炼了我的组织协调能力，提高了我的综合素质，培养了我在表达、写作等方面的特长。而大学期间的军训和早操，锻炼了我的意志和体魄。能够传承老军工的传统，让我在‘兵之初’走得稳健。”

校友期盼：今天的母校，根据自身情况和国家需要锁定“三海一核”特色服务领域，这是长远而具体的规划，也体现了学校服务国家重大战略需求和行业重要领域需求的信心与决心。欣闻母校正在积极推进综合改革，作为校友，我希望学校能够紧紧抓住建设“海洋强国”的历史机遇，进一步发挥在“三海一核”领域的核心优势和独特作用，进行更多关于海军装备、船舶动力、水声定位、基础海洋环境等的研究，不断加强在船海核领域的技术储备，通过特色办学积极推进学校综合改革，同时，为国防现代化建设和国家经济社会发展做出更多的贡献。

丹心“驻舰”　固我海疆

远航——千里护航线上，波诡云谲。2014年5月16日下午5时12分，正在亚丁湾执行护航任务的长春舰上突然响起急促的铃声，“左舷30度，距离5

海里发现疑似海盗船向我商船编队接近，转入一级反海盗部署”。在第 17 批护航编队指挥员黄新建的指挥下，全舰各部位闻令而动——这是第 17 批护航编队组织的一次不打招呼演练，全体官兵迅速反应，展示了良好的战备状态和战斗作风。

1983 年，黄新建大学毕业，正值改革开放、国家大力发展工业建设的大好时机。他本来可以选择到大城市生活，找一份稳定的工作，享受优厚的待遇，但他却积极响应国家“依托地方院校，培养军队干部”的号召，毅然进入战斗舰艇部队工作，并坚持深入基层带兵。1991 年，黄新建当上导弹护卫舰舰长，1996 年当上导弹驱逐舰舰长。在繁忙的日常战备和训练工作中，他挤出时间进行理论学习，在重大任务中接受磨炼、注重积累。一些法规、制度、条令条例方面的书籍，他可以整本书原文背诵下来，甚至连标点符号都不会错。通过作战指挥、组织训练、舰艇管理、条令条例等方面的严格考核，黄新建只用了 9 年，就成为一名“全训合格护卫舰舰长”；用了 13 年，成为一名“驱逐舰全训合格舰长”。

1998 年，作为我国从俄罗斯引进的“现代级”新型战舰首舰杭州舰的首任舰长，黄新建率领全舰官兵，创下了 1 年完成单舰全训、2 年完成编队全训、3 年跨入联合机动编队序列的奇迹，随后，又创造了人民海军历史上舰载防空导弹、舰载大小口径火炮多个“第一”。

2014 年 3 月 24 日，黄新建作为指挥员，带领第 17 批护航编队从舟山起航，赴亚丁湾执行护航任务。编队共执行了 43 批 115 艘船舶的护航任务，驱离疑似海盗船 12 批 61 艘，保证了被护船舶和部队自身安全。其间，第 17 批护航编队还紧急救助了我国台湾“长都”号货轮受伤船员和意大利籍“阿拉蒂娜”号商船失火遇险船员，与欧盟海军 465 编队在亚丁湾海域举行联合反海盗演练，并同美盟 151 编队指挥官、吉布提军方官员进行了交流会晤，展现了中国海军的实力，扩大了中国海军的影响，推动了各国海军的合作。

在索马里执行任务时期，部队靠岸的地方，很多都是世界上最不发达国家，住的是铁皮棚，吃的是大锅饭，资源匮乏，但却对这些维护海上平安的护航官兵热情而又慷慨。每当编队靠岸补给时，当地军民都会载歌载舞，热烈欢迎海军官兵。当地的华人华侨拿着鲜花迎接编队，义务为官兵担任导游和翻译；伊朗的华人企业家送来椰枣等当地特产；约旦当地政府用最高礼仪——美味的烤羊羔招待官兵；巴基斯坦某城市24小时全城警戒，还把食品摆放到码头，方便海军官兵购买……

“中国作为国际社会的负责任大国，人民海军历来把履行国际人道主义义务，视为义不容辞的责任。只要外国商船提出护航申请或发出呼救，我们就会尽力提供护航和救助服务。军舰是流动的国土，护航编队是中国形象的名片。人民海军始终铭记自己的崇高责任，展示了中国军队和军人的良好形象和锐气雄风。”作为指挥员，黄新建凭借重大任务积累的经验和优秀的作战指挥能力，带领训练有素的编队，圆满完成各项任务，享誉亚丁湾。外国军民对我国海军严整的军容、有序的组织指挥、良好的装备技术性能、高效的舰艇管理给予高度赞誉。

“执行出海任务越多，越能感受到祖国的强大和我们自身的成长。能够参加护航，我感到十分自豪和激动，同时，更感身上责任重大。国家海军虽然强大了，但是与发达国家相比，差距明显。每当看到有些国家的军舰和飞机在我们面前耀武扬威，我们的爱国热情和献身国防的信念就会被进一步激发。哪里有国家利益存在，哪里就应该有武装力量存在。国泰民安，只有国家发展壮大了，人民的利益才会得到保障。建设‘海洋强国’、发展我国海洋军事实力刻不容缓，‘走向深蓝’计划需要国家、军队和人民的共同努力。”

将军寄语：作为一名海军高级军官，我一直对学校的国防生培养工作非常关注。我曾两次回校为国防生上课，希望能用亲身经历帮助国防生进一步了解海军的工作和生活，激励国防生树立献身国防的坚定理想信念。在部队，我和母校培养的国防生有很多接触，其中，很多人已经走上领导岗位。他们是心系国防、忠诚奉献的可靠人才，也是基础扎实、素质全面的顶用人才。他们传承和发扬“哈军工精神”，以祖国需要、国防需求为己任，在部队建功立业，践行了知识报国、科研强军的神圣职责。

国防生是幸运的，既可以圆一个军官梦，又可以圆一个大学生梦。学校国防教育月、海军文化节等活动，帮助国防生提高了文化素质、军政素质和综合素质；在国防生中建立模拟营连排制度，营造了部队的氛围，使国防生进入工作岗位后能更快适应部队生活。你们要时刻想到自己是大学生，更是国防生。要在学校打牢“兵之初”的基础，完成由民到兵的转变，树立作为预备军官的荣誉感、责任感和使命感。国防生要树立献身国防、献身海洋的信仰；练就强健的体魄，适应高山海岛的生活；加强知识储备，学好专业知识；坚持深入基层，锻炼自己。毕业季将至，又将有百余名优秀国防生走上海防第一线。我热诚地期待，在为祖国和母校争光的岁月里，我们可以携手为实现“海洋强国梦”而奋斗！

一次阅兵　终身荣光

荣归——2015 年 9 月 3 日上午 9 点 20 分，参加中国人民抗日战争暨世界反法西斯战争胜利 70 周年阅兵盛典的受阅部队在长安街整齐列队。黄新建作为舰空导弹方队将军领队，为官兵做最后的动员：“我们到天安门来干什么？训练为了什么？一会儿做什么？怎么做？我们要以怎样的姿态接受习近平总书记和全国人民的检阅？”“我们时刻准备着——”11 点 13 分，黄新建带领方队军姿严整、口令铿锵地驶过天安门，展示了海军新生战斗力量的风采。

得知选拔将军领队，黄新建积极报名、主动申请。他说：“中国有200多万军队，只有1万人受阅；中国有上千名将军，却只有56人能成为将军领队。能够参加这样一次国之大典，是我一生的荣耀，也是我作为一名军人的梦想。一次受阅，终身荣光。作为一名地方大学毕业的部队干部，此次阅兵是提高自身综合素质的一课，也是我军旅生涯中关于军政素质的一次补课。”

阅兵训练分为单兵训练、方阵训练、合练三大块，其中最辛苦、最难熬的就是单兵训练。黄新建把单兵训练的内容划分为站功、举功、喊功。“站功”要做到两个小时维持不动，三个小时动作不变形，四个小时保持不晕倒。为了练好“举功”，黄新建每天都要在手臂上绑沙袋，对着镜子练习 300 次，既要做到动作标准到位，还要做到整齐划一。“喊功”不需要太多体力，技术难度却很大。一句“向右看”的时长大概为 1.8 秒，黄新建的误差在正负 0.03 秒以内，却仍然对这百分之几秒的误差感到不满意。

在阅兵训练的过程中，黄新建瘦了 10 多斤，最多的一天，换了 4 套衣服。和战士们在密不透风的驾驶室里训练结束后，他的鞋子都能倒出水来。“不想当将军的士兵不是好士兵，当不好士兵的将军也不是好将军。我们要忘记职务、忘记年龄、忘记伤痛，与官兵一起生活、一起训练、一起吃苦。”作为中国首批执行地面受阅任务的高级将领，从驾驶战舰驶向深蓝到率队接受检阅，黄新建完美展现了一名中国海军优秀将领的风采。开训以来，他始终以良好的军人姿态和过硬的军人作风走在将军领队前列，在两次阶段性考核中都取得了第一名的好成绩。

当被问及参加阅兵是否紧张时，黄新建这样回答：“正式阅兵前，我们预演过若干次，我相信自己和方队可以圆满完成阅兵任务。作为一个军队的将领，任何时候都应该沉着冷静。当时的感受，确切地说，应该是对这次汇报和展示感到激动、兴奋和期待。当我带领一列列、一排排的装备驶过天安门，就像我带领编队冲出岛链、驶出大洋、驶向深海。蓝色的滚滚铁流，在激昂的乐曲中匀速前进，展示了海军的中国气派和世界一流的雄姿。”

阅兵前后，黄新建总共接受了 4 次央视的直播采访，不仅讲述了阅兵背后的故事，也介绍了我国海军的发展概况。主持人鲁健一连几个问题都很直接：“将军领队练什么？您有没有减重？我们现在的海军装备水平到底怎么样？如果一旦发生海上冲突，我们有没有自信和能力去解决问题？”黄新建的回答实在而中肯，让鲁健印象深刻。采访结束后，鲁健在一篇文章中写道：对这次阅兵，我个人最期待的就是看看这些将军领队的表现，看看他们能不能真正做到身先士卒，在黄少将身上我看到了。

将军感悟：首次作为一名将军领队参加阅兵，既是个人荣耀，更是我们部队官兵的荣耀。军官能在军旅生涯中有这样一段经历，我非常自豪，也为部队、为海军感到骄傲。部队是个大熔炉，打造了我，但我的基础在船院，是母校培养了我，使我在“兵之初”就有了高起点，最终成长为一名将军。

阅兵结束后，我接到了母校的老师、同学、国内外的广大校友的祝贺，感谢母校、老师、同学和校友们的支持与关注。国防和海军的强大，需要我们共同努力。祝愿母校能够培养更多的国家栋梁，为海军和国防事业的发展做出更大的贡献。

记者手记

2015 年 9 月 12 日 14 时，我抵达上海，比预约时间提前一个小时敲响了黄新建将军的房门。将军笑容可掬地将我迎进房间并握手问好。我走进房间，随即看见茶几上我之前发来的采访提纲已经打印出来，上面放着将军的眼镜。采访提纲上满是字迹，甚至包括对标点符号的修正。黄新建的认真让我印象深刻。

“我给你演示一下我们阅兵时的动作吧，也缓解一下你的紧张情绪。”将军首先在房间里演示起立正、稍息的动作，并卷起裤腿说明站立的标准，举起手臂演示敬礼的角度。

“东西华表之间的距离是 96 米，我们通过华表的时间为 48 秒。为了保持 48 秒不眨眼，我们还要练精气神儿。怎么练呢？就是要面部肌肉放松，嘴角上翘，鼻孔放大，满面春风。”我笑了，问：“将军，还要鼻孔放大吗？”

采访进行得很顺利，两个多小时以后，我的采访依然意犹未尽，将军的下一个行程已经到时间。“明天能再抽出一个小时接受采访吗？”我问。将军看了一下行程，果断应允。

第二天采访结束后，将军起身送我时说：“由于工作任务的关系，去年一年虽几度联络，但采访未能成行，双方都深感遗憾。此次能有这样一个机会与师生、校友交流，在此，我要表达的是对母校的思念、老师的感谢和全校师生的问候。”

采访圆满结束，我列出的长长的 30 个大问题，都拿到了答案。有一个提纲上没有的问题，我也得到了答案：共和国的将军什么样？

（贾天添）

扫码阅读推送原文

哈工程深潜英雄助“蛟龙”探海圆满收官！

推送日期：2017年7月2日

“蛟龙”号历经138天航行1.83万海里，2017年6月23日顺利返回青岛，至此，2017年“蛟龙”号试验性应用航次（中国大洋38航次）顺利结束。此次参加潜航的8名潜航员中的3名哈工程校友唐嘉陵、陈云赛、张奕，承载母校师生的热切期盼载誉归来。

“蛟龙”号潜航员深潜返航

蛟龙探海圆满收官

本航次“蛟龙”号累计下潜30次、常规调查75个站位，足迹遍布西北印度洋、中国南海、西北太平洋，作业地形涵盖海山、热液、海沟等典型海底地形区域，共计 23 家单位 156 人参航。为期 5 年的“蛟龙”号试验性应用航次圆满收官，推动我国进入世界“深潜俱乐部”。

“蛟龙”号在深潜深渊过程中

5 年间，“蛟龙”号先后开展了 152 次成功下潜，450 余人次参与下潜，参航人员高达 1000 人次以上，总计历时 517 天，总航程 8.6 万余海里，获得了海量高精度定位调查数据约 4950GB 和高质量的珍贵地质与生物样品约 3860 件。

“蛟龙”号是目前世界上下潜深度最大的作业型载人潜水器。本航次中，“蛟龙”号 17 个潜次作业水深超过 6000 米，连续大深度安全下潜，充分发挥了“蛟龙”号全球领先的深度技术优势，为我国抢占国际深渊科学研究前沿提供了强有力的技术支撑。

开展试验性应用航次以来，“蛟龙”号更像一辆深海出租车，哈工程校友唐嘉陵、陈云赛、张奕等潜航员则是出色的“司机”，搭载经过培训的科学家等“乘客”下潜到海洋深处，开展现场调查和科学研究。

5 年里，“蛟龙”号获得科技部 973 计划、中国科学院战略性 B 类先导科技专项、国家自然科学基金委员会南海深海过程演变重大研究计划、资源勘探计划、环境调查计划等支持，下潜足迹遍布中国南海、东太平洋、西太平洋、西南印度洋、西北印度洋、马里亚纳海沟、雅浦海沟等 7 大海区，作业地形包括海山、冷泉、热液、洋中脊、海沟、海盆等典型海底地形区域，特别是在马里亚纳海沟和雅浦海沟下潜作业中，发挥了全球领先的深度技术优势，为我国抢占国际深渊科学研究前沿提供了强有力的技术支撑。

此外，海底烟囱喷口内高温热液取样和连续观测，证明了“蛟龙”号高精度定点悬停作业能力；先进水声通信技术和微地形地貌探测技术优势，在试验性应用中得到发挥和验证；“蛟龙”号还在国际上首次实现时隔一年在 6000 米以下深海底对科学仪器的定点搜寻与回收……

哈工程走出的“驭龙”高手

哈尔滨工程大学校友唐嘉陵是我国首批自主选拔、培养的载人潜水器潜航员之一。曾是我国最年轻的“蛟龙”号潜航员，在“蛟龙”号潜水器 1000 米至 7000 米海试中，直接参加下潜数十次，他创造了世界上作业型潜水器 7062 米的最大下潜深度，发现并取得两个深海海底新物种，被国务院中央军委授予“深潜英雄”称号，同时也是第十七届中国青年五四奖章获得者。

哈尔滨工程大学校友张奕是我国第二批载人潜水器潜航员，张奕是我国首位担任独立主驾驶的女潜航员，经过了职业素养、体质体能与心理、专业基础理论、潜水器维护理论与技术、潜水器操控技术、海上实习等六大方面系统的理论与实操培训。

哈尔滨工程大学校友陈云赛是我国第二批载人潜水器潜航员。他们从 2014 年 7 月开始培训，共计完成六大模块 811 个学时理论课程学习，1969 个学时实践课实操，三年累计海上工作时间 404 天，各完成 12 个潜次的下潜作业任务，其中每人担任 2 个潜次的独立主驾驶。

在我国“十三五”规划中，“蛟龙探海”是 165 个重大工程之一，也是海洋领域的四个重大工程之一。

“工程覆盖我国深海大洋事业的各个领域，是全面规划我国深海大洋事业的顶层设计。” 中国大洋协会秘书长兼办公室主任刘峰说：“‘三龙’将会变成‘七龙’，从已有的‘蛟龙’‘潜龙’‘海龙’，发展到深海钻探的‘深龙’、深海开发的‘鲲龙’、海洋数据云计算的‘云龙’以及在海面进行支撑的‘龙宫’。”

（综合整理于新华社、工学新闻网）

扫码阅读推送原文

“世界奇迹”的诞生，有这位哈工程校友的八年

推送日期：2018 年 11 月 2 日

八年，铸就世界最长跨海大桥。

半小时，粤港澳三地天堑变通途。

一周前，全长 55 公里、被誉为“世界七大奇迹”之一的港珠澳大桥通车，我校 82 级船舶工程系校友、武船重工集团钢桥专家黄新明就是奇迹的创造者之一。

从 2009 年到大桥建成的 2017 年，8 年时间，黄新明把自己的全部心血凝结在这座拥有多项世界之最头衔的跨海大桥上。

港珠澳大桥

世界级难题的解决

伶仃洋航道是世界上最繁忙的航道，每天过往船只超过4000艘，从海面望去，三座海豚形桥塔格外引人瞩目，这就是港珠澳大桥江海航道桥。三座全钢桥塔由黄新明所在的CB02标段负责，但是吊装之前，黄新明和他的团队就碰上了一个世界级的难题——桥塔属于异型构件，在调整姿态的同时，要保护塔体不受损，而且还是海上作业。

正当所有人一筹莫展时，黄新明大胆地提出了“无损吊运、无损支撑、无码装配”思路。

当时在国内，重量达2600吨的钢塔在水上翻转吊装还没有过先例，作为异型构件的桥塔需要整个翻身180度，又为施工增加了翻倍的难度。黄新明团队采取的方案是桥塔整体做好之后，到现场用浮吊把它竖转90度以后再平移到塔墩上面去，它跟塔墩是用18000套螺栓连接的，为了保证钢塔的垂直度，不用焊接，只用栓接，最大限度地减少施工后期的干扰。

黄新明带领武船重工的团队与合作伙伴齐心协力，共同研发吊装工具，采取“把高空作业地面化，海上作业工厂化”的模式进行施工。同时，为确保一次成功，先后组织三次模拟演练，四次实地演练，最终花费7个多小时，经过60多个作业步骤，在海上把这么大重量的桥塔一次性吊装到位，也属首创。桥塔完成吊装的姿态和位置照之前的设计达到误差仅为1/4000的精度，即高度四米，只偏差一毫米。

黄新明从技术工人做到项目经理，从内陆桥梁到世界最长的跨海大桥，参与港珠澳大桥建设的八年，既是黄新明职业生涯的顶点，也是他人生中的重要转折。化繁为简成为黄新明一次次挑战不可能的秘诀。

他认为，“只要动脑筋，没有找不到的芭蕉扇，也没有过不去的火焰山”。完成复杂高难项目的绝招就是化繁为简，如兵法所云“化整为零”，从而各个击破。

“一个很复杂的项目，就像一个圆，可以设计很多种多边形趋近这个圆，就是把一个复杂的工程分解成若干相对简单的部分，每一部分采取最专业的方式，达到最优化或者最精确的效果，最后保证整体效果趋于完美。”

在 CB02 标段中除了引人瞩目的海豚桥，数公里非通航孔桥也是大桥的重要组成部分，由钢箱梁拼装而成，最大单节重达 3600 吨。考虑到保护桥址的环境，每节钢箱梁都是在中山的预制场制作完成后运到海上架设，在伶仃洋上直接进行无损焊接。

港珠澳大桥中“大节段钢箱梁整体吊装”“2600 吨钢塔整体装船及吊装”“138 号钢塔翻身”等，每一项都需要挑战极限。在黄新明的带领下，各项工作最终全部高质量按期完成，堪称完美。

就是到港珠澳大桥上拧螺丝也愿意

早在 2003 年，时任武船重工副总经理的黄新明便注意到粤港澳三地修建跨海大桥的消息。当时黄新明为了表明参与建设的决心，留下的一句话令人肃然起敬，“哪怕让我去港珠澳大桥上拧个螺丝我也愿意干。再一个，如果让我选择项目经理和当时副总经理两个职位其中一个的话，我宁愿选择项目经理”。

2009 年港珠澳大桥开工建设后，黄新明主持大桥前期信息跟踪、技术准备及招标工作。他立了一道军令状，一定要拿下港珠澳大桥，要不然他就引咎辞职。在竞标中，武船顺利拿下港珠澳大桥 CB02 标段。让他有机会在这个世纪工程中大显身手，黄新明带领团队在伶仃洋上一干就是八年。

桥梁工程 CB02 标段，从深水区非通航孔桥起到江海航道桥为止，项目总长 7.154 公里。整个标段用钢量达 16.4 万吨，已相当于十座普通桥梁的工程量。

能够参与港珠澳大桥这样的项目，黄新明觉得这是新时代所给予的机遇：“港珠澳大桥是我们国内目前为止规模最大的一座跨海大桥，也是我们国家从桥梁大国转向桥梁强国的一个分水岭，一个里程碑。”

黄新明及团队承接过国内大小桥梁几十座，其中包括多座特大型钢结构桥梁，不乏三峡工程和杭州湾大桥这样的世界级大型项目，积累了丰富的造桥经验，这些参建项目多次获得鲁班奖、詹天佑奖、全国市政金杯示范工程奖、国家优质工程银奖和省级优质工程奖。此外，他完成各类创新项目800多项，实用新型专利12项，并在2010年荣获茅以升科学技术奖首届建造师奖。

黄新明作为项目负责人，是一个充满理想的现实主义者。他以沉稳而不虚浮、奋进而不张扬的个性，在现实的路上去追逐理想，在自己的人生路上"老老实实做人，踏踏实实做事"。他说："武船集团是个好平台，没有这个平台，我就无缘港珠澳大桥。是武船培养了我，我感恩武船如同感恩母校一样。我还要感谢项目部这个优秀的团队，因为有了团队的齐心协力，我们才顺利完成了我们的任务，没有给武船丢脸，我也为母校争了光。"

从大学毕业造船，再转为建桥，从助理工程师到研究员级高级工程师，从普通工艺员到公司技术副总经理，从技术副总经理到经营副总经理，从副总经理再到意义非凡的港珠澳大桥项目经理，黄新明一步步地完成了人生阶段性蜕变。

黄新明在港珠澳大桥上接受媒体采访

对桥梁史负责

为保证港珠澳大桥钢箱梁大节段的拼装，在广东中山的制造基地，从2012年港珠澳大桥CB02标段开工，到2016年港珠澳大桥桥梁工程全线贯通，中山基地成了黄新明的又一个“家”，他在这里待了近四年，并在这里度过了三个春节，守护着逐渐成型的港珠澳大桥。

在港珠澳大桥上不留遗憾，是他常常挂在嘴边的一句话，而这句话的背后是他艰难的选择。这期间，女儿中考，他没有辅导过她的功课；在138号钢塔翻身方案进行到最要紧的时候，父亲去世，但是他一直等到翻身方案最终敲定，才仓促回家守灵……他为了建好港珠澳大桥，虽遗憾心痛却仍然无悔。

长期驻扎工地，黄新明与项目部一线员工同吃同住同劳动，每天一半的工作时间放在生产一线，了解他们的工作生活情况。他清楚地知道，谁的父母年迈需要回去看望，谁的孩子还小需要回家照顾，谁的爱人生病需要回家陪伴，并尽可能为大家争取到调休的机会，让他们“常回家看看”，甚至主动顶替他们的岗位完成紧要任务。

为全面完成好港珠澳大桥CB02标段项目，武船集团公司准备拿出500万元人民币作为奖励基金，授权给黄新明使用，他当即表示，要把这笔钱全部根据项目部的管理制度，按质量、安全、进度的节点等，发给团队的所有人员，自己分文不取都可以。他一直秉持这种观念：财散人聚，财聚人散。把钱用到项目的每个人身上，才能把项目做好。黄新明一直有个理念：做好港珠澳大桥，一定要怀着“两心”——敬畏之心与感恩之心，即对港珠澳大桥项目、对各项制度规范、对制造标准要怀有敬畏之心；对业主、对本企业领导、对一同前行的项目部同人要怀有感恩之心。在CB02标段项目团队中，不乏生产、技术、管理等方面的各类精英，他们之所以能够团结在黄新明周围，很大程度上是与他的“两心”理念分不开的。

2017年，黄新明刚结束港珠澳大桥项目回到武汉，转身又投入新的项目攻坚中。不知疲倦的他因为连续高强度工作，突发中风住进了医院。脱离了危险期的黄新明刚经历过生死考验，但最先想到的还是桥梁事业，虽然身体原因不能回到一线，但他还是希望能把自己的经验传承下去。

“既然老天爷让我活过来了，那我就应该再好好地珍惜今后几十年的时光，力所能及的情况下，再做点事。我在这个行当做了那么多年，多少积累了一些经验。如果有机会的话，还是可以再带一些徒弟或者传给后人吧，就相当于我们交过学费的地方，就不要让后人再交学费了。”

“回想20世纪50年代造长江一桥的时候，那是举国之力啊，现在做一个跨江大桥，基本上一个县的能力就够了，我们国家的造桥设计制作水平大幅度提高，财力也是非常雄厚，我们作为造桥人，也赶上个好时候。”

“这个桥是120年的有效使用期，100年以后，我们这些造桥人都不在了，但桥还在，也许一千年以后，桥都不在了，但是桥梁史还在，我们要对桥梁史负责。”

而今，港珠澳大桥这座“世界超级工程”已巍然矗立于碧海之上。惊叹于她的雄伟壮观时，我们忘不了为这项工程奉献智慧、挥洒汗水的港珠澳大桥建设者们。他们身上，不但有着坚韧不拔、无私奉献的精神，更体现了鲜明的时代特征，那就是知识的力量、科学的态度、创新的精神和团队的意识。

谈起母校哈工程，讲潜艇操纵性课程的徐玉如老师，讲流体力学的李积德老师，讲材料力学的杨国翼老师，还有学工部的魏潾老师，讲课的认真严谨，对学生的亲切负责，让黄新明至今难以忘怀。他认为母校优良的教风学风、紧密结合实际应用的课程设置，为他在工作岗位上不断取得好成绩奠定了坚实基础。项目组还有很多哈工程校友，他们都与黄新明一样具有技术扎实、动手能力极强的特质。

黄新明寄语哈工程的学弟学妹，做事的态度一定要严谨、细致，“吃亏是福”，要接地气，与工人师傅交朋友，工人师傅的生活智慧、工作智慧很值得学习。

（综合整理于凤凰网、《港珠澳大桥风采录》）

扫码阅读推送原文

“改革先锋”叶聪：
从“深海的哥”到全海深载人潜水器总师

推送日期：2018 年 12 月 6 日

今年是我国改革开放 40 周年，党中央决定表彰一批为改革开放做出杰出贡献的个人。根据评选表彰工作部署，在各地区各部门反复比选、组织考察、集体研究提出推荐人选的基础上，经归口评审、统筹考虑，产生了 100 名改革开放杰出贡献拟表彰对象。哈尔滨工程大学校友、全海深载人潜水器总设计师、“蛟龙”号深海载人潜水器首席潜航员叶聪入选。

改革开放做出杰出贡献个人：叶聪

“蛟龙”号深海载人潜水器首席潜航员叶聪

叶聪，男，汉族，中共党员，1979 年 11 月出生，湖北黄陂人，哈尔滨工程大学船舶工程专业 2001 届毕业生，中国船舶重工集团有限公司第七〇二研究所副所长、水下工程研究开发部主任，“蛟龙”号深海载人潜水器首席潜航员，全海深载人潜水器总设计师。他长期从事载人潜水器的研究、设计和研发工作，通过不懈努力，终将“蛟龙”号从图纸变为现实。出于对载人深潜事业的热爱，主动肩负起试航员的重担，作为主驾驶员参与“蛟龙”号深潜作业共计 50 次，最大下潜深度达到 7062 米。作为改革开放以来载人深潜事业的代表人物，他是青年人岗位建功、报效祖国的榜样。荣获“载人深潜英雄”荣誉称号和“全国五一劳动奖章”“中国青年五四奖章”。

从“深海的哥”到“全海深”潜水器“总师”

2012 年 6 月 24 日，“蛟龙”号载人潜水器在西太平洋马里亚纳海沟下潜至 7020 米，创造了中国载人深潜新纪录，也是世界同类型载人潜水器的最大下潜深度。同日，航天员成功“驾驶”神舟九号与天宫一号实现刚性连接，中国首次手控空间交会对接试验成功。

叶聪代表 “蛟龙”号潜航员刚在海底送上了对神舟九号的祝福，待他们回到甲板后，就收到了来自神舟九号的祝贺，上演了一出完美的“海天对话”。

叶聪工作照

作为“中国深潜第一人”，叶聪从编写“蛟龙”号设计报告、画图纸到 50 次驾驶“蛟龙”号入海，十几年光阴，“可下五洋捉鳖”的中国梦在他和他同事手中成为现实。

23 岁成为“蛟龙”号主任设计师

长江边长大的叶聪对水有着天然的亲近感。1997 年 7 月，他在参加高考填报第一志愿时，毫不犹豫地写上：哈尔滨工程大学船舶工程专业。入学后，终于有机遇去真正研讨本人爱好的船舶。“我喜欢自己着手设计。”那时叶聪每次看到新船型，心里都会有一种激动，盼望亲自把它设计出来。

“蛟龙”号载人潜水器

2001 年，叶聪毕业，选择了去船舶实践研究与利用都很强的中船重工七〇二研究所工作。对潜水器感兴趣又熟习船舶常识的叶聪开始做潜水器的效果设计图。

参与潜水器的研发，这对叶聪来说“如鱼得水”，他在学校接触过潜艇，对潜艇的特点略知一二。

叶聪说：“我的学习背景非常有利于自己在这个领域开展工作，我在学校学的设计为我在新船型的研发上奠定了基础，可以更好地去解决问题。我的工作跟我的个人兴趣、专业背景、个人特长都很符合，感觉很棒。”

因为在学校都学过，对做船舶的时光线和空间线都很明白。叶聪凭着自己的懂得，坚持做设计图，一版不行，就再来一版。这给“蛟龙”号总设计师徐芑南留下了深刻印象：“他是个很有想法，做事踏实、细心、执着的年轻人。”

叶聪在设备驾驶舱内进行模拟操作

2002 年，刚从哈尔滨工程大学船舶工程专业毕业的叶聪赶上了中国载人深潜“最好的时代”：7000 米载人潜水器（“蛟龙”号）被列为国家 863 计划重大专项，叶聪所在的中国船舶重工集团公司七〇二研究所勇担重任。

2003 年，刚刚工作两年，叶聪以助理工程师身份担任“蛟龙”号总布置主任设计师，也是该项目最年轻的主任设计师。叶聪这一张“白纸”也在短短的一年中变得色彩斑斓。一年后，叶聪为首的团队拿出了“蛟龙”号的草图，震惊全国。

“蛟龙”号总设计师徐芑南说，深海载人潜水器的设计当时在国际上没有现成标准和规范，相关资料难得一见，相关人才也严重“断档”，是叶聪这批年轻人挑起了大梁。

回忆起那段“艰难岁月”，从小就喜欢画格子做设计的叶聪说：“可供参考的资料太少了，就连国外一些宣传画，我们都能研究很久。”

“蛟龙”号潜水器最重要的设计图纸、每个设计阶段的潜水器总图均出自叶聪之手，对于这一点，他还有点小小的得意，笑称“秀才会武术，谁也拦不住”。

叶聪说自己的长处是可以“不厌其烦地去做一件事”。作为“蛟龙”号的主任设计师，从最初的草图到完工图，几年下来，叶聪已经修正了几百遍。

叶聪说，每一个部件都要算得很清晰，有时候都要一厘米一厘米地去盘算，操作时间都要准确到秒。

耐压构件密封、控制、水声通信……面对研制中一块块难“啃”的骨头，叶聪从零开始，边学习边设计，在没有母型船提供参考借鉴的情况中，完成了“蛟龙”号的总布置设计任务。

叶聪还参与了总布置以外的潜水器结构、推进、观通、水声、水面支持等部分的设计和协调工作，相继担任载人潜水器的质量师和建造师，在项目总体策划、加工建造和监督等方面表现突出，为载人潜水器研制工作立下汗马功劳。

叶聪在中国载人深潜表彰大会上接受表彰

经过6年努力，从初步设计、详细设计到总装、联调……叶聪一步步见证着“蛟龙”号的成长。

七〇二所所长翁震平说：“技术空白很多，每个部件、每个环节都要进行无数次的试验，仅用五年时间就完成了设计组装，这本身就是个奇迹。”

当仁不让成为首席潜航员

蔚蓝色的海洋，乘龙入海，在神秘的海底，探索奥秘，这是人类从古至今的梦想。比起设计师，叶聪更出名的身份是中国首席潜航员，俗称“深海的哥”。

参与潜水器设计建造的每个阶段，对各阶段的任务使命、分析报告、均衡计算书、深潜操作流程、潜水器总图都了如指掌，曾在美国 Alvin 载人潜水器上观摩学习深潜技术，既熟悉潜水器，又有深潜技术，这让叶聪成为难得的人才。2009 年，叶聪当仁不让地成为“蛟龙”号主驾驶员。

50 米、300 米、1000 米、2000 米、3000 米、4000 米、5000 米、7000 米……“蛟龙”号每一次突破这些深度，都是在叶聪驾驶下完成的。2009—2012 年，“蛟龙”号四度出海，最大下潜深度 7062 米，先后 51 次下潜（包括 1 次无人），叶聪“入海”38 次。

2012 年，“蛟龙”号在西太平洋马里亚纳海沟一次次刷新世界载人深潜纪录，叶聪和他的同事们的努力，让我国成为继美国、俄罗斯、日本和法国之后第五个具备大深度载人深潜能力的国家，标志着中国具备了在全球 99.8% 的海洋深处开展科学研究、资源勘探的能力。

巨大成功背后，是数不清的汗水和艰辛。“蛟龙”号内部空间狭小，驾驶员只能保持蜷缩状态工作，叶聪这样叙述自己的感受：“深海生物比较稀少，总体上给人一种荒凉感。下潜速度大约在 50 米 / 分钟，比平常的电梯还要慢一点……”

“蛟龙”号第一次出海，挑战的仅仅是 50 米，但这却是“蛟龙”号团队“最害怕”的时刻。叶聪回忆说：“真正第一次下潜深度只有 38 米，1 个多小时的时间全身都是汗，感觉非常疲惫，后来 10 多个小时的下潜也没这么紧张。”

进入载人舱，温度高达 40℃，湿度也很大，感觉不太舒服。随着不断下潜，舱内温度逐步下降，为了防冻，潜航员会不断添加衣服。

潜水器完全没入水面之前，需要进行水面检查和注水，因此摇晃得很厉害，加上舱内非常闷热，叶聪只好不停地擦汗。

主驾驶潜航员相当于深潜器上的“船长”，有时候甚至海上总指挥也要听他的。因此这要求主驾驶具备冷静、负责、果断的决策能力，能够遇事不惊，按照操作手册、应急预案以及个人知识积累来分析、处理问题，对潜水器和舱内所有人员的安全负责，能够在困难面前挺身而出。

在深海，叶聪他们需要调试“蛟龙”号各个系统的功能，还要进行科考作业、捕获海底生物……

叶聪说：“有时还有一些意外情况，比如开始时出现通信故障，3000米时出现绝缘故障，5000米时回收遇到暴风雨，母船迟迟找不到我们……”

但所有困难都不能阻挡叶聪和他的同事们。“可上九天揽月，可下五洋捉鳖，谈笑凯歌还。”当初的中国梦已成现实。

他希望搭乘自己设计的潜水器造访万米深渊

叶聪大学时的班主任、哈尔滨工程大学船舶工程学院舰船总体与系统工程研究所教授丁勇回忆说，叶聪当年以优异的成绩考入哈工程船舶工程专业，读大学时他的成绩很好，性格沉稳，做事情考虑周全。以前在课堂上讨论问题，他总是十分细心，特别对于一些关键环节能够处理得当。丁教授赞叹道：“叶聪是我们学校的骄傲，我相信他能在载人潜航工程研究上走得更远，潜得更深。”

在大学同学康庄眼里，叶聪特别喜欢船舶、热爱大海，“让我印象很深的是大二时，我们一起去大连实习，叶聪在海边高兴得像个孩子似的，对于海洋他似乎有种天然的亲近感”。

“在开展‘蛟龙’号研制的同时，从2009年到2017年，历经八年持续艰苦攻关，我们又完成了‘深海勇士’号的研制。”叶聪介绍说。如今，他又有了新的使命：2016年，全海深载人潜水器项目正式立项，37岁的叶聪正式挂帅总设计师。

叶聪说，按照计划，将在2020年完成万米级载人潜水器的研制，未来科学家将随着它深潜万米海底进行科考，探索深海大洋的未知世界。

因为不同作业特点，蛟龙、深海勇士和全海深载人潜水器外形也并不相同。

“深海勇士”号更强调作业性能，身为型号副总设计师，叶聪将潜水器前脸设计得类似越野车的车头，给予灯光、摄像机和作业工具很大增改装的空间。

在设计全海深潜水器时，因为在经验、方法上已有很多积累，可以很好地平衡和优化机动性和作业性能。“协调地完成潜水器的功能和性能指标是设计的第一层次，经过优化，精准极致地完成是第二层次。”叶聪说，自己一直努力的方向，是能够在方式、方法和模式上取得创新。

“蛟龙”号在7000米处的压力是700个大气压，万米级载人潜水器还要增加400余个大气压。这样的高压对潜水器的结构设计、材料等，都提出了巨大挑战。目前，全海深载人潜水器完成设计，转入全面建造阶段。叶聪形容，是骡子是马，要开始遛了。

作为总师，他感到空前的压力。“在研制的每一个阶段，从方法、材料到部件、装置都需要像体检一样做评定。考核的多个指标里，可能会有些偏差，这都需要总师综合平衡后拍板。”

这些年，国内参与载人潜水器的核心单位已经多达40多家，部分装置级的项目甚至引入了PK机制，作为这支平均年龄只有34岁的团队“少帅”，叶聪还有个小目标，2020年项目完成时，他希望搭乘自己设计的潜水器，造访万米深渊。

（综合整理于新华网、《人民日报》、央视网等）

扫码阅读推送原文

2019 最美科技工作者邢继：创华龙一号，铸国之重器

推送日期：2019 年 8 月 11 日

邢继获得“2019 最美科技工作者”

昨日，中央电视台播出了“2019 最美科技工作者”发布仪式。哈尔滨工程大学 83 级校友、“华龙一号”总师邢继作为 10 位获选者之一，登上领奖台。“2019 最美科技工作者”由中央宣传部、中国科协、科技部、中国科学院、工程院、国防科工局向全社会公开发布。

中国核电发展了几十年，一直在“跟跑”，而邢继主持研发的“华龙一号”实现了“并跑”！这标志着我国压水堆核电技术实现了从引进、消化吸收到自主创新的跨越式发展，他为我国压水堆核电技术创建自主品牌、实现系列化和跨越式发展做出的突出贡献值得我们铭记。

瘦高的中核集团华龙一号总设计师邢继斯文儒雅，这与他设计的核电站形成了鲜明对比：只需 30 吨核燃料，一座百万千瓦级的核电机组通过核裂变方式释放的巨大能量，可以满足中等发达国家 100 万人一年生产生活用电。

从秦山核电站到大亚湾核电站再到岭澳核电站，今年 55 岁的邢继参与了我国近 30 年所有核电站的建设。

第一志愿考入哈船院

1964 年，邢继出生于四川省南充市的一个教师家庭，父母都是大学教师，少年时期的邢继喜欢艺术，从小擅长画画。

邢继之所以没有在高考时报考艺术院校，其实是因为他从小的另一个兴趣爱好，这个爱好甚至让他到了痴迷的地步。

“我也不知道什么原因，从小就对国家军工事业的发展，特别对武器装备感兴趣，会用非常有限的零花钱去买军事装备方面的杂志，这跟后来我选择职业还是有点关系。”

邢继认识一个学长就读于哈尔滨船舶工程学院（原中国人民解放军军事工程学院）。每次放假回来，学长都会和邢继聊起学校的军事化管理、学习生活以及许多校园趣事，这让本来就痴迷于军事的邢继十分羡慕，同时也对这所学府十分神往。高考时，邢继毅然决然地报考了哈尔滨船舶工程学院作为第一志愿。

“第一志愿报考就是这所学校。”1983 年 9 月，邢继如愿以偿地迈入了哈尔滨船舶工程学院，就读核动力装置专业。

三级跳：核电的引进消化吸收之路

1987 年，从哈尔滨船舶工程学院（原中国人民解放军军事工程学院）核动力装置专业毕业后，邢继被分配到北京核二院（中国核电工程公司前身）。

中国的第一个核电站，也就是秦山一期三十万千瓦机组。几乎与建设秦山一期核电站同时，第一座百万千瓦级核电站大亚湾核电站也在同步建设。当时刚刚走出大学校门不久的邢继，便有幸参与到了这项核电工程建设中。“大亚湾核电站其实我们更多的是在学习，在看核电发达的这些国家是怎么去建设一座核电站。”

从秦山核电站到大亚湾核电站，再到岭澳核电站，我国在核电站建设上实现了三级跳的跨越。但是我们能不能够靠着自己的实力，建造一座从设计到建设都完全自主的百万千瓦级的核电站，这不仅是关心我国核电发展的许多人心中的疑问，更是摆在像邢继这样的中国新一代核电工程师面前的严峻考验。

作为一名中国的核电工程师，“自主”这两个字是他早就坚定的人生梦想。在经历了秦山二期核电站和岭澳二期核电站等我国自主设计核电站建设后，建造世界先进水平的、完全具有我国自主知识产权的三代核电站的梦想，深深驻进邢继心里。

20 世纪末，当国家提出百万千瓦级核电要实现完全自主化的方向时，邢继和团队创造性地提出了“177 堆芯”“双层安全壳”“能动与非能动相结合的安全设计理念”等技术方案，一点点搭出了华龙一号的“骨架”，最终使其成为中国核电的名片。

邢继工作中

回顾自己的成长经历，邢继说：“如果你能沉下心，认真对待你所从事的职业，就会慢慢感觉这是一件有趣的事，也会在行业中得到一个很好的发展。”

对标世界最严格的标准

在同事眼中，追求至美的理念，融入了邢继的血液。安全壳是核电站安全系统第三道屏障。2009 年，CP1000（华龙一号前身）被要求尽快上马，单壳还是双壳，大家有分歧。

专家讨论会上，双方争执不下时，自认嘴拙的邢继，翻开笔记本，念出了思虑良久的一段话：“我们能够深刻地理解到这件事情对我们的影响有多大，也非常珍惜有这样的机会去创造一个属于自己的核电站，同时更知道它的重要性……我们要坚持采用双层安全壳这样一个方案，我认为这个方案能够点燃设计人员的创新热情和激情。”停顿一两秒后，会议室里响起了掌声。所有人被邢继的激情征服、点燃。

粗略统计，核电涉及 80 个专业，设计中要充分假设各种可能性，然后针对不同的假设事件采取措施，并且措施必须是多样化的，使系统不会因为某个措施故障而全部失效。正因如此，核电站设计中要考虑的问题非常复杂。

2011 年，福岛核事故给华龙一号示范工程按下了暂停键。为吸取事故教训，国际上要求三代核电站要满足 0.3g（高于常规 8 级）抗震能力的设计。华龙一号应急柴油机的配电柜是从国外进口的，但满足不了抗震要求。有人提出，能不能把要求稍微降低，而这完全满足国家核安全局要求。“我们考虑到这是示范工程，必须全面示范抗震能力。”邢继说。最终通过国内企业共同攻关，满足了要求。邢继的坚持，为华龙一号实现国际先进三代核电站指标奠定了基础。

“在核电站建设投资上，一半的投资不是用来发电，而是用来保证核安全。”在邢继看来，如果没有较真的精神，可能失去的不仅仅是华龙一号，还可能影响核工业未来发展。

希望未来不会将核电与安全风险挂钩

2015 年 5 月，华龙一号全球首堆示范工程正式开工建设。这凝聚了几代中国核电建设者的智慧和心血，也是华龙团队十余年的创新成果。

由于是首堆，不可预知的风险众多，压力大到无法释放时，绘画成为邢继解压的重要方式。“如果说运动是年轻时的爱好，我想绘画将来可能成为退休后的爱好。”但邢继说，自己对技术的兴趣，不能算是爱好，更多是出于职业习惯。

“我经常和年轻工程师们讲，要抬头仰望星空，要对科技保持敏感，并且不能局限于核领域的动态，更要关注未来科技发展方向，可能对核工业产生什么影响。”邢继最大的愿望，是通过科学家和工程师的努力，以及更多科普，未来提及核电，人们想到的不是安全风险，而只是一种特别高效的能源。

为提升我国在世界高端装备制造业中的地位，与实现核电大国向核电强国的转变，邢继和他的华龙团队依然走在前行的路上。

（综合整理于中央电视台、《科技日报》、中国科技网）

扫码阅读推送原文

这位哈工程校友埋名半生，竟干过一件惊天动地的大事

推送日期：2019年10月25日

国庆献礼片《我和我的祖国》热映，在“相遇”篇中，张译饰演的无名英雄高远，看哭众人，这一人物的原型代表着所有为中国原子弹科研工作献身的无名英雄。

这其中就包括我们的哈军工导弹工程系60511班校友刘启泉。

1966年10月27日，中国导弹核弹结合试验成功，震惊了全世界，但是那些参与试验的英雄的名字，一直由于“保密”的原因无法公开。直到40年后，世人才知道，在距离发射工位只有160米的地下控制室内，有7名官兵冒着生命危险进行指挥操作，如果试验出现问题，他们将牺牲在这个只有几平方米的地下室内……

勇士的序章

1964年10月16日，我国第一颗原子弹在新疆罗布泊爆炸成功。这次试验的成功震惊了西方大国，国际舆论却开始嘲讽我国“有弹无枪”，甚至有人想当然地预言：5年内中国不会拥有运载核武器的工具。

1966年10月27日，我国在航天城进行了“两弹结合”试验。在距离发射场坪只有160米的地下控制室，高震亚、王世成、颜振清、佟连捷、徐虹、张其彬和刘启泉，立下了“死就死在阵地上，埋就埋在导弹旁”的铮铮誓言，圆

满完成指挥操作任务。但直到 40 年后，“干惊天动地事，做隐姓埋名人”的“阵地七勇士”，才渐为人知。

当年刘启泉刚从哈军工毕业，就作为加注技师参与了“两弹结合”试验，荣立二等功。

试验前一天，刘启泉应三位同样来自哈军工的战友相邀，在戈壁滩留影。照片上 4 个青年开怀大笑，刘启泉笑得最灿烂。退休后，他在一篇博客中为这张旧照配文：“当时为啥拍这张照片，我们心里都很明白，但是谁也不愿说出来。这就是：诀别前无声的赠言。”

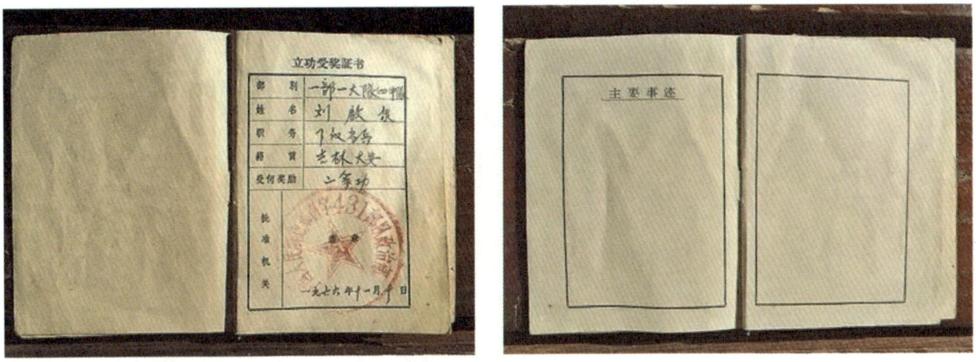

刘启泉的立功证书

勇士的缄默

刘启泉泛黄的立功受奖证书上，两页的“主要事迹”栏内一片空白。

“我爸问过我，干啥给你二等功啊，你当的啥兵？我说就工作突出呗，就站岗放哨。”刘启泉回忆。老父亲对此表示过质疑，大学生竟然去站岗放哨？父亲那时不知道，刘启泉不是普通的大学生，他在军校时学的是导弹相关专业，而这一点家里也无人知晓。

直到 2007 年，“解密”后的第二年，老战友才好不容易联系上刘启泉，告诉了他“解密”的消息。

“没想到还能回基地，我以为这辈子这事就烂到肚子里了。”“两弹结合”试验解密后，刘启泉是最后“被找到”的人。

2006 年秋，为庆祝“两弹结合”试验成功 40 周年，佟连捷、徐虹曾一起回到基地。也是在这一年，刘启泉的亲家在电视上看到“阵地七勇士”的报道，提到了刘启泉的名字，特意打电话来询问，被刘启泉以非常确定的口吻否认了，“叫刘启泉的多了，重名了呗”。

刘启泉的家人没有怀疑。他们不仅没听老人说过这段经历，更因为他们相信刘启泉的为人：这是个从不撒谎的老实人。

直到 2007 年，国防科工委工作人员找上门来。那天，刘启泉不在家，事后爱人高玲芝问他时，他还是不承认：“那不是我，真不是我。”刘启泉私下里想，没看见新闻说解密啊，肯定不能认。老伴无奈给了他佟连捷的电话。电话接通，刘启泉才知道，真的解密了。

这个不爱说话、从不撒谎的老实人，“骗”了身边所有人 41 年！

刘启泉年迈的老父亲其实也疑惑过，“两弹结合”试验后，家里收到过基地寄来的喜报，刘启泉说是因为自己工作成绩突出。老人一点没往别处想，家里人也没想到刘启泉能和“两弹一星”扯上关系。他们只知道刘启泉上的是哈军工，但从不清楚他学的是什么专业。

“我只知道我是搞导弹的，但连哈军工到底有几个系、每个系搞啥的都不知道。”刘启泉说。他还记得，刚入学时学校领导就对他们进行了保密教育：“同学之间不能问，不能互相打听。”

勇士的热爱

很难确定是不是因为受到保密教育的影响，刘启泉后来一直保持着寡言的性格。哪怕是他转业到四平联合化工厂成为一名工程师，依然保持着“不该说的不说、不该知道的不知道”的习惯。

“即使他当领导后参加厂里的一些会议，别人找他打听会议内容，他也从来不说。”在高玲芝眼中，丈夫这点尤为与众不同，“别人都拿这个来联络感情，他从来不干。”

“我以为这事不能公开呢，以为这辈子这事就烂到肚子里了。”从入学开始，刘启泉就接受了严格的保密教育，所以对于自己参与“两弹结合”试验的经历，早就做好了一辈子守口如瓶的准备。

已经退休的刘启泉有了新的爱好——通过博客记录自己在戈壁滩的军旅生涯，记录自己的光荣岁月。

“我以前都是用电脑写，现在更方便了，想写的时候就用手机写。”已经79岁的刘启泉每天学习，用起电子设备来不输年轻人。

“我以前的经历都写在里面了，你可以看看，图片也都在里面。”刘启泉的博客头像就是自己的军装照，博客从2007年3月开始更新至今，详细记载着那段让他难忘的戈壁滩往事。

刘启泉最近这些年听力一直不好，去年因为中耳炎在医院治疗，医生诊断是“陈旧性穿孔”，还问他以前受过什么伤。“我当时就逗他，是不是以前搞试验时伤的？他说‘别胡说，没有的事’。”高玲芝想到，刘启泉转业回到地方后一直在工厂做技术设计工作，没有理由受伤，最可能的就是在戈壁滩风吹日晒的那几年。

即使现在已经解密，刘启泉也不承认，在戈壁滩的那几年给他带来了任何伤害。他记住的，是那里有最香甜的哈密瓜，最难忘的岁月。他的立功证书永远空白没有关系，那些最光荣的时刻已被他牢记在心底。

（转引自《中国国防报》）

扫码阅读推送原文

从“嫦娥飞月”到“天问探火”，哈工程成就这位“双料”副总师逐梦深空！

推送日期：2020 年 8 月 4 日

人物名片

陈建新在工作中

陈建新，哈工程船院时期 86431 班校友，1997 年至今在北京控制工程研究所工作，我国深空探测航天器设计领域专家，长期致力于深空探测领域研究和工程实践，主要研究领域是空间机器人、航天器控制等，发表学术论文 20 余篇，2014 年获得“嫦娥三号有突出贡献者”称号及国防科工局技术进步特等奖。相继担任我国探月工程嫦娥三号、四号和我国首次火星探测任务探测器系统副总师。

2020 年 7 月 23 日 12 时 41 分，我国在海南岛东北海岸中国文昌航天发射场，用长征五号遥四运载火箭将执行我国首次火星探测任务的“天问一号”探测器发射升空，飞行 2000 多秒后，成功将探测器送入预定轨道，开启火星探测之旅，迈出了我国自主开展行星探测的第一步。

“天问一号”探测器成功发射升空，作为我国首次火星探测任务探测器系统副总师、我校 86 级校友陈建新难以抑制激动的心情，他说，航天事业神圣艰辛又充满挑战，我有幸参与其中，为中华民族的航天梦贡献微薄的力量，母校的培养为我的航天梦插上一双有力的翅膀。

夯基：求学船院

自己能够有机会助力祖国的航天事业，陈建新首先想到的是从本科到硕士，在哈船院求学期间，他的恩师赵国良、张奕群、李肇东、李文秀、唐述纯……是他们的谆谆教诲、授业解惑为他今日的“飞月探火”打下了坚实的基础。

受到父亲的影响，陈建新从小就将高考的目标锁定为军工大院。1986 年，陈建新以优异的成绩成功拿到哈尔滨船舶工程学院的录取通知书，完成父亲夙愿，也圆了他的梦。

电路基础、模拟电路、高等数学、大学物理等，在校的每一门课程都是陈建新飞往星空宇宙的基石。电路基础授课教师李肇东，严格要求学生按时上下课，眼睛里容不得一粒沙子，他经常说，我们学校是培养工程师的地方，你们以后很多人要做总师、要在具体的工作中带队伍，严格自律是平日里最基本的要求；班主任李文秀老师在生活上爱生如子，给予大家无微不至的关心，在学习上也同样是学生的楷模，再复杂的电路示意图在李老师手中都变得清晰易懂，李老师每次课后满满一黑板的板书，线条准确、注释清晰，其精度如同教科书，查不出一丝错漏，规范的板书让同学们心生敬意。

1990年，陈建新如期完成本科学业，大多数人选择奔赴工作岗位，而陈建新选择继续留校读研。对于这个决定，直到现在陈建新都对他的线性代数老师张奕群充满感激，“趁年轻多学知识和本领，以后在国家需要的地方发挥作用”，这句话深深地烙印在陈建新心中。1993年硕士毕业后，他又继续到中国空间技术研究院北京控制工程研究所攻读博士，并于1996年获控制理论及应用专业博士学位。

硕士期间，陈建新跟随导师赵国良教授学知识、做实验，从了解一个问题的背景、状态，到一个工程方案的调研、立项、研究、解决，陈建新跟随导师在一次次海试中不断积累经验、学习方法、锻炼动手能力，这对于他今后在工作岗位上解决实际问题积累了宝贵的经验，在具体的工作与学习中，与导师赵国良结下了亦师亦友、无话不谈的深厚情谊。

陈建新说，一生中，最幸运的莫过于曾经在母校跟随恩师们学习，他们扎实的知识理论功底、治学严谨的态度、勇于探索未知的精神、身正为师的风范潜移默化地影响着我，让我能够有机会站在巨人的肩膀仰望星空，探索浩渺的宇宙。

结缘：二度飞月

博士毕业后，陈建新便留在北京控制工程研究所工作，追随吴宏鑫、叶培建等中国老一辈航天人从事空间机器人、中国载人航天工程的研究工作，这让他与中国的航天事业结缘，开启了中国航天人“飞月探火”的故事。

陈建新与“嫦娥”真正结缘在2008年，作为嫦娥三号月面巡视探测器的副总师，组织和率领团队创新突破月面巡视核心关键技术，为实现我国首次月面巡视勘察做出了贡献，2014年获得“嫦娥三号有突出贡献者”称号。在参与嫦娥系列探测器的研制工作中，在老一辈航天人的指导下，陈建新主要负责月面探测巡视器的制导导航与控制分系统和综合电子分系统的设计、研制、集成与测试验证工作，以及完成探测器在月面的飞控任务，陈建新技术上不断成熟，积累了丰富宝贵的深空探测经验，时刻做好了为国家进一步向宇宙进发的准备。

2014年12月，嫦娥四号月背探测任务国家正式立项，陈建新担任嫦娥四号探测任务探测器系统副总师，这一次他的肩头承担着更大的责任，“嫦娥四号任务是实现月球背面软着陆和自动巡视勘察”，陈建新介绍说。虽然有嫦娥三号的技术基础，但是嫦娥四号在月球背面实现软着陆，未知因素和各种风险非常高。针对月背的特点，如何应对未知环境，解决巡视器的障碍识别、路径规划、轨迹生成和防滑移协调运动控制；对巡视器进行准确定位定知等都是探月团队面临的新挑战。陈建新既要带领团队解决技术上各类“卡脖子”的问题，又要对外进行技术沟通和协调，针对系统设计、方案设计等问题选取突破方法。

陈建新及团队不分昼夜地与数据和资料打起了交道，并积极主动地与专家沟通，击败了一个又一个“拦路虎”，解决了着陆器的制导、导航与控制，巡视器保安全移动控制，巡视器自主导航控制等技术难点，随着一个个技术难点被突破，陈建新对“嫦娥”也有了更为系统和全面的了解。

“仿佛距离宇宙太空更近，看到了更多璀璨的繁星。”解决技术难题后陈建新兴奋地说。而这些在嫦娥各型号探测器研制过程中的“摸爬滚打”为他日后深空探测打下了坚实的基础。2019 年 1 月，嫦娥四号探测器自主着陆在月球背面南极，实现了人类探测器首次在月球背面软着陆，这也意味着中国成为世界上首个在月背实施软着陆和巡视探测的国家。“嫦娥”飞九天，“玉兔”游广寒，这不仅是每一位中国人为之鼓舞和骄傲的时刻，也是全人类千百年来探月梦想征程中的里程碑。

攻关：“天问”探火

“嫦娥四号”任务让中国航天人深空探测技术更加成熟，也让我们对探索更远的星球充满信心。陈建新介绍，在嫦娥四号研制阶段，中国火星探测任务也悄然进行着。2016 年 1 月，中国火星探测任务正式立项，陈建新被任命为两大探测器探测系统的“双料”副总师，开始了一面飞“月球”、一面奔“火星”

的“超常”职业生涯。

自20世纪60年代以来，美国、苏联、日本、印度、阿联酋等国家已经实施了44次火星探测任务，成功率仅为43%。“我国首次火星探测就要完成‘绕、落、巡’，即火星环绕、火星表面降落、巡视探测三大任务，这在世界航天史上还没有先例，这对中国航天人无疑是一次大考。”对于“探火”任务陈建新有着冷静而清晰的认识。

火星探测任务是一项庞大的系统工程，具体由工程总体和探测器、运载火箭、发射场、测控、地面应用等五大系统组成。作为我国首次研发的火星探测器，其主要任务是着陆火星表面，进行火星形貌与地质构造特征、火星表面土壤特征与水冰分布、火星表面物质组成、火星大气电离层及表面气候与环境特征、火星物理场与内部结构等的研究，初步建立火星档案资料。

陈建新及其团队全面负责探测器系统火星车GNC分系统的各项任务，面对一切未知的环境，陈建新要将火星上可能存在的风险尽可能地考虑到。“火星上可能存在的沙尘暴、夜晚温度过低是否会对探测设备造成破坏？火星距离太阳1.52AU(天文单位)，火星车接受过少的太阳能，对车载相机以及光学敏感器是否会造成影响？火星车上面的制导导航与控制分系统，能否准确高效地实现火星车在火星表面移动探测？探测器中的通信传输设备能否受到未知环境的影响而导致任务失败？……”一连串的疑问和难点，陈建新深感“压力山大”。

为了对抗环境的不确定性、相机对星球环境的感知，团队进行了数学仿真、物理仿真、软件测试验证等大量试验；为了提高制导与导航分系统的效率，专门组建了软硬件协同设计的攻关队伍，参考了国内外大量的资料，对系统的核心算法不断进行优化设计和计算平台的测试验证。通过火星车车载相机获取火星上表面环境的图像，对探测敏感器的光学、电路、热的设计等都有着精密的要求。

当任务完成进行测试的时候，却发现了图像上偶尔会出现暗条，“国家使命不能存在一丁点误差，必须立刻排查”。陈建新迅速组织队伍，对整个敏感器进行问题筛查，经过整个团队长达一周时间的昼夜奋战，终于解决了该问题。在任务进行的过程中，团队几乎每天都面临新的挑战，2020 年随着火星探测器发射的窗口期临近，新冠肺炎疫情突如其来，为了祖国的航天事业，型号任务不能中断，所有人以高度的责任感严格执行疫情防控流程，“保护好个人就是保护好队伍，祖国的航天事业不能因任何事耽搁”。

随着“天问一号”探测器发射升空，探测器将在地火转移轨道飞行约 7 个月后，到达火星附近，通过“刹车”完成火星捕获，进入环火轨道，并择机开展着陆、巡视等任务，进行火星科学探测。

底色：逐梦深空

我国探月工程被命名为“嫦娥”，这来自中国千年前嫦娥奔月的故事，寄托着人们对未知事物的探索、对美好生活的向往；“天问”，是中国首次火星探测任务名称，来源于诗人屈原的长诗，面对未知的天地，屈原提出了疑问，表达了对真理执着的追求。从传颂千年的传奇故事，到今日中国航天人飞空探月；从屈原向天叩问宇宙起源，到今日中国航天人探索火星，是什么穿越时空将我们相连？是中华民族对未知探求的永恒炽热的探索激情，是中国人民勇敢突破、上下求索的勇气与浪漫，更是中国航天人不懈奋斗、爱国奉献最本真的底色，也是陈建新最朴素、最本真的写照。

2014 年 1 月 6 日，习近平总书记在北京人民大会堂会见探月工程嫦娥三号任务参研参试人员代表，陈建新当时就站在第二排。“嫦娥三号任务圆满成功，为我国航天事业发展树立了新的里程碑，在人类攀登科技高峰征程中刷新了中国高度。我们把‘玉兔号’的足迹刻在了月球上，也把中华民族非凡的创造力刻在了人类文明发展的光辉史册上。你们作出的卓越贡献、立下的卓越功勋，祖国和人民将永远铭记。”习近平总书记的一番话，让陈建新激动不已，至今仍是他一路向前的不竭动力。面对祖国和人民给予的荣誉，陈建新说：“我们做的是最平凡的工作，只不过我们所做的事情距离国家和人民的期望更近一些，而这一切的起点就是我的母校。”

巍峨的教学楼、整洁明亮的寝室、望不到头的军工操场……在陈建新看来母校的一切都有规矩、成系统。86431 班，39 名同学，24 名男同学、15 名女同学，这是陈建新永远铭记于心的一串数字，来自祖国四海的同学相聚于此，学习上比学赶超、劲头十足，生活上相互关心、相亲相爱，男生帮女生补习难懂晦涩的专业课知识，女生把用不了的饭票倾情相送……类似的小事，虽时隔多年，陈建新仍如数家珍，这是他一生中最美好的青春记忆。

“每逢佳节倍思亲”，在校的第一个中秋，陈建新至今难忘，学校为了帮助新入学的学生消除思乡之苦，特意为大家准备了中秋晚会，班主任、辅导员放弃了与家人团聚的机会，与同学们共同度过了愉快的中秋，同学们各显其能，唱歌、快板、舞蹈……欢声笑语缓解了大家的思乡情绪。

团结友爱、互帮互助的班风，勤学苦练、不甘落后的学风，让 86431 成为一个凝聚力强、战斗力强、战无不胜的班集体，这成为 86431 的 39 名学生逐梦飞翔温暖而强大的力量。

“老师们严谨求实、朴素无华的治学精神，教会我独立学习的方法，赋予我独立工作的能力；他们勇于探索、不骄不躁的高贵品质，让我明白‘将冷板凳坐热’的道理；哈军工精神早已化为我为中国航天事业奋斗终生的不竭动力，‘以祖国需要为第一需要，以国防需求为第一使命，以人民满意为第一标准’的价值追求更教会我将个人理想融入国家事业的家国情怀。”陈建新说。

谈及祖国的航天事业，陈建新认为，“航天的大环境，是一个可以培养人、塑造人的舞台，学弟学妹在大学期间要有仰望星空的志向和勇气，将个人理想融入祖国事业的情怀；同时也要有脚踏实地的精神，静下心来多学习、多读书，面对挑战和光环从容不迫、敛气凝神。欢迎更多的有志青年加入中国的航天事业，在飞天的道路上毫不动摇、一路凯歌”。

宇宙深空的秘密何在？面对来自几千年前的提问，今天的中国正在解答；面对未来漫长的岁月，陈建新的答案从未改变，他将自己的光荣和梦想与星辰深空紧紧相连，迈出一步步坚实而有力的步伐。

（赵琳琳）

扫码阅读推送原文

四次逆行建方舱，这位哈工程人让不可能成为可能

推送日期：2020 年 10 月 14 日

人物名片

葛起宏参加会议交流

葛起宏，哈船院 86 级校友，自参加工作以来，一直扎根城建领域，先后从事结构设计、工程监理、工程管理等工作，现任武汉地产集团党委委员、董事，国家一级注册结构工程师、国家注册监理工程师。2002 年入选武汉市“213”人才工程，2004 年被评为武汉市有突出贡献的中青年专家，2008 年获武汉五一劳动奖章，2012 年评为湖北省新世纪高层次人才工程第一层次人选，2014 年成为享受国务院特殊津贴专家。

山河无恙，幸得有你。“时代报告剧”《在一起》热播，剧中《方舱》这一单元 1∶1 还原了武汉第一座方舱医院。这座医院建设的现场指挥长正是我校 86 级校友葛起宏。他在疫情危急时刻 4 次逆行“出征”，是武汉市 2 月 3 日首批建设的规模最大的方舱医院现场指挥长，担任雷神山医院项目副指挥长，5 天建成“最不可能完成的方舱医院”袁家台方舱医院，他为这场疫情阻击战中方

舱医院实现“零感染 零死亡 零回头”立下汗马功劳。

抗疫出征　热血担当

2020 年，一场突如其来的新冠肺炎疫情，让身处武汉的葛起宏内心十分焦灼。在危难之时，他主动扛起防控责任，先后 4 次抗疫“出征”，发挥敢打硬仗、能打硬仗的城建铁军作风，为阻击疫情做出突出贡献。

在武汉方舱医院的建设中，葛起宏担任武汉客厅方舱医院现场指挥长，全面负责项目现场指挥调度工作，该医院是武汉市首批建设的规模最大的方舱医院，在无任何先例标准参考的情况下，项目于 2020 年 2 月 3 日晚动工，2 月 5 日凌晨全面完工。

葛起宏在方舱医院建设现场

建设期间，尽管时间极其紧迫，但葛起宏并没有放松建设标准和要求，而是对设计方案实施进一步优化和调整，特别是每个厅内医护区的设计，与中南医院的医生在现场反复沟通并进行优化，将洁净区、操作区等一一调整落实到位，以满足医护人员的工作需求。建成后提供床位 2000 张，用于收治确诊新冠轻症病人。

2020 年 2 月 17 日晚，葛起宏再次接到建设袁家台方舱医院的紧急任务，并担任现场指挥长。他火速带领建设管理团队赶赴现场，连夜组织完成并敲定设计方案。由于其用于改造的场所是尚未完工的在建工程，面临着路不通、水不通、电不通的“三不通”难题，室内通风、空调等设备及综合管网均未建立，工程施工量和复杂程度前所未有，被称为最不可能完成的方舱医院。

然而，当时疫情防控阻击已进入最吃紧的阶段，面对前所未有的困难，葛起宏带领团队承诺 5 天时间全部完工。项目开工后，12 小时打通施工通道并完成所有管槽开挖，不到 6 小时解决全部施工用电，经过 5 天不眠不休的抢建，2 月 22 日全面完工，提供床位 1120 张，得到省市领导的高度好评。

3 月 1 日晚，疫情进入全面攻坚阶段，葛起宏再次临危受命，担任特殊场所隔离点现场指挥长。相比方舱医院，隔离点所面对的困难更加特殊和艰难：没有任何基础设施，全部从“零”开始！

整个隔离点要在 8200 平方米的操场空地上“拔地而起”，所有病房搭设、室内设施、水电管网等全部要新建。葛起宏提出要求：“工程进度计划必须按照专业分项以小时为节点倒排，所有工作压茬推进。”

项目开工后冷雨接踵而至，给纯户外作业的现场工作带来不小的挑战。然而，挑战还在升级，工期过半时，市领导在督导现场工作时提出新增床位 200 张、提前 14 个小时完工的要求。他带领团队连续奋战一天两夜，历时 36 小时实现提前完工交付，提供单人单间的床位 516 张。

方舱医院建设之初，处于“没有设计图纸、没有建设材料、没有施工队伍”的“三无”状态，救治病患一刻都不能等，葛起宏“危难之时”冲锋一线，他说，“哈军工精神一直流淌在血液中，面对时艰，我必须站出来”。

葛起宏在现场协调各项工作，合理安排医患区域、病床摆放、垃圾污物排放、设备材料征调、施工队组建等，不眠不休地“连轴转”。首批方舱医院的顺利建成，有效缓解了武汉当时疫情扩散的燃眉之急。

关于战“疫”的感悟，葛起宏表示，这次的疫情使自己更深刻地感受到要懂得珍惜，珍惜眼前的生活，珍惜健康的身体，珍惜当下的每一天，看淡名利，踏踏实实地多做一些实实在在的事情才更有意义。

优良作风 终身受益

在葛起宏看来，在母校的求学时光，为他的事业发展与人生之路奠定了坚实的基础，打下深深烙印。

说起哈军工的优良作风，最让葛起宏难忘的是“军校的影子”——响彻军工大院上空的军号声，老师与学生朝气蓬勃、阳光刚毅的精神风貌，校园里团结紧张、严肃活泼的军校作风，这些都培养了学子们能吃苦、肯奋斗的精神。

1987 年，葛起宏结束了大一的学习，迎来了入校后的第一个暑假，此时，哈船院开启了的“军训元年”。同学们穿起军装、背着背包，一起出早操、拉练、踢正步、练队形……大家在感受兵营生活的同时，体会到了站军姿的飒爽、唱军歌的雄壮、同进退的团结，军训给整个大学的青春时光留下了别样的印记，也培养了学子们严格的组织纪律和吃苦耐劳的作风。

传承优良学风是大学的立身之本，多年来，葛起宏一直十分怀念在哈船院求学的“激情燃烧的岁月”。回忆起大学的专业学习氛围，他的印象是：学风很正，刻苦努力、脚踏实地。整个大学四年的课程安排得很满，人人都很珍惜在象牙塔里的学习机会，每天晚上吃完饭就上自习，周末自习室也都坐得满满当当，图书馆里的各种中外名著非常紧俏，整个校园里充满了求知的渴望。

老师们不仅具备十分严谨的教学态度，在塑造学生品格和品行上更是苦心培育。每天不到 6 点钟，二系党总支尹副书记就会在宿舍里喊同学们出早操。

教授结构力学的系副主任陈丽薇老师也给葛起宏留下了很深刻的印象，陈老师是刚从美国回来的访问学者，讲课活泼有趣，总能把鲜活的事例和理论生动结合起来。每次陈老师讲课，葛起宏就会提前占靠前的座位。陈老师始终坚持严谨教学，严格要求同学们珍惜光阴、用功学习，同时又对学生的生活体察入微，给予细致的关心和关照。

还有教授固体力学的王树德老师，他严谨认真的教学态度不仅传授了专业知识，更是将脚踏实地的做人态度传承给了学生。

本科阶段，葛起宏在专业知识方面都打下了非常扎实的基础，更重要的是，老师们严于律己、为人师表的品质也对他产生了深远的影响，他将这些优良宝贵的品质传承运用到了自己的工作和生活中。优秀的校园文化不仅塑造了学子们的品格，更指引了学子们未来前行的方向。

在那个没有手机和电脑的年代，同学们的课余生活十分充实和精彩，学校安排了很多活动，也有同学们自发组织的文体活动，足球、音乐、围棋、桥牌等。

葛起宏记得班级里有一名围棋高手何刚同学，他在上大学前就已经获得业余围棋初段，在他的带动下，班级里掀起了一阵不小的“围棋风”，很多同学都在课余时间互相切磋棋艺，两两对峙，围观的同学站一圈。

足球和羽毛球是当时学校里的热门运动项目，葛起宏是一个运动迷，一到空闲的时候，就和同学们拿起羽毛球拍和足球去抢场地，还举办比赛，在奔跑和汗水中释放青春的力量，也结下了深厚的友谊。这些多彩活动创造的健康氛围让同学们拥有了积极向上的生活态度。时至今日，葛起宏依然保持着对运动的热爱和阳光向上的心态。

秉承校风　匠心筑城

葛起宏在大四时以优异的成绩获得了保送武汉工业大学（现为武汉理工大学）研究生的资格，其后又成为首批获得武汉市政府资助的博士，毕业后供职于武汉地产开发投资集团有限公司。

葛起宏刚投身工作时，在武汉地产集团的设计管理部门工作，他主动要求下沉一线锻炼，通过数年的历练，他充分熟悉了工程建设所有相关规范，接着又从事数年建筑监理工作，从另一个角度对建筑工作有了更深入的研究，不断地将理论和实践高度融合，积累了扎实的实战经验。

他认为，“在一线扎扎实实多投入几年对成长很有帮助，这是一个十分重要的打基础阶段，刚入职场，好高骛远对长远发展是不利的，只有勤于思考，不断总结，虚心观察和学习前辈们怎么做的，成长会更快。”一步一个脚印地从基础做起，这也是对哈船院脚踏实地学风的传承。

葛起宏工作以来，先后主持了琴台大剧院、琴台音乐厅、东方马城、中山舰博物馆等40余项工程，多数为武汉市重大基础设施和地标性工程，涉及文化、医疗、教育、体育、行政办公等方面，其中部分项目承担了国家级重要接待、国际比赛等重任，多个项目荣获国家优质工程奖、鲁班奖、广厦奖、科学技术进步奖等国家级奖项。

葛起宏在施工现场

多年的工作中，葛起宏最难忘的当属2004年所负责建设的武汉琴台大剧院项目。武汉琴台大剧院是武汉市政府重点工程和标志性文化建筑，要求承担设计、建设、施工单位以“国内领先、世界一流”为目标，成为业界经典。

“剧院建设是建筑领域中最复杂的工程项目。”葛起宏回忆起整个建设历程，从工程开工起，他和团队就把行李搬到现场，踏踏实实扎在了一线。

在大剧院项目之前，葛起宏并没有主持过如此复杂的建设工程项目，为了达到顶级的效果，在前期阶段，他和团队奔赴全国各地考察同类建筑，做了深入的研究工作。项目施工阶段，新技术的应用多达20余项，其中多项专业工程没有规范，如大空间消防、清水砼幕墙、铜板幕墙、工字形地下连续墙等工程都没有现行规范可执行。还有大空间观众厅温度场、声场均匀分布设计难度大，要实现楼座、池座每个座位都温度舒适、声音均匀分布。舞台设备种类繁多、技术复杂，舞台机械设计、加工、安装、调试期长，管理控制难，与相关专业配合难度大。葛起宏组织团队“边研发边生产”，边推进边发现问题、解决问题。

在琴台大剧院项目的建设中，共采用了11项拥有自主知识产权的专利技术，地下空间工程6项、建筑及装饰工程5项，符合国家自主创新的政策要求，形成“中国原创”的新产品和新技术，尤其是在当时建筑业专利技术相对较少的情况下，更是难能可贵，使琴台大剧院成为我国科技创新领域的代表作。

“通过投身工程建设，锻炼了自己也锻炼了团队解决、处理各种难点问题的能力和水平，促使我们不断学习不同领域的知识。”在琴台大剧院的建设过程中，葛起宏带领团队攻克一项又一项的难关，提炼了一批开创先河的专利技术，建成后，国内各地建设剧院的同行多次到琴台大剧院向葛起宏的团队学习取经。时至今日，项目的多项技术依然处于国内最前沿和领先的水平，成为剧院建设最具经典代表意义的作品之一。

（霍　萍）

扫码阅读推送原文

守护“嫦娥”回家！
哈工程校友荣伟为这一刻深耕30年

推送日期：2020年12月18日

2020年12月17日，嫦娥五号返回器携带着月球样品安全着陆，实现了我国首次月面采样与封装、月面起飞、月球轨道交会对接、携带样品再入返回等多项重大突破。在众多科技工作者的努力下，月球与地球的距离不再遥远，这其中就有哈船院87级校友荣伟贡献的力量。

载人飞船系统副总设计师、嫦娥五号回收分系统主任设计师荣伟

看到降落伞带着万众瞩目的返回舱稳稳落在地面，载人飞船系统副总设计师、嫦娥五号回收分系统主任设计师荣伟的脸上绽放欣喜的笑容，这一刻他等了很久，在笑容背后，是他带领团队为守护嫦娥回家奋斗的无数个不眠之夜。

1987年，18岁的荣伟考入哈船院，在军工大院度过了难忘的7年时光。

1994年，研究生毕业的荣伟进入508所从事航天器回收着陆技术总体研究工作，在科研一线辛勤耕耘了近30年。

作为中国载人航天工程突出贡献者，荣伟先后参与、主持了多艘神舟飞船回收着陆系统的研制，他带领团队攻克了包括伞系统故障定位及其分析、减速伞未分离的故障分析和改进、降落伞和分系统的可靠性评估与验证、回收着陆分系统优化设计等多项技术难题，为确保航天员的安全返回做出了突出贡献。

伴随着型号的研制，荣伟也一步步由主管设计师、副主任设计师成长为主任设计师、副总设计师，直至现在的领域总师，面对诸多荣誉和嘉奖，荣伟并没有就此停止脚步，而是踏浪前行，继续投身到我国航天事业中。

初见：俱怀逸兴壮思飞，直上青天揽明月

2011年，国家探月工程三期任务正式进入工程研制实施阶段，荣伟被任命为主任设计师。那时已经在回收着陆专业负有盛名的荣伟，本可以基于原来的研制成果轻松地工作，但是他并没有满足于此，而是进入新的研制方向上。

作为首次探月返回任务，以第二宇宙速度进行跳跃式再入返回与回收，并没有先例可循。一上任，荣伟便做了两件大事：一是组织研制队伍，以老带新，他将分系统工作分为几个核心专业后，指定富有经验的中年骨干作为子系统负责人。同时，他大胆起用新人，当时能够看到这样一幅景象，刚刚从学校踏入单位的研究生们纷纷加入各个子专业中，跟着专业导师学习型号研制经验。通过这种培养方式，当初的“愣头青”们在荣伟的带领下迅速成长为各个专业的技术骨干。二是迅速进行技术攻关，现在探月工程返回器和神舟飞船的返回舱虽然在外形结构上非常相似，但是在设计之初有很多的难题困扰着荣伟：与神舟飞船类似结构的一些设计采用等比例缩小之后的试验过程中总是不能使开伞过程达到最满意的效果；在其他型号尺寸的降落伞研制上的经验应用在返回舱项目上也并没有理想的效果。

荣伟从理论入手，进行大量的推导，创造性地提出非均衡开伞载荷设计方法，研究降落伞尺寸效应机理，解决了降落伞系统轻量化设计难题，填补了降落伞尺寸效应机理国内外研究空白。针对适用于深空探测返回任务的轻量化回收系统设计难题，荣伟提出了两级减速多目标优化和自适应平衡弹盖拉伞方法，解决了开伞可靠性、舱伞稳定性等系统设计难题，圆满完成了初样技术攻关工作。

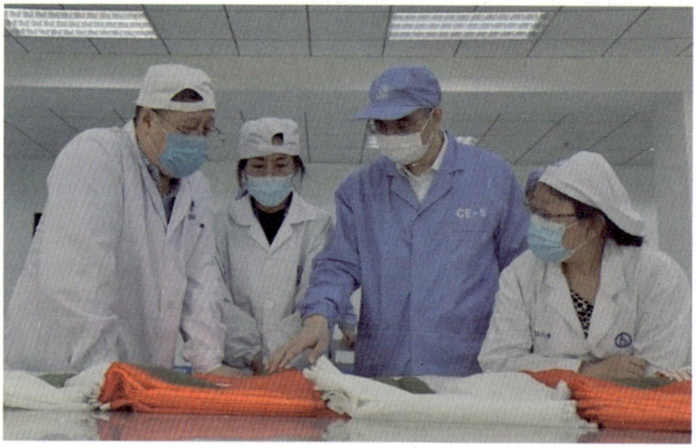

荣伟与同事研究降落伞系统

热恋：千磨万击还坚劲，任尔东西南北风

2012 年到 2013 年，是该型号研制的关键期，需要进行大量的大型试验，这其中就包含了十余次的空投试验及火箭撬试验。作为主任设计师，平日里温文尔雅的他，在外场试验中总是身先士卒，冲锋在前。大到技术问题分析，小到投放电缆捆扎、推模型托架，荣伟总是亲力亲为，一点技术负责人的架子都没有。

对于试验各方面的技术状态，他总能做到了然于胸，因此分析技术问题时总是一针见血。这诚然与多年工作经验的积累息息相关，更与一丝不苟、永不松懈的工作状态分不开。

荣伟还肩负着培养硕士及博士研究生的重任，对学生的要求之严是非常“出名”的。荣伟的一名学生是跨专业考入飞行器设计专业的，刚开始荣伟看到她写的东西就总是眉头紧锁，最后会有一句“看来你对咱们分系统还是不了解呀”，每当这个时候，这个学生总是战战兢兢。但是荣伟马上会表现出和蔼的一面，紧接着不厌其烦地一字一句、一个个标点符号地改，并且说：“不管有什么问题都随时可以来找我问。”正是荣伟的宽严并济使得许多学生养成了严慎细实的工作作风，在各个岗位上成长为主力。

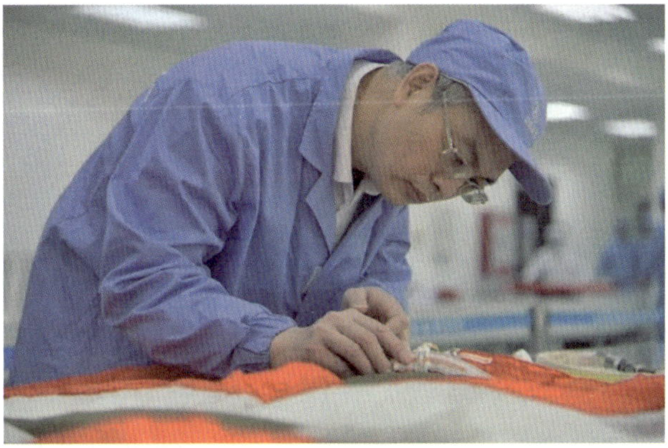

在一线亲力亲为的荣伟

登堂：衣带渐宽终不悔，为伊消得人憔悴

了解荣伟的人都知道他是一个力求卓越、追求极致的人，荣伟曾说过他最大的理想是带领一个能够始终坚持理论研究和工程研制相结合的团队，可以针对一些长期没解决的关键问题从机理上吃透。而且通过平时的琢磨，他已经有了一些技术问题的研究方向，如能将这些学术研究与工程实践相结合，既可以更好地助力完成型号任务，也会在理论上有所突破。从研制开始之初的自适应平衡弹盖拉伞、不同尺度下降落伞开伞效应到高动态复杂弹道条件下回收控制装置高可靠，他不但圆满完成了型号任务，也建立了降落伞系统可靠性分析评估、降落伞尺寸效应等理论，仅从发表的近百篇学术论文以及众多专著上就能窥见一二。

严格理论研究的他，在实践中也不曾有一丝松懈。在同事眼中，荣伟绝对是一个“拼命三郎”。一年秋天，在某试验基地，回收分系统要在仅仅半个月的时间内进行 5 架次的空投试验和 1 架次的综合空投试验，时间紧任务重，压力可想而知。而不巧的是荣伟的痛风发作了，走路都很困难，每天的早饭和晚饭，都需要委托人帮忙带回宿舍吃。对于试验现场，荣伟已经组织编写了很详细的操作规程，并有详细的现场数据和影像记录。他本可以多休息一下，但是空投总装，他是一次也没落下，所有确认环节他都亲自上阵，小到结构产品的装配，再到控制产品的联试，大到降落伞的装伞，每一个环节都有他那艰难挪动的身影。最终，在荣伟的带领下，型号研制团队顺利完成了试验任务，嫦娥五号的研制任务也得以顺利进行。

立业：宝剑锋从磨砺出，梅花香自苦寒来

荣伟不仅在型号的工程研制上硕果颇丰，他也非常注重成果的积累并积极在学术上有所总结。近百篇的学术文章不仅仅代表了荣伟多年的钻研积累，更代表了工程、学术思考突破的经验。与大多数的航天两总不同，人们习惯称荣伟为“荣老师”，“荣总”这个称呼较少一些。这也正反映了荣伟不仅仅在工程研制上是一个“大家”，在传道授业上，能够将自己的所学所得、所感所悟、所知所想以文字的方式总结下来，并能够传播给更多人，育人授业，桃李满天下。

2017 年，上级单位要撰写一套航天器技术专业丛书，荣伟主动请缨，牵头进行《航天器回收着陆技术》目录的编写。在刚刚接到这个任务时，荣伟没有立即动笔，而是在心里琢磨了很久。现在关于航天器的专著非常多，然而有的是学者、教授等编著，理论很深，读起来难免晦涩；有的是工程人员编撰，工程实例翔实，但难免缺了点理论“内功”。怎样让年轻同志刚入职看这本书就能对系统设计有足够的认识，并且从工程应用入手，再深入浅出地介绍理论知识，使得阅读者如同在一位理论知识深厚的工程实践者带领下对系统进行实践？荣伟针对全书进行了反复推敲，定下了写作方向，并立即投入了写作过程中。然而白天总是被会议安排得满满的，为了挤出时间撰写，他将深夜留给自己。

参与编写书籍的一些人大多都有一个印象，那就是在上班开机后便会收到荣伟的批注稿邮件，很多邮件发出时间基本定格在凌晨一点、两点。更有甚者，荣伟在给一位编写者回复的邮件中仅批注就达到了 1000 多处。

功夫不负有心人，经历了长达一年的“深夜集同式”工作后，《航天器回收着陆技术》终于完稿，荣伟第一次对编写组说：“从没有这么深刻地理解呕心沥血，真的是把整个人都掏空了的感觉，体会到了何谓‘心血’之作，真的是有‘流血付出’的感受啊。”

嫦娥“五妹”带着月壤平安凯旋，荣伟前行征程又多了一个圆满的阶段性句号。但现在的荣伟依然忙碌，依然奔波于各个技术问题讨论现场，带领着团队奋进向前。

理想：育人授业，桃李天下

荣伟表示，他最大的理想是带领一个能够始终坚持理论研究和工程研制相结合的团队，从机理上解决长期存在的关键技术问题。并将自己的所学所得、所感所悟、所知所想总结记录，分享给更多人，育人授业，桃李天下。

荣伟祝愿母校哈工程蒸蒸日上，早日建成特色鲜明世界一流大学，培养出更多为实现中华民族伟大复兴努力奋斗的杰出人才；希望学弟学妹珍惜军工大院里良好的学习氛围和宝贵时光，努力学习，为中国梦、强国梦贡献更大力量！

（综合整理于哈工程校友办、我爱 508 公众号）

扫码阅读推送原文

“国家需要，我就一定在！”致敬每个时代拼搏的哈军工传人！

推送日期：2021 年 10 月 21 日

“各号注意，我是零号，30 分钟准备。”10 月 16 日，神舟十三号飞船点火发射倒计时 30 分钟开始，神舟十三号任务零号指挥员作为全发射航区的“施令官”，发出“神十三”发射准备口令。

神舟十三号载人飞船成功发射，举国振奋，哈工程人备感自豪，喊出“5、4、3、2、1，点火！”倒计时口令的这位零号指挥员、酒泉卫星发射中心高级工程师就是我校 95 级原自动化学院（现智能学院）自动控制系测控技术与仪器专业的校友吴华。

57 年前的同一天，1964 年 10 月 16 日，中国第一颗原子弹在新疆罗布泊爆炸成功。摁下原子弹起爆按钮的人，也是哈军工学子——1957 级空军工程系七科原子专业班的韩云梯。

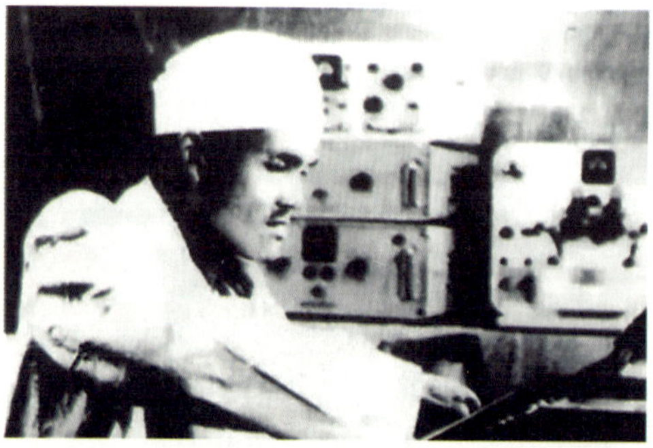

哈军工空军工程系七科原子专业班韩云梯

从军工大院走出的零号指挥员不止吴华一人。1970 年 4 月 24 日，我国第一颗人造地球卫星“东方红一号”成功发射，一曲《东方红》响彻寰宇、震动世界，中国正式开启了太空时代。当时的发射任务总指挥杨桓是哈军工海军工程系海道测量专业一期学员。

在一望无际的戈壁滩，将毕生奉献给航天事业的校友比比皆是，学员李凤洲、张建启先后成长为酒泉卫星发射基地主官，担任过载人航天工程发射场系统总指挥，下达多枚火箭升空的指令。

“成长在军号声中，求知在松花江畔”的哈军工传人将“三个第一”的价值追求代代传扬。每一次向星辰大海的征程，都有哈工程人的身影，每一次祖国的召唤，总有哈工程人实际行动的响应。“国家需要，我就一定在！”哈工程学子将这一铮铮誓言在新时代发扬光大、进行到底！

“载人航天，小心没有上限”
他苦练零号指挥员的过硬素质

一身航天工作服，高挺的鼻梁上架着一副无框眼镜，吴华端坐在测发大厅正中央，一丝不苟地紧盯测试大屏，沉稳地下达指挥口令。这是他第一次担任飞船发射任务的零号指挥员，沉着镇定指挥的背后蕴藏着他扎实的专业基础、22 年的任务经验、充足的任务准备。

“家里床头、餐桌、沙发上，到处都是他的书。”妻子常艳玲说。走进吴华的办公室，书架上载人航天系列教材和关于 CZ-2F 运载火箭的图书有 20 余册，都被他作了特殊标记，10 本厚厚的读书笔记记录了他半年来挑灯夜读的心得体会。

“神十二任务中他虽然是备份零号，但他按照主岗标准训练、准备，提前三个多月就研学掌握各系统的测发流程、方案预案、协同程序等试验文书，足足有五六十本。”老搭档邓小军佩服地说。

“夜晚天气冷，你们要格外关注塔架封闭区温度、产品状态和推进剂浓度，有问题随时报告。”就在发射前一天凌晨，吴华登上11层塔架，对塔勤值班员杨佳文叮嘱道。

神舟十三号船箭组合体转运到发射区后，吴华就开启了“007”的工作模式，吃住都在阵地，白天、晚上都会到发射场各个点位场所，对千余台套设施设备进行巡检、查看，确保塔架封闭区包括外围管路、电缆连接、防沙保温、照明等设施设备没有任何风险隐患。吴华说：“载人航天，小心没有上限，任何细微疏漏或考虑不周都可能对整个任务带来极大负面影响。作为零号指挥员，既要掌控态势，又要左右兼顾、把握细节。”

神舟十三号运载火箭发射前，吴华早已在心里以及实际操作时模拟了上千次，但他还是不免激动和紧张。零号指挥员，绝不只是读秒，他还要同时关注各个系统工作的进程和完成的状态，及时了解相关信息，对整个测试过程进行把握，协同各方，随时处理各系统在测试过程中出现的问题。

在火箭发射后，吴华没有掉以轻心。“我们的最终目的是让三位航天员乘坐的载人飞行器顺利入轨。”直到上午6时56分，神舟十三号成功对接空间站，吴华才真正如释重负。

二十年如一日，吴华一心扑在事业上。“我们结婚前一天，他在忙任务，结婚第二天他又去忙测试了，只有结婚当天，他休了一天。”对于丈夫的舍小家顾大家，同为航天人的妻子常艳玲十分理解。

“儿子今年11岁了，一直都是他妈妈在带，逢年过节、双方父母生日，等等，都是妻子在补位。她的支持、包容，让我没有后顾之忧，能够心无旁骛干工作。”谈起妻子，吴华满眼温柔、满怀歉意。

神舟十三号零号指挥员的工作告一段落后，他又转身投入了新的任务。“送走了遥十三，我们还有遥十四、遥十五，作为一个普通的航天工作者，国家需要，我就一定在。”

“搞技术的，就要靠实力说话”
梦想让他长成一棵坚韧的梭梭树

在接受采访时，吴华数次提到“圆梦”。圆的是中国的航天强国梦，也是他 22 年坚持的指挥员梦。

1999 年，梦想成为一名科技工作者的吴华从哈工程毕业，放弃了离家咫尺的西安某单位，来到千里之遥的戈壁大漠，在点号一待就是 19 年。

不同于东风航天城主生活区，点号冷清、单一。就像点号周围顽强生长的骆驼刺、梭梭树一样，吴华带着报国的热情和期待深深扎进这片戈壁。入职当年 11 月，他参与了神舟一号飞船发射，“第一次看到测发大厅，感觉很有科技感、很神圣，听到回荡在调度广播里指挥员一声声慷慨激昂的口令，向往着自己哪一天也能成为一名测发指挥员”。

梦想一旦萌芽就会滋生不可限量的创造力。面对与所学专业不对口的遥外测岗位，吴华不气馁、不畏难，把所有业余时间都用在自我学习充电上，一本本专业书籍、一项项课题研究陪伴吴华度过了点号的无数个春夏秋冬。

“搞技术的，就要靠实力说话、靠技术安身立命。”这是吴华的工作信条和自我要求。2001 年底的一次任务中，GPS 单机匹配性出现问题，吴华提出替代法排故方案，只花了不到两个小时，就顺利排除了故障。如果采用常规排故模式方案，则至少需要 3 天时间，任务就不得不推迟到春节后。“他比较有创新意识，敢于质疑，勇于提出自己的想法思路和解决方案。”提起吴华，中心原副总师陆晋荣竖起大拇指。

2002 年，为了提高遥测数据判读的效率，避免误判漏判错判。吴华提出运用计算机软件和软件组件插件模式，实现不同类别、不同型号遥测数据分组并行快速处理和图形可视化判读的方法，提高了数据判读的效率和准确性，也提供了运用软件解决工程问题的思路和方法。

凡是接手的工作，他都投入全部时间和精力，全力以赴做到最好。为了实现“以我为主”数据处理与自动判读，他放弃休假，每天中午、晚上休息时间泡在单位，自己学明白了之后就手把手帮带团队成员。短短一年多，他带领团队构建了遥测数据判读平台和自动判读系统，实现了多流多源遥测数据判读从需要 4 小时、2 小时到只需要半小时的效率飞越。因为表现出色，工作第三年，吴华就荣立个人三等功，第五年又荣立个人二等功。

从助理工程师到专业组组长，从技术室主任到任务团队负责人，每一次跨岗位、跨专业、跨领域的跳转对吴华来说都是一次巨大的挑战。但不管困难多大，他始终有一个信念：没有克服不了的困难，没有完成不了的任务。

“用心做好每一件事情，哪怕再微不足道，先做得让自己安心，才能让组织放心。”逐梦路上，吴华立足本职岗位，仰望星空、脚踏实地。

“杨士莪院士是我们心中的‘8848’”
他以母校老一辈科研工作者为标杆

在我校庆祝中国共产党成立 100 周年暨“两优一先”表彰大会上，91 岁的杨士莪院士深情唱响《唱支山歌给党听》的视频发布后，吴华反复看了好多遍。“我听过杨院士的讲座和学术报告，他是我们工程学子心中的‘8848’（珠穆朗玛峰高度），学校老一辈科研工作者是我们的标杆！”吴华说。

吴华 1995 年就读于学校智能学院自动控制系测控技术与仪器专业。高考择校时，具有哈军工红色基因和优良传统的哈工程深深吸引了吴华，他毅然选择来到离家千里之外求学，投入惯性导航、测控等专业领域的学习中。

这个老师、同学眼中有些“腼腆、低调”的大男孩儿有一股韧劲儿。刚入学时吴华的英语成绩不是很好，他就全心投入英语学习，下课后总能看到他夹着英语书和习题册去自习室的身影，最终他一次就通过英语四级考试，随后又顺利通过英语六级考试。

吴华课余时间喜欢泡在图书馆。他喜欢阅读历史、哲学、社会学等人文社科类书籍。“工科学生的课堂学习、科研生活等充满了数字、公式、符号，我很想以新的视角认识世界和自我。”读书让他形成了遇事冷静、多想一层、多做一步的思维方式。爱读书的习惯也一直被他带到工作中。

提起大学求学时光，最让吴华印象深刻的是严谨、认真、负责的老师们。“张树侠老师的学术水平很高，是我们学习的榜样。我和其他专业的学生同住一个寝室，班主任孟繁义老师就像母亲一样，经常来到寝室询问关心我们的生活。”对于母校恩师，吴华心中深怀感激。

神舟十三号发射成功当天，吴华所在的95-421班级的微信群炸开了锅，天南海北的同学们表示祝贺。完成发射任务后，他一一回复了老师同学们的祝贺。

“我经常关注学校的主页、微信等，看到学校日新月异的变化，我由衷地喜悦。希望有机会能回学校看看。”吴华也一直关心关注着母校的发展。

“青春是用来奋斗的”，奋斗的青春最美，吴华把自己的青春深深融入祖国的航天事业，融进大漠的一次次飞天，融进空天报国的漫漫征途中。“建设航天强国需要几代人努力拼搏、接续奋斗，能够参与到这项事业中，干一点有意义的事，我很知足也很快乐。”这是吴华坚定的选择。

（谷　雪）

扫码阅读推送原文

更多推送内容速览

丹心铸剑

发表时间：

2016 年 5 月 6 日

题目：

【三海一核故事绘】杨士莪院士与中国首个水声专业的创建

发表时间：

2017 年 12 月 19 日

题目：

110万+阅读 颠覆性成果固防“水下国门” 他/她们让你振奋

发表时间：

2018 年 5 月 17 日

题目：

中国船、中国芯|“定船神针”迈进产业化新征程

发表时间：

2017 年 5 月 3 日

题目：

导师金句|让长江学者和博士学霸难忘的话，你 get 到了吗？

发表时间：

2018 年 4 月 27 日

题目：

“潜龙三号”深海遨游，离不开 31 年前一项基础理论创新

发表时间：

2018 年 6 月 22 日

题目：

哈工程青年长江学者赵玉新：为船舶装上具有“中国精度”的“眼睛”

发表时间：

2019 年 6 月 14 日

题目：

惊艳“科学的春天”！他们为海上猛虎“添翼”

发表时间：

2019 年 11 月 1 日

题目：

解密深海黑鱼，他们用 6 年做了一件很光荣的事……

发表时间：

2020 年 9 月 22 日

题目：

听他讲课，是种享受 | 10 年了，我们都忘不了这位哈工程“仁师”

发表时间：

2021 年 2 月 24 日

题目：

全国首次！哈工程海洋机器人集群全自主作业

发表时间：

2021 年 4 月 22 日

题目：

破冰行动！哈工程成功研发冰区“开路先锋”

发表时间：

2021 年 7 月 14 日

题目：

擦亮国之重器的“中国慧眼”！哈工程北斗闪耀南海！

发表时间：

2021 年 8 月 13 日

题目：

国内首创！哈工程科研团队研发水下油气开采的“最强大脑”！

发表时间：

2021 年 9 月 16 日

题目：

这位哈工程“犀利仁师”的“独门秘籍”，让学生大呼神奇！

发表时间：

2021 年 11 月 25 日

题目：

10896 米！哈工程“悟空号”AUV 再创潜深纪录！

发表时间：

2021 年 12 月 1 日

题目：

模范！这位哈工程博导独创妙招，成为学生开启“动力大门”的钥匙

发表时间：

2021 年 12 月 2 日

题目：

培养产值超千万 IT 人才！这位哈工程教师带领学生一起“烧脑”！

发表时间：

2022 年 2 月 11 日

题目：

榜样！哈工程这支团队入选第二批“全国高校黄大年式教师团队”！

发表时间：

2022 年 5 月 27 日

题目：

国内首台！哈工程成功研制深海水平式卡箍连接器

发表时间：

2022 年 5 月 31 日

题目：

国内首次！哈工程科研团队助力“一站式”火箭海上发射

发表时间：

2022 年 6 月 20 日

题目：

我国首台！哈工程科研团队助力“扶摇号”向海“争风”

发表时间：

2022 年 10 月 14 日

题目：

“智能 +”5G，3 获全国一等奖，他用 8 年带领学生“云端”探海

发表时间：

2022 年 12 月 23 日

题目：

培养海洋机器人行业领导者！哈工程首创专业点亮新工科培养！

精英摇篮

发表时间：

2018 年 4 月 12 日

题目：

上央视、办两家公司，这个哈工程 95 后科创达人不简单……

发表时间：

2018 年 6 月 1 日

题目：

中国大学生自强之星李雨凝：你不是天生很强，你只是天生要强

发表时间：

2018 年 8 月 6 日

题目：

哈工程十年磨一剑！水下机器人竞赛登顶世界第一！

发表时间：

2019 年 10 月 28 日

题目：

创办 2 家公司，打造仿真软件服务航母，点赞这位哈工程“创业英雄”

发表时间：

2020 年 6 月 23 日

题目：

帅！这位哈工程“科创超跑者”，跑赢这场马拉松

发表时间：

2020 年 6 月 28 日

题目：

“百变小潘”，这个哈工程“乘风破浪”的小姐姐很全能！

发表时间：

2020 年 11 月 6 日

标题：

逆风飞翔！这个 HEUer 挺起坚强的脊梁

发表时间：

2020 年 11 月 13 日

题目：

这个要强的“小程姑娘”，如愿直博，尽力传承“景泰小曲”

发表时间：

2021 年 5 月 13 日

题目：

什么是代码狂人？哈工程青年提交 30 万行代码，晋级全球前 2000

发表时间：

2021 年 7 月 27 日

题目：

办公司、拿专利、上讲台……这位保研的哈工程女同学太优秀！

发表时间：

2021 年 7 月 30 日

题目：

5 门 100 分，辅导同学 0 挂科，这位 HEUer 让优秀“人传人”

发表时间：

2021 年 8 月 24 日

题目：

本硕博九年专业第一，硕士修完所有博士课程，这个 HEUer 将青春献给海防

发表时间：

2021 年 9 月 24 日

题目：

小程开讲啦 | 为科研“疯魔”，“初生牛犊”让“业界大牛”服气！

发表时间：

2021 年 10 月 5 日

题目：

小程开讲啦 | 编程编到“头破血流”，直博生用韧劲修复 bug！

发表时间：

2021 年 12 月 27 日

题目：

连续五学期专业第一，保研的她用自强成就优秀

发表时间：

2022 年 5 月 17 日

题目：

全员读研！为哈工程这个“神仙班级”举大旗！

发表时间：

2022 年 6 月 22 日

题目：

双门百分、专业第一，这个直博的 HEUer 将优秀进行到底！

发表时间：

2022 年 7 月 7 日

题目：

保研率 88%！哈工程这个班大多数学生毕业再成同学

发表时间：

2022 年 8 月 18 日

题目：

小程故事 | 专业第一的他获得 10 所高校 offer

发表时间：

2022 年 9 月 3 日

题目：

小程故事 | 办公司、赢国赛、留校直博……“浴火重生”的他百炼成钢

发表时间：

2022 年 9 月 17 日

题目：

小程故事 | “只手”战命运，不甘成就他的不凡

发表时间：

2022 年 10 月 12 日

题目：

小程故事 | “麻烦”你，教我如何直博！